日本版 CCRCがわかる本

―ピンチをチャンスに変える生涯活躍のまち―

松田智生 著
三菱総合研究所
プラチナ社会センター主席研究員

法研

はじめに　～私たちの物語を考えよう

皆さんはリタイアした後にどのようなライフスタイルを送りたいでしょうか？

最近「ＣＣＲＣ」という言葉を新聞や雑誌で時々目にするようになりました。ＣＣＲＣとは米国で普及するContinuing Care Retirement Communityの略で、健康な時から介護時まで継続的なケアが提供される高齢者の共同体を意味します。

ＣＣＲＣは全米で約２０００カ所あり約70万人が居住し、市場規模は3兆円を超えています。私は２０１０年に初めて米国のＣＣＲＣを訪問して、そこで暮らすアクティブシニアと直接話した時に、「これだ！」という直感を得ました。それは、「これなら自分も住みたい」「これなら日本でも成功する」「ＣＣＲＣは超高齢社会というピンチをチャンスに変える切り札になり得る」という直感です。

ただし、大切なのは米国のＣＣＲＣの受け売りではなく、日本の国民性や社会特性に合ったモデルを作ることが必要と考えたのでした。それが「日本版ＣＣＲＣ」です。

しかし、この日本版ＣＣＲＣについては、「シニアの楽園」や「地方創生の切り札」といった賛成意見がある一方で、「地方に姥捨て山を作るのか？」「首都圏の介護問題のつけかえだ」という反対意見も少なからずあります。なぜ日本版ＣＣＲＣというと賛否両論が起こるのでしょうか。

それはＣＣＲＣの本質や日本版ＣＣＲＣの目指す方向が理解されていないからだと思うのです。それゆえ誤解や先入観が生まれるのでしょう。

本書の狙いは「日本版ＣＣＲＣとは何か」を正しく伝えることであり、それは自分がこれからどんなライフスタイルを送りたいか、つまり「私たちの物語」を考えるきっかけを示したいと思い、筆をとりました。表紙に「あなたが輝く街」と入れたのも、その思いからです。そしてその街のイメージは、シルバーのように錆びることなく、プラチナのように輝くコミュニティであってほしいと思うのです。

ＣＣＲＣについては、私は２０１０年から多くの寄稿や講演を続けてきました。提言してきたことが少しずつではありますが認識されつつあり、現在、全国で約２３０の地方自治体が日本版ＣＣＲＣの推進意向を示しています（平成28年度10月１日現在　内閣官房まち・ひと・しごと創生本部生涯活躍のまちに関する各地域の意向等調査結果）。

私は２０１６年の12月に50歳になったのですが、この節目に思い入れのあるＣＣＲＣについて、その本質や目指すべき姿をしっかり取りまとめて、実現に向けて貢献したいと思い立ち、執筆を決意しました。

本書では、ビジネスマン、地方自治体や中央官庁の職員、研究者や学生、そしてアクティブシニアの方々を対象に、多面的な視点から日本版ＣＣＲＣを映し出すことを心がけました。

第１章では、今なぜ日本版ＣＣＲＣが必要なのかを示し、第２章ではＣＣＲＣ先進国の米国の事例、第３章ではＣＣＲＣ的要素を持つ日本の先駆的な事例、第４章ではアクティブシニアのインタビューを示し、それらを踏まえて第5章では、「こんな日本版CCRCなら住んでみたい！」としてワクワクするモデルを提案しています。また第6章では、リーダーが語る「なぜ私たちは日本版CCRCに挑戦するのか」として、石破茂・前地方創生担当大臣をはじめ、日本版CCRCに取り組む地方自治体の市長や事業主体の経営者、そして大学やメディアなど各界の有識者へのインタビューを紹介しています。

第7章では、動き出した全国各地の事例を示し、第8章では、日本版CCRC実現のための政策アイディアやビジネス面での視点を論じます。そして第9章では、もし、自分が日本版CCRCに住むことになったら心がけたいことを「あなたが輝くための10の視点」として紹介します。また、章の間に「日本版CCRCを阻む不条理症候群」として、皆さんの日常で起こりがちな困った事例とその解決策を載せましたので、コーヒーブレイク的にご覧ください。

なお日本版CCRCは、政府では「生涯活躍のまち」という政策名称になっていますが、本書では「日本版CCRC」という表記で統一することにします。また、本書では高齢者を「シニア」という表記で統一します。「シニア」とは経験を積み重ねた人の意味で、高齢者という言葉よりも前向きにとらえる私の思いからです。

本書を執筆するにあたってインタビューにご協力いただいた方々、長年の戦友のような存在の産官学各界のキーパーソンの方々、そして多くのプロジェクトで苦楽を共にしてきた三菱総合研究所のメンバーに心からの感謝の気持ちを伝えたいと思います。

本書が読者の皆さんの新たな気づきになれば、これほど嬉しいことはありません。

日本版CCRCがわかる本〈目次〉

事業主体のリーダーが語る日本版ＣＣＲＣへの挑戦　150

雄谷良成さん（社会福祉法人佛子園　理事長）　151
成功のカギは圧倒的な交流人口

染野正道さん（株式会社スマートコミュニティ　代表取締役社長）　153
住めば住むほど健康になる街へ

山下直基さん（株式会社アーベイン・ケア・クリエイティブ　代表取締役〈当時〉）
最上雄吾さん（株式会社アーベイン・ケア・クリエイティブ　専務取締役〈当時〉）　155
八幡平版ＣＣＲＣは、施設ではなく、新たなライフスタイルそのもの

髙橋英與さん（株式会社コミュニティネット　代表取締役〈当時〉）　158
１００年続くコミュニティを目指して

有識者が語る日本版ＣＣＲＣへの期待　161

受田浩之さん（高知大学　副学長・地域連携推進センター長　日本版ＣＣＲＣ構想有識者会議委員）　161
課題解決先進県・高知の切り札は大学連携型ＣＣＲＣ

藤村隆さん（ジャパン・シニアリビング・パートナーズ株式会社　代表取締役社長〈当時〉）　164
ヘルスケアファイナンスが日本版ＣＣＲＣのエンジン

池本洋一さん（ＳＵＵＭＯ編集長　日本版ＣＣＲＣ構想有識者会議委員）　167
「30代デザイン」「がやがや」「人プロモーション」が成功のカギ

中川雅之さん（日本大学　経済学部教授）　172
ＱＯＬ（生活の質）を上げる住まい方が日本版ＣＣＲＣのゴール

☆コーヒーブレイクコラム▽日本版ＣＣＲＣを阻む不条理症候群　175

(5)居酒屋弁士症候群　175

第8章　日本版CCRC構想を実現させるために……207

編集協力　株式会社ウェルビ
表紙デザイン　高木義明・吉原佑実
（インディゴデザインスタジオ）

第1章

「今なぜ日本版CCRCなのか
ピンチをチャンスに変える逆転の発想」

２０２０年のミニストーリー ～健康・つながり・生きがいが満たされたある一日

少子高齢化が世界のどこよりも速く進む日本。人口減少で地域は疲弊し、少子化で大学は定員割れを起こし、苦しんでいるかと思いきや……。

２０２０年の「あるコミュニティ」を覗いてみました。なかから老若男女の笑い声が聞こえてきます。近づいてみると、大学のキャンパスのなかにシニアが住んでいるようです。ここでの生活の特徴はシニアが再び大学に通っていることです。単に歴史や文学を学ぶだけでなく、あるシニア女性は大学の講座で栄養学を身につけ、コミュニティの昼食づくりに忙しくしています。シニア学生と現役学生が企画したイベントに近くの保育園児が集まり、紙飛行機を飛ばしています。紙飛行機の作り方を教えているシニアは、以前は製造業のエンジニアだったそうで、今は大学でものづくり論を教えています。元キャビンアテンダントの女性が教えるホスピタリティ論は大学では人気講座で、また別のシニアは海外駐在経験を活かして留学生のホスト・ファミリーをしています。

彼らは大学で学び、教え、サークル活動で再びキャンパスライフを楽しみながら、いつも笑顔が絶えません。

またここでは、身体が弱っても他の施設に移ることはありません。同じ敷地で健康状況に応じたケアが受けられるので、健康な時から終末期まで誰もが安心して暮らしています。健康寿命を可能な限り伸ばすために、食事、運動、予防医療、生涯学習、就労が緻密に組み込まれているのです。シニアの血圧、血糖値から遺伝子解析までの健康のビッグデータを解析するデータ・アナリストは、学生が憧れる職業のひとつになっていて、地元の大学や高校の卒業生は、街を出ることなく地元で就職先を見つけていきます。新たなコミュニティが新たな雇用を創出し、街が活性化されているのです。

ここではシニアが健康を維持し、自立度や介護度が改善されると預金金利が上がるという健康連動型預金が人気になっています。この預金がコミュニティや地元の産業に融資されるという理想的な循環が起きています。さらに、誰かのために働いた時間が、将来の自分の介護サービスに使える健康マイレージ制度も人気で、「健康であればあるほど」「貢献すればするほど」得になる仕組みになっています。

多世代が集うこのコミュニティは、誰もが生き生きと輝いています。新たなコミュニティづくりで、日本は超高齢社会というピンチをチャンスに変えたのです。超高齢社会はシルバー社会と呼ばれた時代もありましたが、このコミュニティはシルバーのように錆びることのない、プラチナのように上質に輝く「プラチナ・コミュニティ」なのです。

【アクティブシニアの一日】

6時　起床
7時　農園で朝採り野菜の収穫
8時　朝食
9時　大学で栄養学を学ぶ
11時　近隣の子供への理科教室
12時　昼食
15時　大学生のキャリア相談
16時　地元の特産品の販路開拓を検討
19時　ホスト・ファミリーをしている留学生と夕食
20時　ジャズバーで音楽仲間と談笑
22時　就寝

米国のCCRCで受けた明るい衝撃

2020年のミニストーリーはいかがでしたか。数年後こんな暮らしができるようになるでしょうか。このような活力溢れるコミュニティが日本で作られるべきだと思ったのは、2010年の秋に米国のCCRC（Continuing Care Retirement Community）を訪問したことがきっかけでした。CCRCとは、健康時から介護時まで継続的なケアが提供される高齢者の共同体のことで、全米で約2000カ所、約70万人が居住しており、市場規模は約3兆円といわれています。

初めてのCCRCへの訪問は、ある意味「明るい衝撃」でした。

ニューハンプシャー州の緑豊かな街にあるCCRCには、平均年齢84歳のシニアが約400人住んでいましたが、約8割の方が元気で、重介護や認知症の方は2割のみでした。居住者は明るい笑顔が絶えず、健康で充実した日々を過ごしています。また介護になったとしても家賃が変わらずに継続的なケアが保証されているというのです。

CCRCでのアクティブシニアと筆者
（ケンダル・アット・ハノーバーにて）

一方、日本の高齢者住宅は、多くの人が具合が悪くなってから入るので、なかなか友達はできず、また「迷惑をかけたくない」といって、部屋に引きこもりがちです。あるいは幼児のようなお遊戯をさせられているところもありますが、果たして自分がそのような暮らしをしたいでしょうか。

本書では、米国の良さを活かしつつ、日本の社会特性に合わせて、私たちがこれから輝いて暮らせる日本版ＣＣＲＣのあるべき姿を示します。「それは米国だから可能なのだ」「米国と日本は国民性が違うから無理だよ」と思っている方もいるかもしれません。しかし、まずはこの続きを読んでみてください。

日本版CCRCをめぐるキーワード

まず日本版ＣＣＲＣが「なぜ」必要なのかをＷｈｙの視点で考えてみます。これから示す日本版ＣＣＲＣをめぐるキーワードを見てみましょう。

①脱・元気の出ない四字熟語：老後破産、介護難民

最近巷で見るのは、「老後破産」「介護難民」「地方消滅」と、元気のない四字熟語ばかりです。確かに世界一の高齢化率27％（平成29年度版「高齢社会白書」内閣府）の日本では、こうした四字熟語が溢れるのも理解できます。しかし超高齢社会はそんなに悲観的な社会なのでしょうか。海外の観光客が日本に来て驚くことは、タクシーでも店舗でもシニアが元気に働いている姿だそうです。そして銀座も京都も元気シニアで溢れています。世界に先駆けて超高齢社会を迎えた日本は、実は世界で一番シニアが元気な国なのです。元気の出ない四字熟語を連発しても何も解決しません。前向きに発想を変えてみてはどうでしょうか。

②シニアの10万時間問題　～子供の公園デビューより、シニアの地域社会デビュー

リタイアした後の自由時間はいったいどの程度あるでしょうか。1日24時間のうち、睡眠や食事以外で約14時間あると考えると、リタイアした後の20年では14時間×３６５日×20年間で何と約10万時間にもなります。この10万時間をいかに健康で充実して過ごすかが重要です。１９４７～49年に生まれた団塊世代は約６６０万人で、毎年約

定年後の自由時間は
約10万時間

子供の公園デビューは
年約100万人
シニアの地域社会デビューは
年約200万人

200万人がリタイアして新たに地域社会にデビューし始めています。現在子供が生まれるのは年に約100万人で、子供やママの公園デビューが大事といわれていますが、子供の2倍いるシニアの地域社会デビューも大事ではないでしょうか。

③60代女性のストレス1位は？

シニアの本音やニーズを考えるうえで参考になるアンケートがあります。60代女性にストレスとなる要因を聞いたもので、5位病気、4位地震、3位子供、2位経済となっています。では1位は何でしょうか。答えは「夫」です。そうです、60代女性の最大のストレスは夫なのです。それはリタイアした後に、いつも夫が家にいて妻は三度の食事を用意しなくてはならず、夫はゴロゴロしているくせに指図するばかりで、そうかと思うと妻の後をついてくる。妻にとってはいわばうっとうしい存在なのです。そして多くの男性がそれを自覚していません。

60代女性の主なストレス源
(60代　夫婦2人以上世帯)

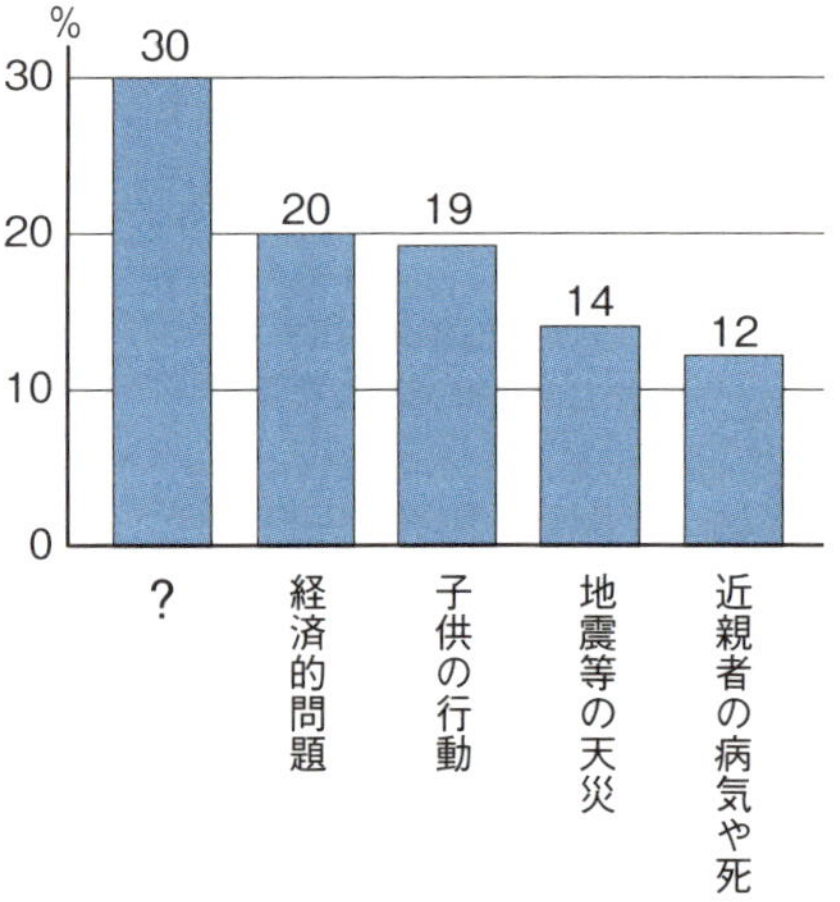

(三菱総合研究所　mif・生活者市場予測システムより、改変)

次にリタイア後に一緒に過ごしたい相手を聞いた結果です。折れ線グラフに注目です。男性は「夫婦」で過ごしたいが1位ですが、女性では「ひとり」が1位、「友人・仲間」が2位で、「夫婦」という選択肢は3位なのです。ここに悲しい夫婦間のギャップがあります。男性は「リタイア後にご用心」です。ある日突然妻に「お父さん、ちょっとお話があります」と呼び出されて、申し渡されるような別居や熟年離婚の危機に注意しましょう。

では、なぜこういったアンケート結果になるのでしょうか。理由は、妻の家事負担と夫婦の距離感といえるでしょう。つまりリタイア後に、夫の三度の食事の世話や、子供が出て行き2人では広くなってしまった家の掃除や庭の手入れなど、妻の家事負担は増えるという不満です。

また夫婦の距離感で見ると、今までは家庭を顧みず仕事人間だった夫がいつも家にいるという状況が妻には相当なストレスのようです。夫にすれば「それはこっちのセリフだよ」という人もいるでしょうが、リタイア後に夫婦がほどよい距離感を保つというのはなかなか難しいようです。

この原因となる家事負担と距離感を解決する方法があります。集《つど》って住む「集住」というライフスタイルです。ＣＣＲＣはまさにこの集住スタイルです。

米国のＣＣＲＣでは多様な契約形態がありますが、食事は毎日1～3食ついており、掃除のサービスもあります。戸建と違って集合住宅であれば庭の手入れや雪かきも不要なので、家事負担が軽減されます。そして距離感でいえば、夫は男性同

リタイア後に一緒に過ごしたい相手（60代）

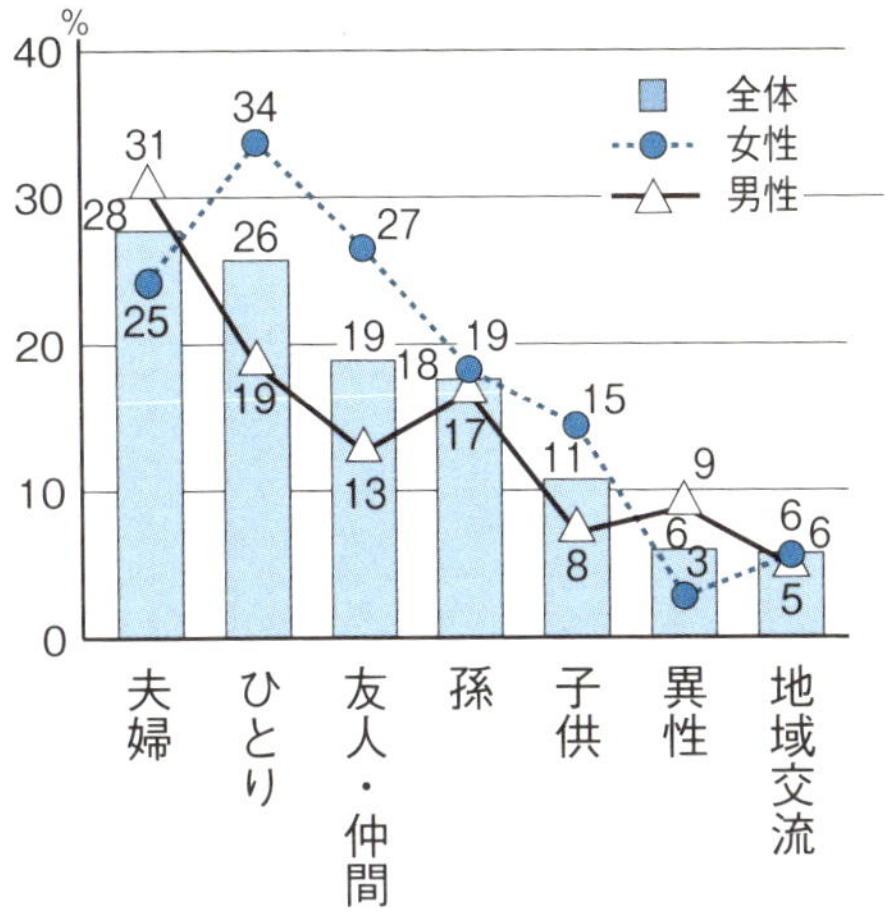

（三菱総合研究所　mif・生活者市場予測システムより、改変）

士でゴルフに行き、妻は女性同士でフラダンスに行くように、夫婦2人いつも一緒で煮詰まることがなくなります。食事はグループで一緒なので、2人の時よりも会話がはずみ楽しいものになります。

④男性の独居にご用心!

あなたは今ひとり暮らしでしょうか。誰かと一緒に暮らしているでしょうか。

75歳以上300人のシニアの機能変化を5年間継続して追跡した国際長寿センターの調査では、シニアの居住形態を「男性の独居」「男性の夫婦居住」「女性の独居」「女性の夫婦居住」の4つのパターンに分けてその比較を示しています（次ページ図）。5年間での死亡率と機能低下の割合が最も高かったのは、どの居住形態でしょうか。それは「男性の独居」です。死亡率は17・6%、機能低下率は29・4%。次いで、「男性の夫婦居住」は死亡率8・1%、機能低下率は18・9%、「女性の夫婦居住」は死亡率3・1%、機能低下率は16・8%です。最も死亡率や機能低下が少ないのは「女性の独居」で、死亡率は何とゼロで、機能低下率は12・2%です。特に独居で見ると男女の違いが著しく、「男性の独居にご用心!」なのです。

女性と比べて男性は老後に誰かと打ち解けて仲良くなることは難しい傾向があり、人とのつながりが減るといわれています。その結果、家に引きこもり一日誰とも話さず、食事はいい加減になって体調が悪くなりがちです。もしCCRCのような「集住」であれば、男性の独居でも、食事はダイニングでみんなと一緒にとり、趣味のサークルで誰かと接することで、孤独ではなくなり健康の機能低下を抑制できるという考え方です。

一方、機能を維持している人と機能が低下している人の「外出頻度」を比べてみると、「ほとんど毎日外出する」「週4~5日外出する」という人は健康を維持しており、外出頻度の高さの重要性がわかります。シニアは部屋にこもっていてはよくないのです。

高齢者の機能変化 －5年間調査

○　75歳以上300名を５年間継続して調査した結果、男性・独居者の**約３割**は「**機能低下**」していた。

○　「**機能維持**」のケースは、「毎日外出する」など**外出頻度が高く、行動的なケース**が多い。

５年間の死亡率・機能低下割合

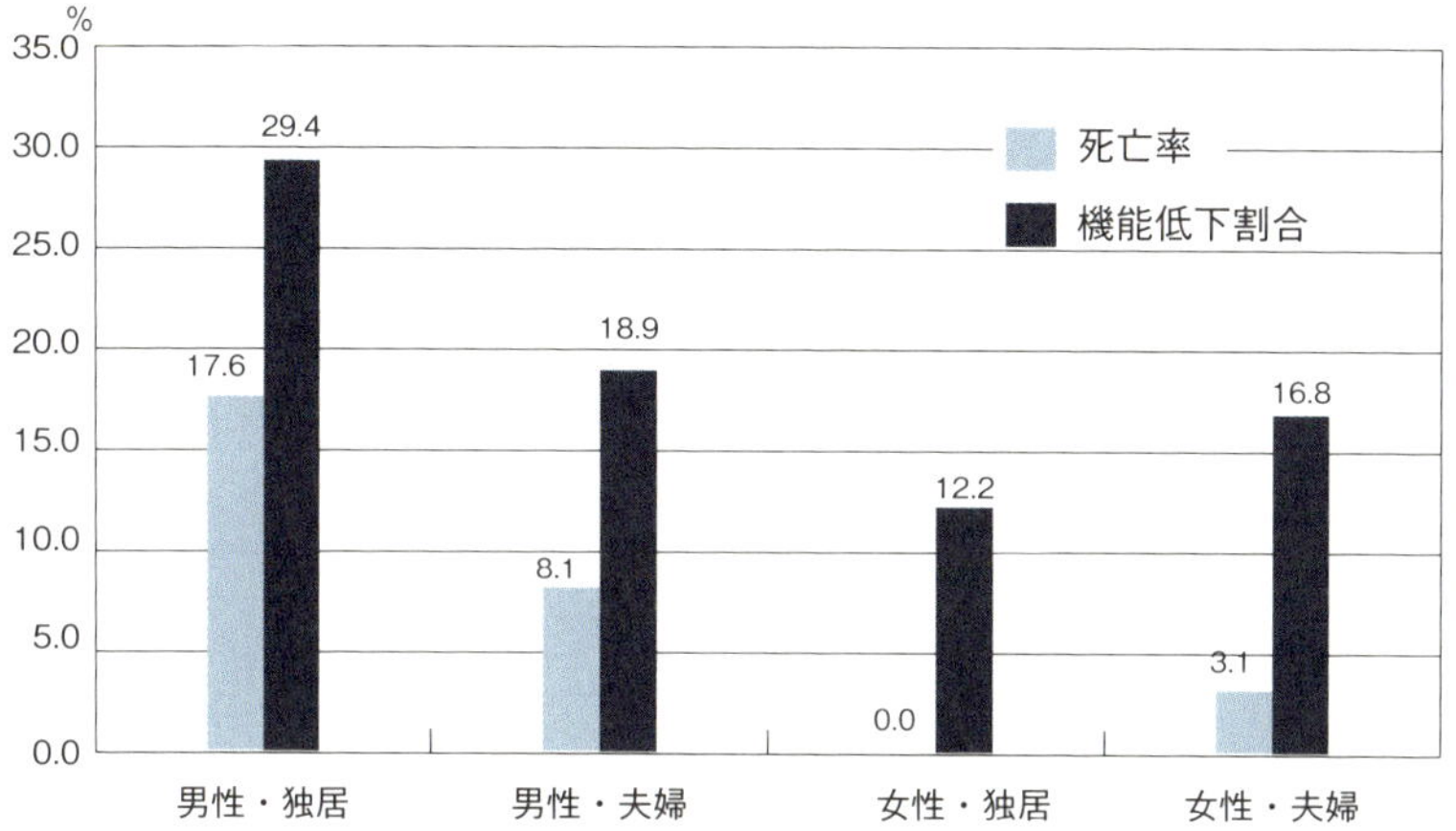

機能維持群・低下群の外出頻度

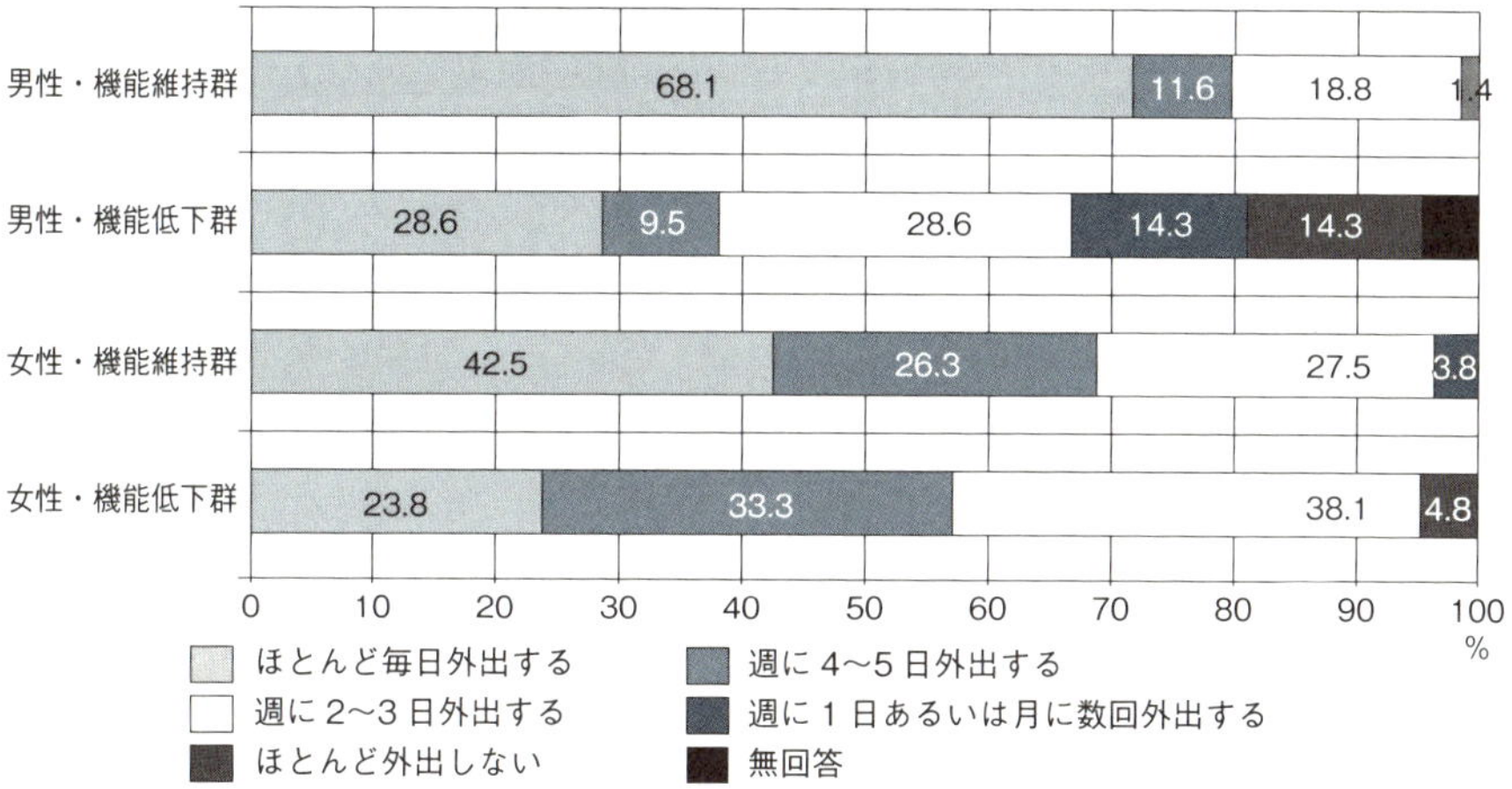

（平成20年度国際長寿センター「高齢者日常生活継続調査」より）

⑤「きょうよう」と「きょういく」がありますか？

ある大手企業の役員でリタイアした方が、「松田さん、老後に大切なのは『きょうよう』と『きょういく』だよ」と言われました。

私は「教養と教育ですか？」と聞き返したところ、彼は「そうではなく、『今日用』がある『きょうよう』と、『今日行く』ところがある『きょういく』だよと微笑みました。ゴルフ三昧もすぐ飽きてしまったし、だからといってすぐに何か打ち込めるものが見つかるわけでもないし、改めて『きょうよう』と『きょういく』があることの大切さがわかったということでした。

これはなるほどと思いました。「今日用」は英語で言えば“Things to do for today”「今日行く」は“Place to go for today”と称するのでしょうが、悠々自適、毎日が日曜日、ゴルフ三昧のスローライフというのは、すぐに飽きてしまうのではないでしょうか。

⑥27％は何の数字？

27％とは何の数字でしょうか。本書の内容と関連することです。ある講演会で参加者に聞いたところ、「自分の体脂肪率！」と元気よく答えた人がいましたが、そうではありません。

答えは日本の高齢化率、人口に占める65歳以上の人の割合です。高齢化率を見ると米国は約15％、中国は約10％、東南アジアでは高齢化率が一桁の国もあります（平成29年度版「高齢社会白書」内閣府）。日本は4人に1人が65歳以上という世界で1番の高齢化率の国なのです。

⑦60歳が示すもの

60歳。以前は定年の年齢でしたが、最近では雇用延長の流れで65歳定年という企業が増えましたが、実は60歳は1950年の平均寿命なのです。それが今では平均寿命が80歳を超え、人生をより長く謳歌できるということは素晴らしいことではないでしょうか。

少し視点を変えて、サザエさんに登場する父親の波平と母親のフネを想像してみてください。2

人はいったい何歳だと思いますか。60歳でしょうか。70歳でしょうか。答えは、波平が50代半ば、フネが50代前半だそうです。昔の50代と比べて今の50代はもっと若々しく、60、70、80代を含めて全く若返っていることに気づくでしょう。

⑧55分の50問題：税収55兆円の国が医療・介護に50兆円

55分の50問題とは何でしょうか。分母の55とは国の年間の税収約55兆円を示し、分子の50とは年間の医療費約40兆円と介護給付費約10兆円の合計を示しています。医療費は毎年1兆円ずつ上がっています。社会保障費の考え方もありますが、単純に入ってくるお金と、出ていくお金という視点で考えれば、税収約55兆円の国で約50兆円が医療と介護に使われているということです。これを一般の家庭に例えれば、月収55万円の家庭が医療と介護に50万円使っていることとほぼ一緒でしょう。その家庭ではその他に光熱費、教育費、食費、住宅費なども必要ですので、借金してまかなうことになります。このように考えると日本が、1千兆円を超える借金を抱える理由もうなずけるでしょう。限られた税収と医療・介護の支出が拮抗しているという問題は、国だけでなく地方自治体も一緒です。これが今直面するピンチです。

では、この55分の50問題をいかに解決すべきでしょうか。それは分母の税収を上げて、分子の医

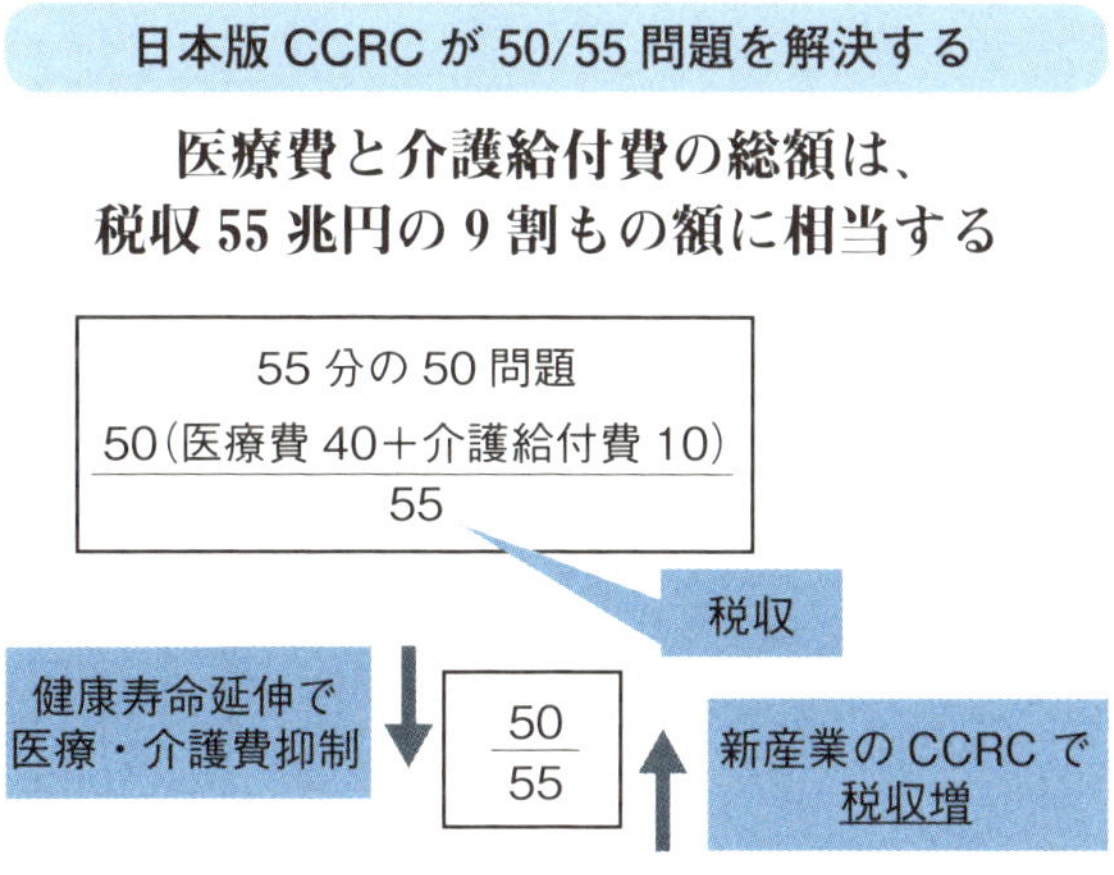

療・介護費を抑制することです。分母の税収を上げるというのは「新たな産業創造」です。戦後日本は、繊維、重化学、自動車など常に新産業創造を繰り返してきました。今後有望なのは健康産業であり、ＣＣＲＣは大きな柱になり得ます。ＣＣＲＣが新産業として成長し、関連した消費や雇用が増えれば、55分の50問題の分母である税収の増加に貢献し、健康寿命が延伸すれば分子の医療・介護費は抑制されていくでしょう。

なお医療費は市町村によって約3倍の開きがあります（平成27年度「医療費の地域差分析」厚生労働省）。健康支援、予防医療、社会参加が進んでいる市町村は医療費が低くなる傾向があり、また適切なケアやリハビリがあれば、医療・介護費を抑制できる余地はまだあるといえるでしょう。

55分の50問題の解決により、新産業で税収を増やし、かつ医療・介護費を抑制するとして期待されるのが日本版ＣＣＲＣなのです。

⑨対処から予防の視点へ

「今後増える要介護者をどうするか？」。この発想は対処の視点で、結局、後手後手に回ることになります。重要なのは介護にならない、介護にさせないための、先手を打った予防の視点です。いわゆる２・６・２の法則でいえば、上位の２割は健康で活発なアクティブ層、下位２割は病気・介護・困窮の対処層で、上位２割の層は一層アクテ

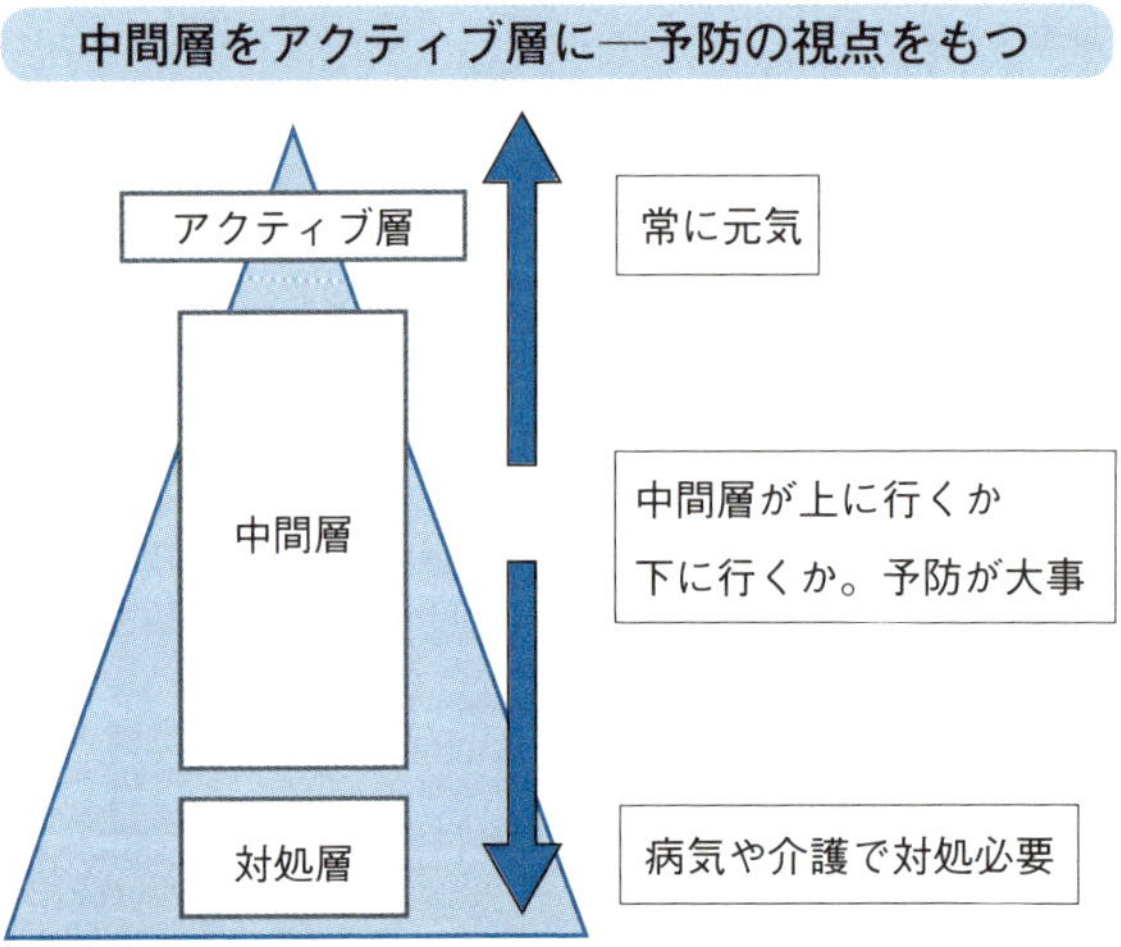

ィブになっていただき、下位2割の層は福祉や弱者対策でサポートしていくべきですが、重要なのは6割の中間層です。この中間層が将来アクティブ層に向かうか、それとも対処層に向かってしまうのかに今後の日本の行く末がかかっており、今まさに大きな分岐点にいるといってもよいでしょう。対処層の手立ても大事ですが、分厚い中間層を対処層に向かわせない予防策が今後ますます重要です。日本版ＣＣＲＣはその予防の中核になる存在なのです。

⑩７００万人認知症問題

健康やアクティブさも大切ですが、一方、現状で見過ごせない存在が認知症です。厚生労働省研究班は認知症を患う人の数が２０２５年には７００万人を超えるという推計を発表しています。これは65歳以上の高齢者のうち、５人に１人が認知症になるという予測です。２０１２年の時点の約４６２万人から約10年で１・５倍にも増えるのです。全国のＭＣＩ（Mild Cognitive Impairment：軽度認知障害）と呼ばれる「正常でもない、認知症でもない、正常と認知症の中間状態」の人は２０１２年で約４００万人と推計されており、このＭＣＩの数も今後増加することが予測されます。

認知症というと、残念ながらいくつかの施設では、認知症の人に同じパジャマを着せて、赤ちゃん言葉で話しかけ、工場の流れ作業のように食事を与えるなど、彼らの尊厳が考慮されないところもあるようです。

前述した「予防の視点」では、認知症にならないための予防医療や食事、社会参加を緻密に準備すべきであり、日本版ＣＣＲＣはその拠点になり得ます。

また米国のＣＣＲＣでは、メモリーサポート（Memory Support）と呼ばれる認知症の居住者専用の部屋が完備されていて、認知症になったら健常者棟から同じ敷地にある認知症棟に移り、健常者と同じくきちんと身なりを整えて丁寧に対応されて暮らしています。たとえ認知症になった場合にも、丁寧なケアと尊厳を持った暮らしが必要だということです。ＣＣＲＣのＣＣが示すContinuing Care（継続的なケア）は、今後増加する認知症問題の解決に資するでしょう。

⑪民公産学の四方一両得

日本は今、超高齢社会、人口減少、地方の疲弊、雇用不足などのピンチに直面しています。日本版ＣＣＲＣはこのピンチをチャンスに変える切り札になる可能性があります。それは、一部の人や組織だけでなく、あらゆる方面にメリットをもたらす「民公産学の四方一両得」になるのです。

民公産学の第１は「市民」です。居住者となる市民は、日本版ＣＣＲＣで、予防医療や健康支援を受けながら介護や看取り時まで継続的なケアが提供されるので安心です。居住者は、支えられる存在ではなく「担い手」として積極的に自治に参加します。また近隣の大学や教育機関に通い、地域交流や多世代交流を通じて生きがいが得られます。

居住者だけでなく周辺の市民にも、メリットがあります。それは日本版ＣＣＲＣに住まなくとも、ＣＣＲＣが、そこに通うこともできる地域包括ケアの拠点となり得るからです。

第２に「公共」へのメリットです。日本版ＣＣＲＣは地域に雇用を創出し、税収を増やすことが期待されます。私は北海道から沖縄まで周りましたが、地方の最大の悩みは雇用に尽きると思います。雇用がないから地元の高校や大学を出た若者が転出してしまいます。故郷に帰りたいＵターンや新たに住みたいＩターンの希望者がいても、雇用がないから実現できないのが現状です。日本版ＣＣＲＣによる雇用創出は若年層の転出を抑制し、働き世代の転入を増やし、それが人口減少の対応策になり得ます。

雇用創出で事業主体からの法人税が増え、移住者の住民税が増え、孫や子供が遊びに来て交流人口が増えれば消費も増えるので、結果的に地方自治体の税収につながります。また移住者が住民票を移せば社会保険料の収入も増えます。健康寿命

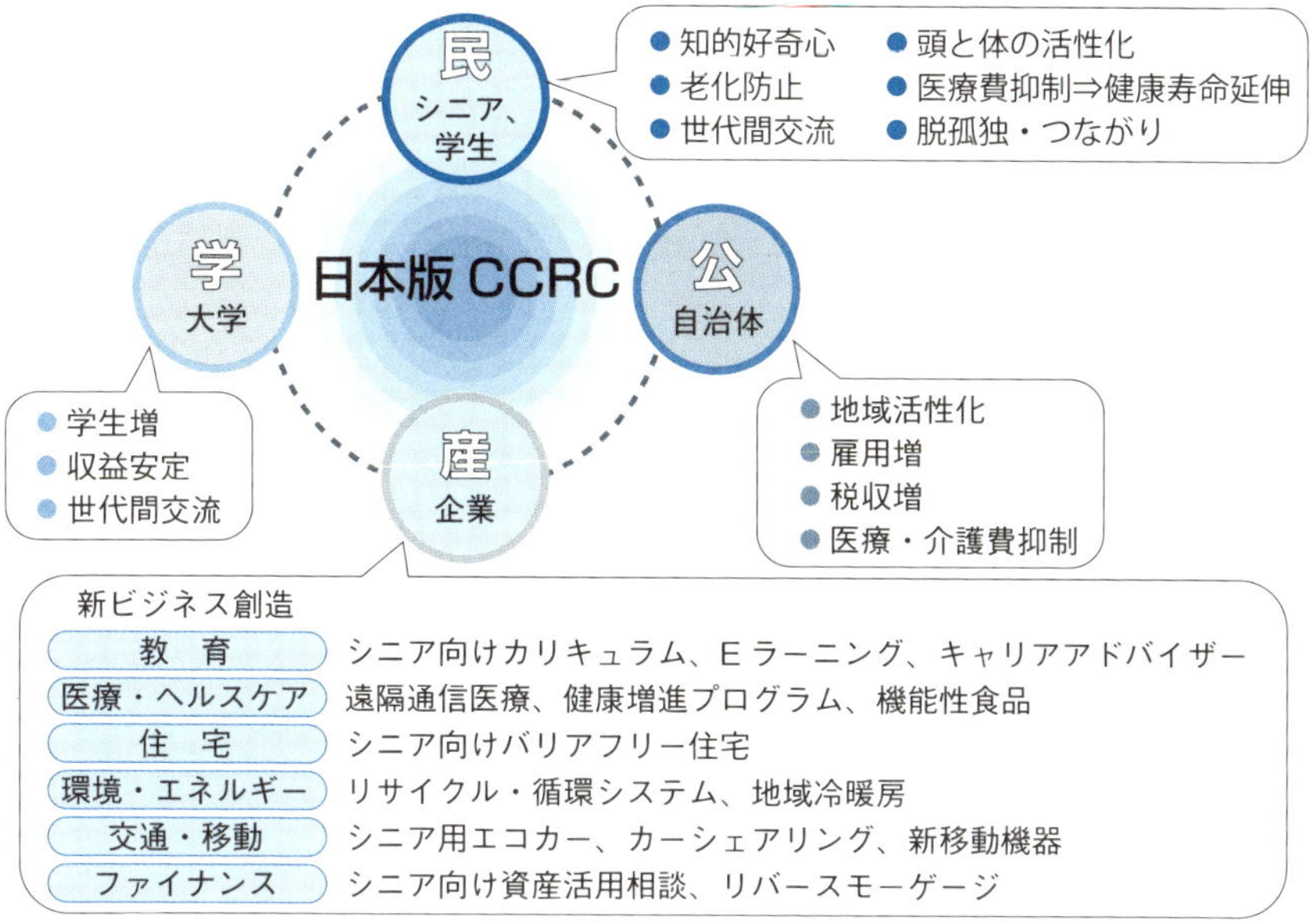

（三菱総合研究所）

が延びて、ピンピンコロリの生活になれば、将来の医療・介護費も抑制可能で、地方自治体の財政も健全化されていくでしょう。

第3に産業です。日本版ＣＣＲＣは従来の高齢者住宅ではありません。「介護で儲けるのではなく、介護にさせないことで儲ける」という逆転の発想であり、介護にさせないために、健康支援、運動、食事、予防医療が緻密にプログラム化され、居住者の血圧、血糖値、日々のバイタルデータから遺伝子解析まで含めた健康のビッグデータ解析などの新市場が生まれます。また大学と連携したＣＣＲＣでは、シニア向けの生涯学習講座のビジネスも生まれるでしょう。さらにシニアの移動交通分野では、一人乗りのパーソナルモビリティや地域内でのカーシェアリング、将来は無人運転の交通手段も期待されます。金融では、シニアの住み替えに関わる資産運用やリバースモーゲージ、生命保険を担保とした入居金支援に関連するビジネスも有望でしょう。事業主体向けには、ヘルスケアＲＥＩＴ（ヘルスケア関連に特化した不動産投資信託）やプロジェクトファイナンス（プロジェクトを行う際にその事業を遂行するための会社が資金を調達する）など多様な資金調達の可能性が広がります。

日本版CCRCをめぐるキーワード

① 脱・元気の出ない四字熟語：老後破産、介護難民
② シニアの10万時間問題
〜子供の公園デビューより、シニアの地域社会デビュー
③ 60代女性のストレス1位は？
④ 男性の独居にご用心！
⑤「きょうよう」と「きょういく」がありますか？
⑥ 26%は何の数字？
⑦ 60歳が示すもの
⑧ 50/55問題：税収55兆円の国が医療・介護に50兆円
⑨ 対処から予防の視点へ
⑩ 700万人認知症問題
⑪ 民公産学の四方一両得

さらに「街づくりは人づくり」の視点から、日本版CCRCを実現させるために企画力、調整力を備えた地域プロデューサーの人材育成・人材派遣ビジネスも有望になってくるでしょう。

第4に学校です。日本には約800の大学がありますが、少子化のなかで学生を呼び込むのはどこも大変です。しかし今後大学は何も18〜22歳だけが学ぶ場ではないでしょう。現在大学進学率は5割以上ですが、団塊の世代の当時の大学進学率は約1割程度で、学びたくても家庭の経済的事情で、当時は大学に行けなかった人が多数います。また大学に行っても、学園紛争でほとんど勉強できなかったという人もいます。シニアの学びへの意欲は若い世代が思う以上に強く、大学の門戸をこの世代に開くべきではないでしょうか。

シニア世代が大学に通うことは若い世代にとってもメリットがあります。シニアの社会での経験を学ぶことは、学生にとっては大きな財産になります。大学の先生は理論を教えることが強みですが、シニアの強みは豊富な社会経験であり、それ

が成功談でも失敗談でも学生にとっては貴重な学びになるのです。

福澤諭吉が「半学半教」という言葉を残していますが、半分学んで半分教えるという生き方は理想的だと私は思います。教えることでなくてもシニアが貢献できることがあります。例えば「私は総務部でクレーム処理をしていました」というシニアは、モンスターペアレンツのいなし方も上手なはずで、大学の職員の手助けができるでしょう。

大学から話は広がりますが、日本は全国で小学校が約2万校、中学校が約1万校あります。もしそれぞれで10人シニアが働けば、日本全体で約30万人のシニアの活躍の場ができるのです。学校は地域の多世代交流の拠点になり得ると思います。

日本版CCRCとは何か

これまで、日本版CCRCがなぜ必要なのか、その背景をWhyの視点で紹介しましたが、ここでは日本版CCRCとは「何か」というWhatの視点で考えてみたいと思います。

CCRCとは、米国に普及する高齢者コミュニティで、そこでは元気な時から介護、看取り時まで転居することなく同じ敷地で安心して暮らすことができるモデルです。しかし米国と日本では国民性も医療制度も違います。ゆえに米国モデルをそのまま日本に持ってきてもうまくいかないでしょう。日本の社会特性に合ったモデルとしての日本版CCRCの創設が必要なのです。ここでは日本版CCRCとは何か、その本質についてキーワードで示したいと思います。

①大切なカラダの安心、オカネの安心、ココロの安心

CCRCの基本理念はカラダの安心、オカネの安心、ココロの安心、この3つの安心です。

カラダの安心とは健康のサポートがしっかりしていること、介護になっても安心して暮らせることです。健康寿命とは人間の一生のうちで介護・

医療に依存する期間を引いた自立している生存期間のことですが、日本では男性は約71歳、女性は約75歳です。一方、平均寿命は男性が約80歳、女性が約86歳（平成28年度「厚生労働白書」）なので、健康寿命と平均寿命の差はそれぞれ約10年ありまず。これから私たちが望むのは、なるべく介護や寝たきりの期間を減らし、健康寿命を延ばすことです。そして介護や認知症になった時は、人生の終焉までできるだけ自分らしく尊厳を持った暮らしができることではないでしょうか。

オカネの安心とは、米国のＣＣＲＣは多様な契約形態がありますが、共通している理念は原則介護になっても家賃が変わらないということです。一方、日本の高齢者住宅は残念ながらその逆ではないでしょうか。介護度が上がると有料老人ホームでは介護上乗せ費用として家賃が数万円上がり、サービス付高齢者住宅では、サービス料金が追加される仕組みになっています。今、日本の高齢者は亡くなる時に多額の預貯金を残していると聞きますが、その理由は「不安」です。介護になったら一体いくらかかるかわからないので、お金を貯めこんで、使うことなく亡くなるのです。

将来が予測できることを英語で、Predictableといいます。これはＣＣＲＣを示すキーワードで、老後の経済的な予測ができるという意味です。しかし今の日本はUnpredictable（予測不能）な老後ではないでしょうか。もしも介護になっても家賃が原則変わらないのであれば、年金や預貯金がいくらあり、自宅の売却や転貸による収入がどの程度あるかがわかれば、将来の経済的な予測が可能になってきます。シニアには予測可能なオカネの安心が必要なのです。

ココロの安心とは、誰かとのつながりがあり、生きがいのある暮らしです。元気なうちに価値観や趣味の合う人と一緒に住めば、仲間ができますし、誰かの役に立っている実感が得られれば、生きがいは増すでしょう。マズローの欲求5段階説では、人間の欲求は、生理欲求、安全欲求、親和欲求、承認欲求、自己実現欲求と示されますが、日本版ＣＣＲＣは基礎欲求から高次欲求まで充足

CCRCはマズローの欲求5段階を充足させる

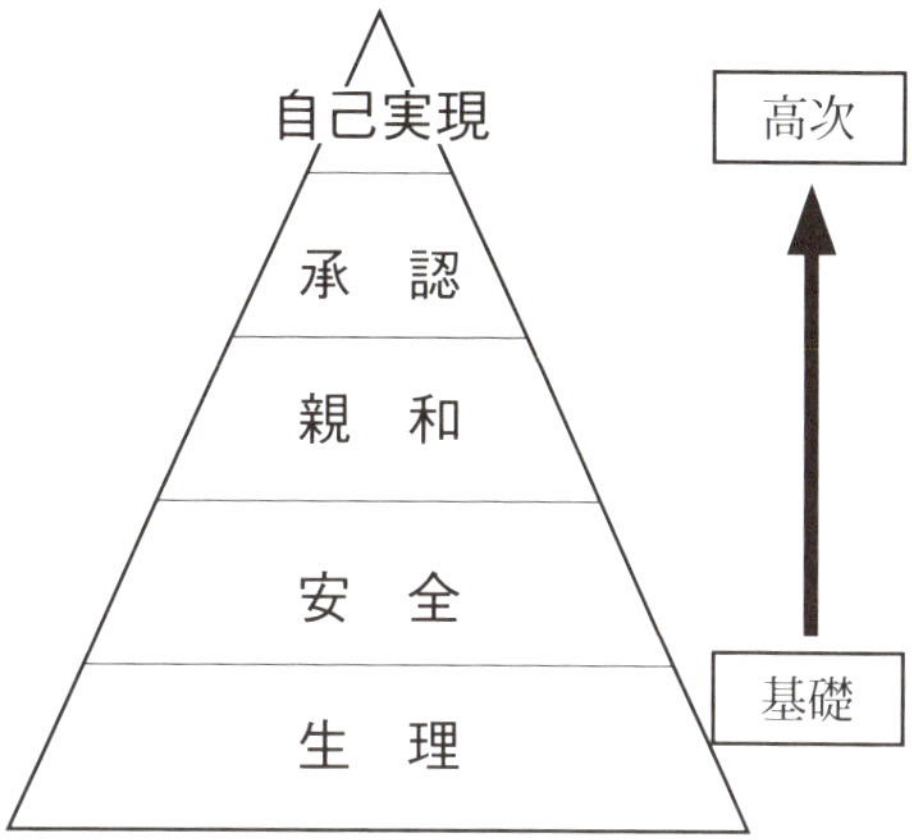

させるものであり、特に親和欲求、承認欲求、自己実現欲求というココロの安心を充足させるモデルになっています。

カラダの安心、オカネの安心、ココロの安心、この3つが日本版CCRCの基本理念です。

②米国との違いは「脱・ではの守《かみ》」

私はこれまでCCRCの有望性を提唱し続けて、国、地方自治体、企業など多様なところで講演をしました。受け手の最初の反応は、「面白そうだ」「自分も住んでみたい」「わが街にも作りたい」と前向きなのですが、しばらく経つと「それは米国だからできるんだよ」「米国と日本は国民性が違うからね」「一部の富裕層向けでしょう」とネガティブな反応に変わってしまうことも多々経験しました。なぜそのように反応が変わるのでしょうか。

しばらくして気づいたのは、私の説明が「ではの守《かみ》」だったからです。「ではの守」とは、「米国では」「海外では」「東京では」と、すぐに「では」をつけて外の受け売りをする人のことです。だから最初は珍しがられても、結局は聞く人の心の奥まで響かないのです。確かに米国と日本では国民性も違います。米国には介護保険は存在しませんし、医療制度も大きく異なります。

ですから米国のCCRCの良い点、参考になる点は活かしつつ、日本の社会特性や国民性に合ったモデル、つまり「日本版CCRC」への変換力が必要だと思い直して、「ではの守」を卒業した

米国のCCRCと日本版CCRCとの違い

	米国のCCRC	日本版CCRC
地域接点	塀で囲われたコミュニティ（ゲーティッド・コミュニティ）	街まるごと 地域に開かれたコミュニティ
居住者	シニア（高齢者）	多世代
建物	新規に建築	可能な限りストックを活用

のです。

米国のＣＣＲＣと日本版ＣＣＲＣとの違いを上の表で説明したいと思います。

まず地域接点でみると、米国は防犯上の問題から塀で囲われたゲーティッド・コミュニティという閉鎖的なイメージが否めません。もちろん米国でも最近は近隣の子供が遊びに来たり、地域社会のイベントを開催するＣＣＲＣもありますが、日本版ＣＣＲＣは、より地域に積極的に開かれたコミュニティで「街まるごと」の発想が重要です。

居住者でみると、米国では原則シニアだけですが、日本ではそこに子育て世代や若い世代も一緒に住むような多世代型にするのがよいと思います。同世代が一斉に住み始めると老化や健康状態の推移も一緒になりがちで、多世代が居住する方が長期で見た一斉老化のリスクを軽減することにもなります。

建物の視点では、米国は新規に建築するものが多いですが、日本は見渡してみれば実はストックの宝庫です。公共施設、団地、廃校、撤退した大型商業施設、稼働率の悪いホテルや旅館があります。そして都心回帰の流れで郊外の大学のキャンパスには、図書館やグラウンド、カフェテリアなど魅力ある施設がストックとして残っているのです。さらに全国には約８００万戸といわれる空き家もストックとして使えるものがありそうです。

ストックを利用する事例として、例えば集合住宅をリノベーションして、低層階にシニアが住み、高層階に子育て世代や学生が住む多世代型

集合住宅を再生した多世代型CCRCのイメージ

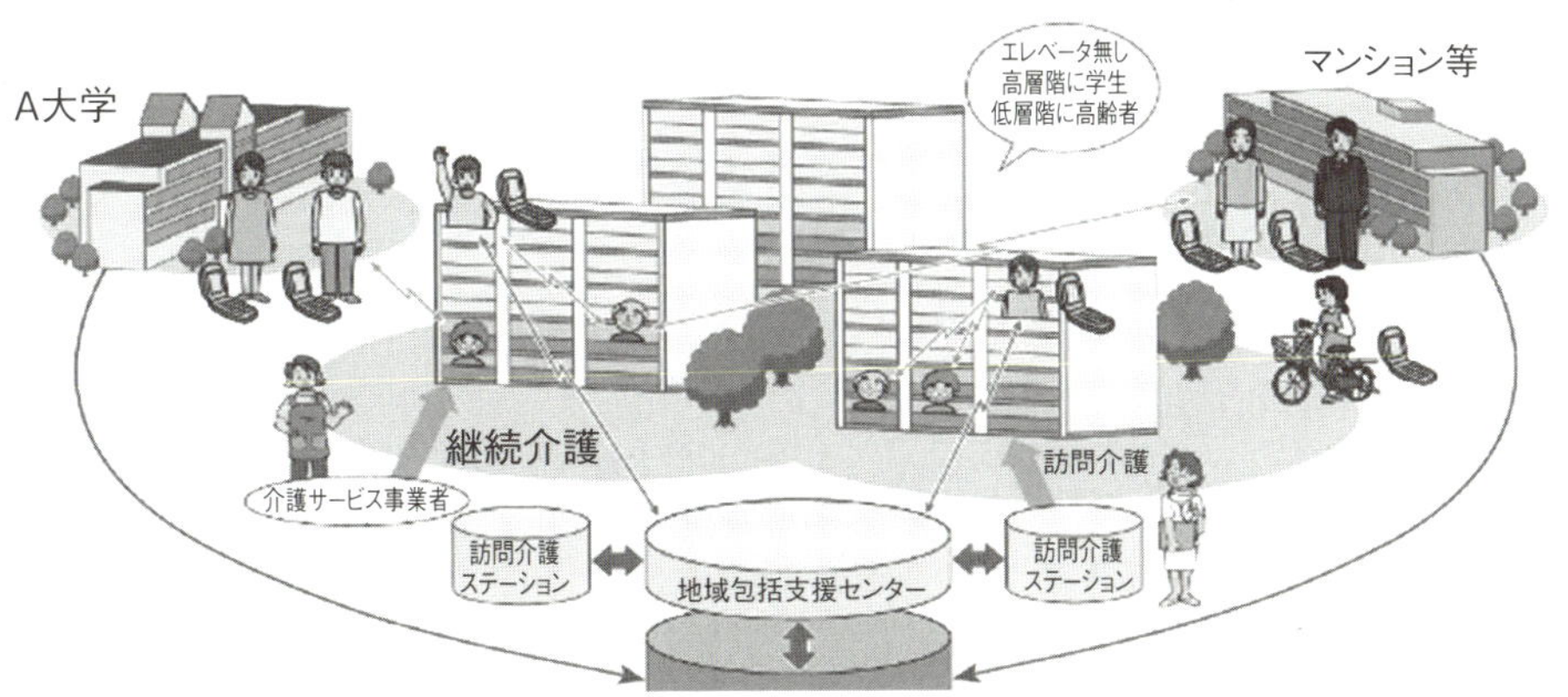

（資料：三菱総合研究所）

CCRCが考えられます。シニアは子育て支援に参加し、学生は格安家賃の代わりにシニアの買い物支援をするような共助の仕組みです。また近隣の住民は、自宅に居住したまま日本版CCRCに通い、食堂や健康施設を利用できるような在宅モデルを可能にすれば、地域包括ケアの拠点として、周辺住民全体に貢献する存在になるでしょう。

③脱・老後の悲惨な住宅すごろく

「老後の悲惨な住宅すごろく」が日本にはあります。それは、「介護移転リスク」です。元気な時は自宅に住んでいますが、一度大きなケガや病気で入院して、急性期病院からリハビリ病院を経て、要支援・要介護状態になってしまうと、医師から「残念ながらもう自宅に戻れません」と告げられる日がやってきます。それからサービス付高齢者住宅や有料老人ホームを探して住み替えることになるのですが、そこは知らない人ばかりで、新しい友達もなかなかできずに部屋に引きこもりがちになります。そのうちにまた具合が悪くなっ

CCRCは継続的なケアを提供し介護移転リスクを払拭

<table>
<tr><td rowspan="2">米国</td><td colspan="2">IL：自立棟
Independent living</td><td colspan="2">AL：軽介護棟
Assisted living</td><td>NH：重介護棟
Nursing home</td><td>MS：認知症対応棟
Memory support</td></tr>
<tr><td colspan="6">CCRC: Continuing Care Retirement Community
同じ敷地で健康時から、介護、看取り時まで継続的ケアを提供＝介護移転リスク払拭</td></tr>
<tr><td rowspan="2">日本</td><td rowspan="2">一般住宅
戸建・集合</td><td rowspan="2">サ高住</td><td colspan="2" rowspan="2">有料老人ホーム</td><td>グループホーム</td><td rowspan="2">特別養護老人
ホーム</td></tr>
<tr><td>老健施設</td></tr>
<tr><td>年代</td><td colspan="2">60歳～70歳代夫婦</td><td colspan="3">70歳代独居高齢者</td><td>80歳～</td></tr>
</table>

て入退院を繰り返し、資金的に余裕がなければ安価な別の施設を転々としながら人生の終焉を迎える。これはひとつの例ではありますが、「悲惨な住宅すごろく」が残念ながら実在しているのです。

この「介護移転リスク」を払拭したのが、健康時から介護時まで同じ敷地で継続的なケア（Continuing Care）という安心を提供するCCRCなのです。

米国のシニア住宅は上の図のように、自立棟（Independent Living）、軽介護棟（Assisted Living）、重介護棟（Nursing Home）、認知症対応棟（Memory Support）と分かれていますが、CCRCはそれぞれを同じ敷地で一気通貫の形で生活できるようにしています。

従来の高齢者住宅と日本版CCRCは何が違うのか、次ページの図で説明しましょう。

まず入居動機が違います。これまでの高齢者住宅は、「健康が心配だから」「介護が必要だから」という受動的な入居動機が主でしたが、日本版CCRCは「楽しみたいから」「役立ちたいから」

日本版CCRCと従来の高齢者住宅との違い

	これまでの高齢者住宅	日本版CCRC
入居動機	不安だから	楽しみたいから
入居時の健康	具合が悪くなってから	元気なうちに
サービスの概念	上げ膳据え膳	住民主導
居住者の存在	支えられる人	担い手

という能動的な動機になります。

次に入居時の健康状態が違います。これまでは具合が悪くなってから住み替えるというのが一般的でしたが、日本版CCRCは元気なうちに移り住みます。具合が悪くなってから住んでも仲間はできず、コミュニティを形成するのは難しいでしょう。元気なうちから趣味や価値観の合う仲間と一緒にコミュニティづくりをすることが大事で、その結果が生きがいにつながり、健康にもプラスであるという考え方です。

サービスの概念も違います。従来の高齢者住宅では居住者はある意味病院での患者のような存在で、上げ膳据え膳のサービスのなかで「支えられる人」でしたが、日本版CCRCでは居住者は「担い手」という存在を目指しています。ここでは自治会や図書委員会、ペット委員会、財務委員会など多様な委員会に居住者が参加することが期待されています。元気なシニアであればその方が楽しいはずでしょう。

④日本版CCRCの構成要素と機能

日本版CCRCは単なるハコモノの高齢者住宅ではありません。その構成要素は、施設や設備の「ハード」と、コミュニティの運営や健康や介護のプログラムといった「ソフト」、そしてそれらを支える制度設計や金融などの「仕組み」になります。ハード、ソフト、仕組みがバラバラではなく、三位一体となって構成されていることが重要

日本版CCRCの構成要素

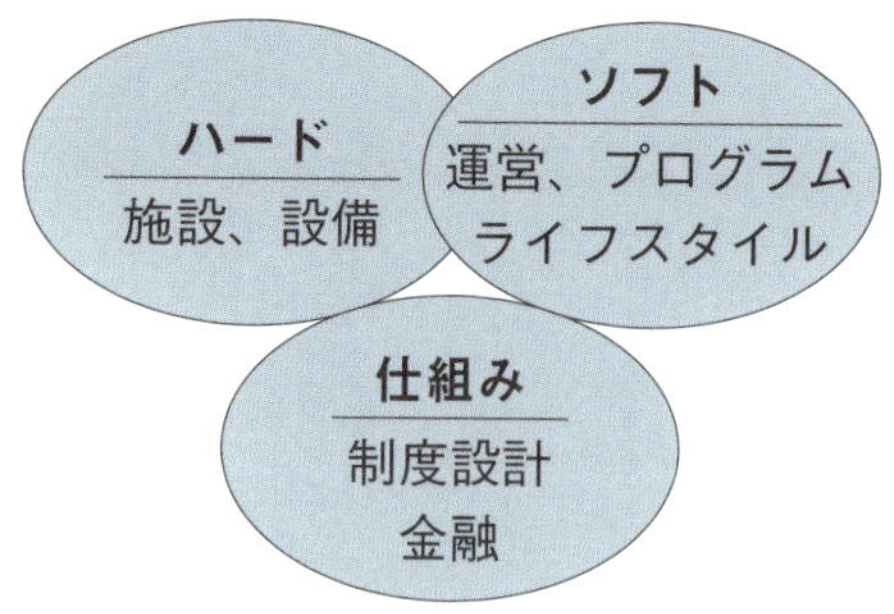

日本版CCRCの機能

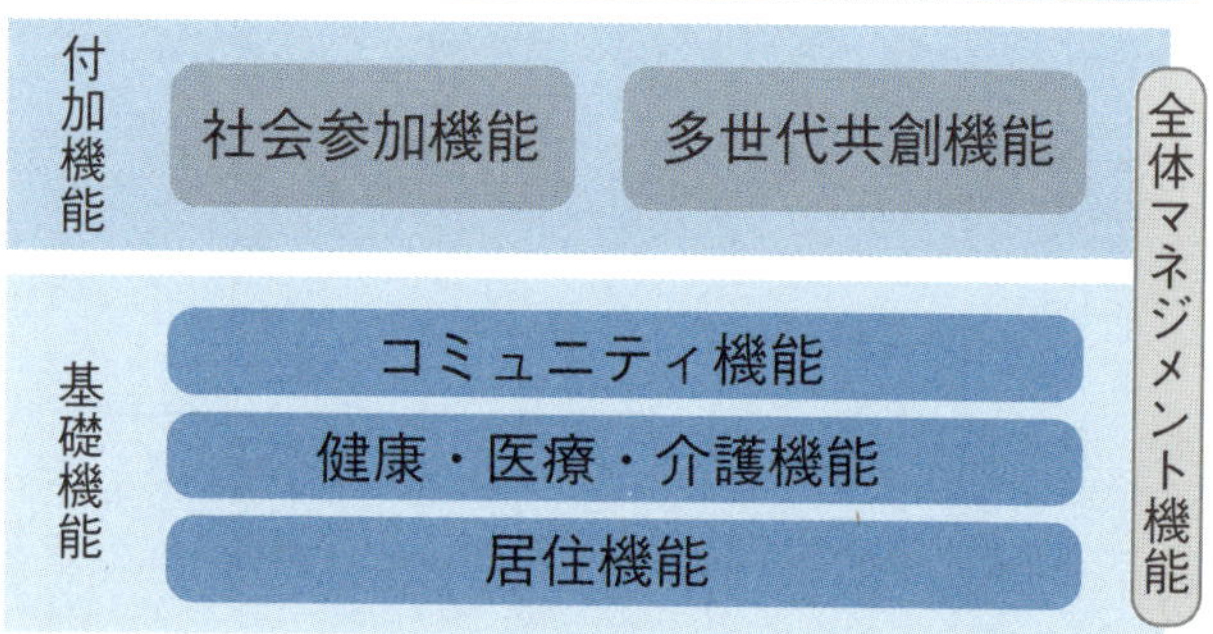

2015年1月「サステナブル・プライナ・コミュニティ（日本版CCRC）政策提言　三菱総合研究所」

です。

次に、日本版ＣＣＲＣを支える機能にはどのようなものがあるかを見てみましょう（右下の図）。

従来の高齢者住宅は居住機能と介護機能を中心とするものでしたが、日本版ＣＣＲＣは多様な機能が備わっていることを条件としています。

a 居住機能

健康な時に入居し、自立した快適な生活を送ることのできる居住空間を基本とし、事業主体による見守りや、要介護状態になった時にも同じ場所で暮らし続けることを可能として、居住の安心を担保する施設・設備が備わっています。

b 健康・医療・介護機能

居住者は、健康維持、介護予防、認知症予防のための支援を受けることができます。また、介護や医療が必要になった場合には、移転することなく同じ場所で支援を受けることが可能です。事業主体は、自治体、医療・介護機関等と連携し、居住者のケアのための仕組みを構築します。

c コミュニティ機能

日本版ＣＣＲＣでは、居住者を中心としたコミュニティが形成されます。居住者は委員会、自治会等の組織、地域社会の会合に参加し、運営に積極的に関与します。事業主体はこれらのコミュニティ形成を企画、支援します。

さらにコミュニティ機能を促進する施設として、居住者が利用できる会議室や図書室、地域住民も利用できる食堂や健康支援施設などの共用空間が備えられることになります。

ｄ 社会参加機能

居住者には、就労、子育て支援、生涯学習、学生のホストファミリー等、多様な社会参加の機会が設けられます。事業主体は、地方自治体、地域のＮＰＯ、近隣の大学などと連携し、それらの機会を創出します。

ｅ 多世代共創機能

日本版ＣＣＲＣは高齢者だけでなく多世代が集い、支え合う仕組みが構築されることを目指します。事業主体は地域の特性を踏まえ、多世代で学び合う機会の提供や、学生がボランティア活動を行うことを条件に安価な家賃で住まう仕組みの構築や、シニアが子育て支援をする仕組みなど、多世代共創の機会を設けるようにします。

ｆ 全体マネジメント機能

ａ～ｅの機能が居住者に適切に提供されるよう、事業主体・住民・自治体・地域社会が連携して日本版ＣＣＲＣを統合的に推進する「全体マネジメント機能」を有するものとします。

⑤日本版ＣＣＲＣの立地特性と住み替えモデル

日本版ＣＣＲＣはあらゆる立地で成立可能です。まず「街なかモデル」は中心市街地で、首都圏の大都市もあれば県庁所在地のような地方都市もあります。「近郊モデル」は中心市街地から車で30分～1時間程度の郊外です。そして「中山間地モデル」は都市部から離れた海や山の自然豊かな場所となります。

さらに住み替えのパターンで考えると自宅の近くに住み替える「近隣転居モデル」、郊外や中山間地で暮らしていた人が利便性を求めて中心市街

住み替えのパターン

自宅継続居住 CCAH Continuing Care at Home	近隣転居モデル 自宅近くのCCRCへ
街なか転居モデル 中心市街地のCCRCへ	長距離転居モデル 自宅から遠距離の CCRCへ

地に集まる「街なか転居モデル」、そして、今の自宅から遠く離れた故郷へのUターンやIターンによる「長距離転居モデル」があります。

なお自宅に継続的に居住しながら、近隣の日本版CCRCで健康支援や介護支援を受けることも可能とします。これは米国でCCAH（Continuing Care at Home）と呼ばれる在宅モデルです。

⑥介護で儲けるのではなく介護にさせないことで儲ける逆転の発想

現在の日本の高齢者住宅は介護保険収入をベースにした収益モデルですが、これが持続するためには、国の財政状態の健全性が保たれていることが前提条件になります。前述の55分の50問題で示したように、税収約55兆円の国で医療費約40兆円、介護給付費約10兆円と、税収の9割以上の額と医療・介護費が拮抗する現状は、健全とは言い難いでしょう。また、数年に1度の介護保険制度の改正で収益が大きく左右されてしまうなかで、事業主体は介護保険に依存した従来型の収益モデルをそろそろ見直すべきではないでしょうか。

今必要なのは、介護で儲けることではなく、介護にさせないことで儲ける逆転の発想です。米国ではそもそも介護保険がないので、公的保険に依存することがありません。CCRCで重介護者が増えれば、事業主体の負担が増えて経営を圧迫することになります。そして重介護者ばかりのCCRCであれば、健康なイメージではないので集客に苦労することになります。ゆえに居住者のうち、健常者を8割に保つことが経営上必要であり、そのためにCCRCでは食事、運動、予防医療、生涯学習が緻密にプログラム化され、絶え間ない努力を続けているのです。居住者は健康維持と将来の介護の安心に価値を見出し、通常のシニア住宅よりも高い値段でもCCRCを選ぶのです。

日本でも、こうした暮らしを積極的に選ぶシニアが今後出てくるでしょう。

⑦シニアは社会のコストではなく担い手と見なす逆転の発想

「逆転の発想」と本書では繰り返していますが、ピンチと見えることはチャンスでもあるのです。日本ほど元気なシニアで溢れている国はないといっても過言ではありません。「シニアは社会のコストではなく担い手」と見なす発想が今こそ必要ではないでしょうか。

米国のCCRCでは居住者は多くの委員会に参加しています。例えば図書委員はどんな本をそろえるか考え、自分の本を寄贈したり、図書室の貸し出しの担当者にもなります。ダイニング委員は、今月はどんな献立にするかアイディアを出し合います。財務委員は元会計士や税理士が参加して事業主体の財務状況を確認します。要は私たちが小中高時代に行っていた図書委員や給食委員、生徒会と同じです。居住者が「担い手」になることで、生きがいにつながるという考え方です。

⑧年賀状に書きたくなる住み替え

シニアにインタビューすると、住み替えや移住で気になるのは年賀状だそうです。例えばこうした年賀状は少し恥ずかしいようです。「この度移住しました。東京の介護問題が不安なので、○○県のサービス付高齢者住宅の『○○苑』に引っ越しました」という年賀状だと、いかにも都落ちを感じさせて躊躇してしまいます。あるいは「この度、体調が思わしくなく有料老人ホーム『○○の里』に引っ越しました」という年賀状も今一歩です。シニアにとって住み替えや移住には、大義名分や錦の御旗、良い意味での免罪符が必要だという声を聞きます。

例えば、こうした年賀状であればどうでしょうか。「この度、高知龍馬ビレッジに移住しました。好きな幕末の歴史を高知大学で学びながら、高知の特産品の販路開拓のアドバイザーをしています」とか、「この度、長崎グローバル・ビレッジに移住しました。かつて海外赴任をしていたので、現在留学生のホストファミリーをして楽しく過ごしています」とか「この度、前橋ヘルスケア・ビレッジに移住しました。母校の高校に請われて、キャリアアドバイザーで頑張っています」といった文面で、充実した自分が写る年賀状であれば、友人や知人にも送りたくなるのではないでしょうか。

シニアの年賀状問題というと、特に男性はリタイア後に書くことがなくなり困るそうです。そして多くの男性はなぜかリタイア後に「そば打ち」に走る傾向があるようです。しかし毎年そば打ちばかりでも飽きてしまうでしょう。それよりも、自分が多世代に囲まれて生き生きとした表情の年賀状の方がはるかに素敵ではないでしょうか。

⑨分厚い中間層向け市場

今の日本の高齢者住宅の市場構造は、次ページ図のようなピラミッドのイメージではないでしょうか。ピラミッドの上は、例えば入居金が3千万円で月々の家賃が30万円といった高級老人ホームで、施設は高級ホテルのように豪華で、医者や弁護士や社長経験者が住み、平均的な所得のサラリーマンはまず住むことのできない富裕層向けの市場です。かたやピラミッドの下部は、特別養護老人ホームのような介護度が高い方の施設、あるいは改築した一軒家に多くの高齢者が共同生活するようなグループホームなどの要介護者や困窮者層向けの市場です。

一方、ピラミッドの真ん中の普通の所得者が「ここならば住みたい！」というものがなかなか見つからないのが実情でしょう。つまり、きちんと働いてきた年金収入のサラリーマンが払える価格で、健康や介護の安心も担保され、「将来あそこに住むのが夢だ」というワクワク感のあるようなものが存在しないのです。

この分厚い中間層向けの市場がぽっかり空いていることが問題でもあり、チャンスでもあるのです。

日本の高齢者住宅市場の構造

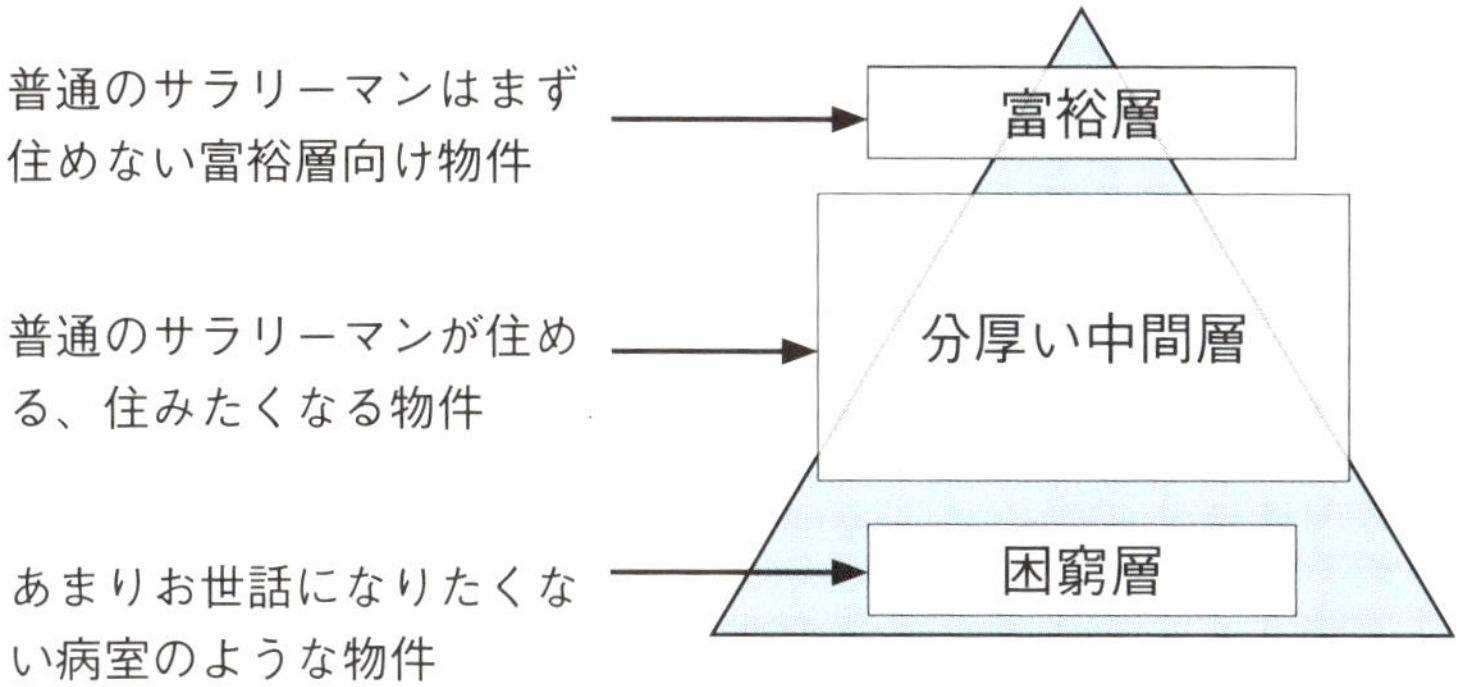

日本の高齢者住宅は、富裕層か困窮層に二分される。
分厚い中間層市場が住みたくなるような魅力的な市場がぽっかりと空いている。

⑩日本版CCRCに求めるシニアの5つのニーズ

三菱総合研究所では、多くのシニアに対して日本版ＣＣＲＣの構成や要素、理想的な暮らし方などを丁寧に説明したうえで、シニアがそこに何を求めるか、多くのアンケートを行っています。対象となる方々の属性や、想定する日本版ＣＣＲＣの立地によって回答結果に若干の違いはあるもの

日本版 CCRC に求めるシニアのニーズ

1. 健康づくり、予防医療、介護が充実して安心して暮らせること
2. 交通の利便性やアクセスの良さ。街なかやその近隣の立地
3. 自然環境が豊かであること
4. レクリエーションが充実して余暇が楽しめること
5. 生涯学習や地域活動の多様な社会参加や多世代交流があること

の、シニアのニーズのベスト5は大体前ページの表のように集約できます。
最大のニーズはやはり「健康づくり、予防医療、介護の充実」という「カラダの安心」です。そして「交通の利便性やアクセスの良さ。街なかやその近隣の立地」については、買い物や日常生活で移動が負担にならないこと。もちろん「自然環境が豊かであること」も上位にランクされますが、それは上位2つのニーズの健康や介護の安心、移動交通の安心が備わったうえで必要とされるようです。続いて「レクリエーションの充実」「社会参加や多世代交流」がランクされます。従来の高齢者住宅への住み替えの動機が「不安だから」ということに対して、日本版CCRCは「楽しみたいから」「役立ちたいから」という能動的な動機の表れといえそうです。

日本版CCRCとは何か、その論点

① 大切なカラダの安心、オカネの安心、ココロの安心
② 米国との違いは「脱・ではの守」
③ 脱・老後の悲惨な住宅すごろく
④ 日本版 CCRC の構成要素と機能
⑤ 日本版 CCRC の立地特性と住み替えモデル
⑥ 介護で儲けるのではなく介護にさせないことで儲ける逆転の発想
⑦ シニアは社会のコストではなく担い手と見なす逆転の発想
⑧ 年賀状に書きたくなる住み替え
⑨ 分厚い中間層向け市場
⑩ 日本版 CCRC に求めるシニアの 5 つのニーズ

日本版CCRCはなぜ誤解や先入観を生むのか

日本版CCRCと聞くと、前向きな反応がある一方で、「姥捨て山を作るのか」「地方に要介護者を押しつけるのか」「高齢者ばかり増やしてどうするんだ」といった反対意見が出てくることがあ

ります。

　これは誤解や先入観から生まれるものですが、日本版ＣＣＲＣがここまで注目されるようになった経緯を説明してみましょう。

　私は２０１０年からＣＣＲＣの有望性を提唱し続けてきましたが、政府で地方創生の議論が盛んになってきた２０１４～15年にＣＣＲＣが地方創生の施策として注目され始め、中央官庁のメンバーと討議を重ねるようになりました。そして２０１５年2月に政府で日本版ＣＣＲＣ構想有識者会議が設置され、私もその委員に就任しました。この有識者会議で日本版ＣＣＲＣは、「生涯活躍のまち」という名称で呼ばれることになりましたが、それはＣＣＲＣという英語表記だけではわかりづらいこと、そしてケア（Care）やリタイア（Retire）という言葉だと前向きな印象を感じられないので、「生涯活躍のまち」という日本語表記になったのです。

　この有識者会議では「生涯活躍のまち」の基本的な考え方を以下のように示しています。

日本版 CCRC（生涯活躍のまち）のイメージ

①健康でアクティブな生活の実現と継続ケアの提供、②自立した生活ができる居住環境の提供、③居住者の参画の下、透明性が高く安定した事業運営によるコミュニティの形成を一体的に実現。

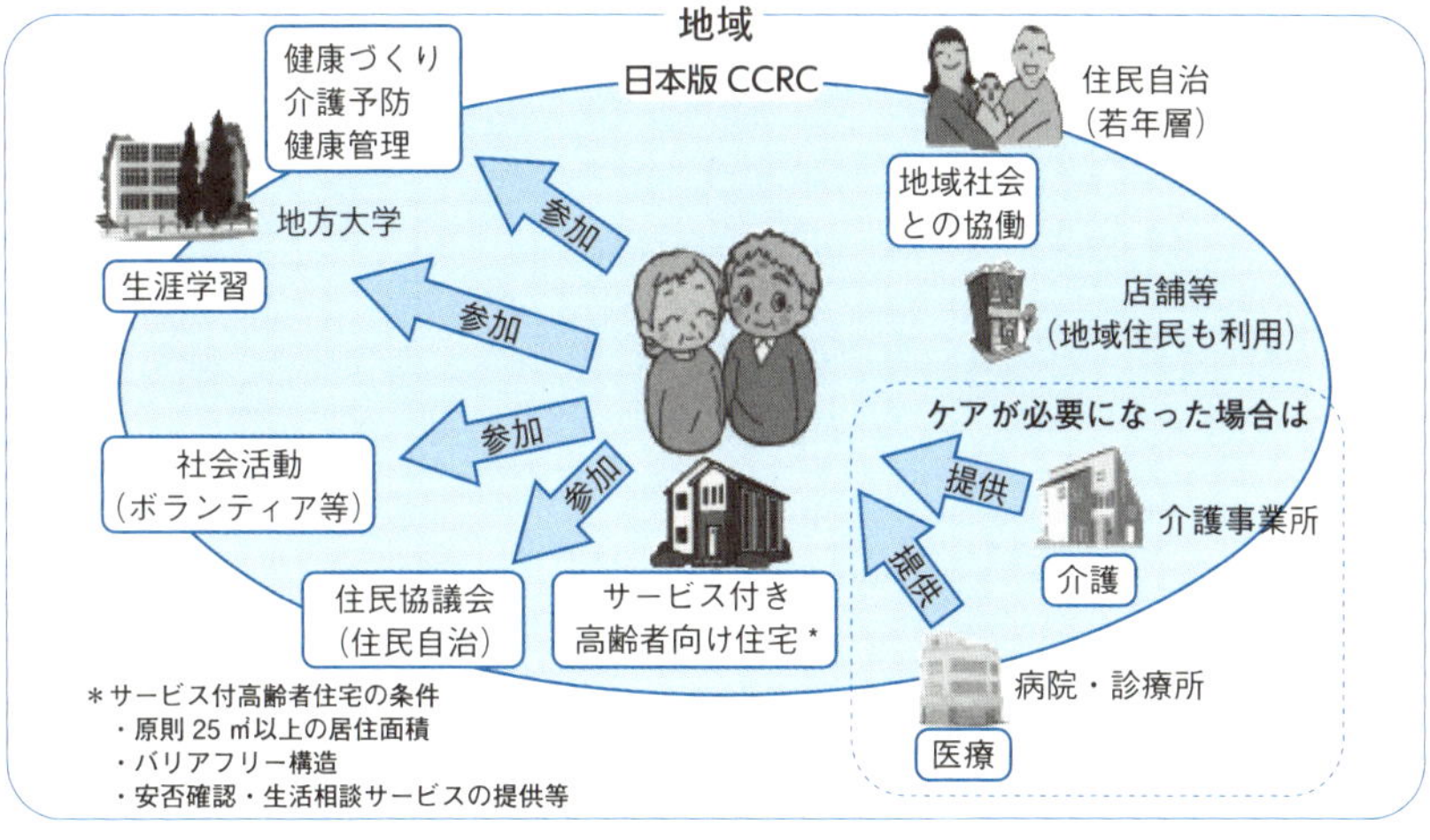

（日本版CCRC構想有識者会議最終報告書から）

「生涯活躍のまち構想は、東京圏をはじめとする地域の高齢者が、希望に応じ地方や『まちなか』に移り住み、多世代と交流をしながら健康でアクティブな生活を送り、必要に応じて医療・介護を受けることができるような地域づくりを目指すもの」

またそのイメージは、①健康でアクティブな生活の実現と継続的ケアの提供、②自立した生活ができる居住環境の提供、③居住者の参画の下、透明性が高く安定した事業運営によるコミュニティの形成を一体的に実現する、と示されています（前ページ図）。

こうした基本的な考え方や生活のイメージを見て反対意見が出てくるのは、以下に示すような誤解や先入観によるものだと私は思います。ここではそうした誤解や先入観の原因と前向きな解決策を示したいと思います。

①主語の問題～「東京の介護」が主語では心が動かない

日本版ＣＣＲＣが誤解や先入観を持たれる理由のひとつは「主語」です。日本版ＣＣＲＣ構想有識者会議の最終報告書では、主語が「東京圏をはじめとする地域の高齢者が」という一文が最初に示されています。日本創生会議の「東京圏高齢化危機回避戦略」でも、主語は「東京の高齢化が危機だ」と示されています（日本創生会議　東京圏高齢化危機回避戦略　http://www.policycouncil.jp/pdf/prop04/prop04_digest.pdf）。「東京の高齢化が大変だから」「東京の介護が危機だから日本版ＣＣＲＣで地方に移住しましょう」と言ったら、それは地方は面白くないでしょうし、首都圏のシニアも心が動かないでしょう。だから「姥捨て山を地方に作るのか」「東京の介護を地方に押しつけるのか」という反応になってしまうのです。しかし主語を変え、「わが街が輝くために、首都圏のアクティブシニアとどう連携するか」とすればイメージも考え方も変わります。さらに主語を自分にして、「私が輝くためにセカンドライフはどうするか」とすればより前向きな話になるでしょう。重要なのは東京主語でなく、「わが街主語」「自分主語」ということです。

②ワクワク感の欠如

今の日本版CCRCの議論のなかで欠けているのがワクワク感ではないでしょうか。「首都圏で介護難民が溢れるから」「地方が疲弊しているから」といった言葉が先走ると、社会課題を移住という手段で解決しようとしているのではないかと思ってしまうのです。だから元気の出ない議論になりがちです。

人間が動くには不安は大きな動機になりますが、一方で前向きな動機も必要です。「将来自分はあそこに住むのが夢だ」とか「自分もこんなライフスタイルを送りたい」というワクワク感が今の日本版CCRCの議論に必要なのです。ビジネス視点でも、「これが数兆円の市場を生む」とか「これがわが社の新たなビジネスチャンスになる」といったワクワク感が、前向きな議論を起こすはずです。

③地方移住ありき

日本版CCRCは「まず地方移住ありき」というのも大きな誤解です。人の生き方が多様なように、どこに住むかも個人の意思が優先されるべきで、都市に住みたい人、近郊に住みたい人、田舎暮らしがしたい人など住まい方も多様な選択肢があるはずです。セカンドライフの住み替えに関しては、⑴自宅に継続居住、⑵自宅の近くに住み替え、⑶中山間地から街なか住み替え、⑷自宅から遠距離の場所に住み替え、という4つの選択肢が考えられます。自宅や自宅近くに住みたい人もいれば、セカンドライフは中心市街地や街なかで暮らしたい人もいます。地方移住はそのひとつに過ぎません。政府の日本版CCRC構想有識者会議の最終報告書でも「希望に応じて地方やまちなかに移住」と明記されているのですが、「地方移住ありき」と受けとめられていることが誤解や先入観を生んでいるのです。

④姥捨て山

「首都圏の要介護者の受け皿として地方に姥捨て山を作るのか」というのも大きな誤解です。日本版ＣＣＲＣは具合が悪くなってから移り住むのではなく、元気なうちに移り住むものです。そもそも誰も寝たきりの要介護者ばかりの場所に住みたいとは思わないでしょう。アクティブシニアが住めば地域の担い手になり、消費もするので街が活気づきます。そんな姿を見ればそこに住みたいと思う人も増えます。要介護者でなく健常者、アクティブシニアが居住者の中心になり、多世代が輝く街が日本版ＣＣＲＣなのです。

⑤シニア移住で高齢化が進む

「アクティブシニアといっても高齢者なので、将来、街の高齢化がいっそう進むのでは」という先入観もあります。今の地域の課題は何でしょうか。どの地方自治体も課題は「雇用」に尽きると思います。雇用がないから、若年層が転出してしまい、そしてＵターンやＩターン希望者が躊躇してしまうのです。結果として人口が減り、高齢化が進むことになります。

日本版ＣＣＲＣは雇用を創出します。健康支援、予防医療、健康ビッグデータの解析など多様な雇用が生まれます。その結果、若年層の転出を抑制し、働き世代も雇用があればＵターン、Ｉターンの決断をするはずです。つまり日本版ＣＣＲＣは、アクティブシニアをもってして人口減少と高齢化を抑制し、街を活性化するという考え方なのです。

⑥医療・介護費の負担が大変

日本版ＣＣＲＣへの誤解や先入観のひとつには、「高齢者が増えると、医療・介護費が増加し、地域にはマイナスだ」というものです。しかしそうでしょうか。ＣＣＲＣに住んだ高齢者が全員要介護になるわけではありません。厚生労働省の資料では、要介護認定は65～69歳では3％、75～79歳では14％、85～89歳では50％であり、誰もが介護になっているわけではありません（２０１５年7月第6回日本版ＣＣＲＣ構想有識者会議　厚生

介護度改善の事例

ゆいま〜る厚沢部における介護度の低下と自治体負担低下

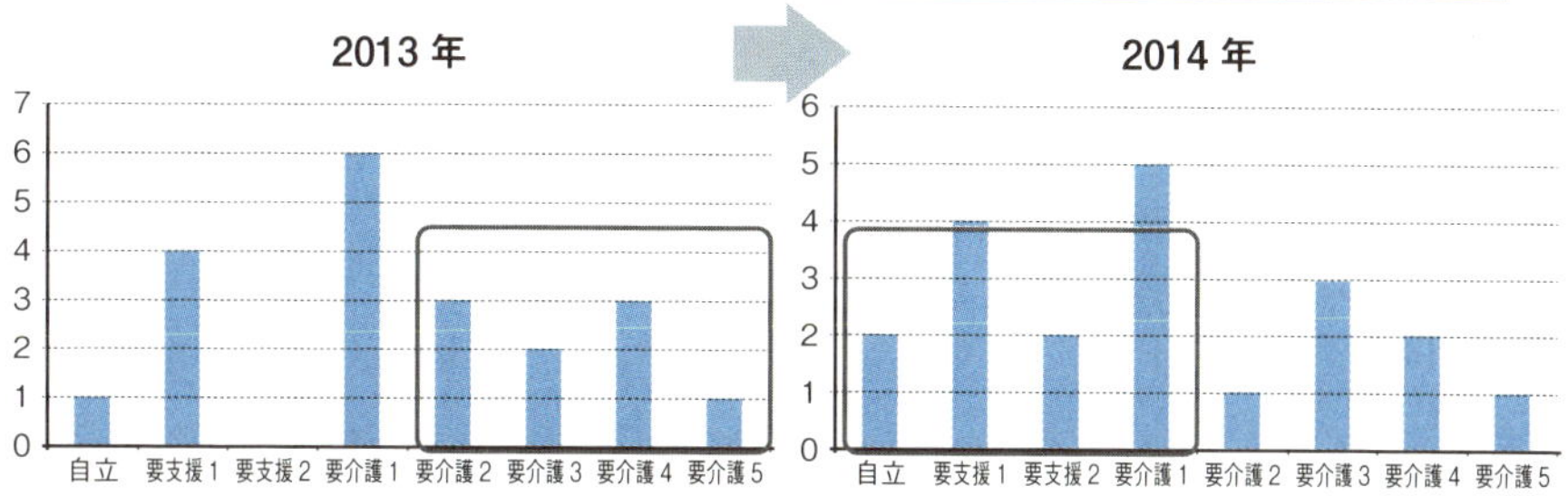

1 年間で平均介護度が低下。
それにより、自治体の介護保険負担が月々約 50 万円（年間約 600 万円）低下。
1 人当たりに換算すると月々 2.5 万円。
→厚沢部町運営補助金 1 億円を 17 年で回収できる効果を生んでいる。
厚沢部町内転居者だけで考えると、8 人中 5 人の介護度が改善。1 人当たり月々 2.6 万円の効果で、それ以上の効果を生んでいる。

（2015年3月17日 第2回日本版CCRC構想有識者会議
株式会社コミュニティネット代表取締役 髙橋英與　資料提出）

労働省提出資料）。また介護度が改善される事例もあります。株式会社コミュニティネットが北海道の厚沢部《あっさぶ》町で設立した介護付有料老人ホーム「ゆいま〜る厚沢部」では、1年間で居住者8人中5人の介護度が改善されました（上の図）。地方自治体の介護保険負担が月々約50万円、年間約600万円低下できたのです。良いケアがあれば介護度は改善する事例に目を向けるべきです。

それでも心配だという場合、移住元の地方自治体が移住先に代わって介護費を負担する住所地特例を活用すれば移住先の地方自治体の負担は軽減できるといった方法もあります。良いケアと住所地特例のような制度設計を組み合わせることが重要といえるでしょう。

⑦高齢者を呼んでも地域経済にメリットがない

日本版ＣＣＲＣに反対する人は「高齢者を呼び込んでも地域経済にメリットがない。それよりも若い世代を呼び込むべきだ」といいます。日本版ＣＣＲＣは逆転の発想です。アクティブシニアを呼び込めば雇用が生まれ、若い世代の転出を抑制し、働き世代が戻ってくるというものです。

具体的な地域経済へのメリットを考えてみましょう。三菱総合研究所は、群馬県前橋市で日本版ＣＣＲＣを推進した場合の50年にわたる医療・介護費、税収、経済波及効果などを試算しました。50～79歳のシニアが１６０人移住した場合、医療・介護費は約６・６億円ですが、社会保険料の収入は６・４億円で、市民税の収入は3億円。両者を合わせると医療・介護費の負担を約３億円上回ります。さらに経済波及効果は22億円となり、医療・介護費の約3倍にもなります（上の図）。シニアを呼び込むことが地域経済に多面的なメリットをもたらす一例です。

日本版 CCRC に伴う効果影響

高齢者移住人数	160 人	
医療・介護費の負担額	6.6 億円	
社会保険料の収入	6.4 億円	医療・介護費を上回る収入
市民税の収入	3 億円	
経済波及効果	22 億円	医療・介護費の約 3 倍の経済波及効果

（前橋版CCRC構想に係る基礎調査業務報告書（平成28年3月）
群馬県前橋市：三菱総合研究所試算）

⑧移住者だけがハッピーでよいのか～地元住民不在論

日本版ＣＣＲＣを考える時に起こる議論は、「日本版ＣＣＲＣの居住者だけハッピーでよいのか」「地元の市民にはメリットがないのか」といった地元住民不在論です。日本版ＣＣＲＣがきっかけで新住民と旧住民との軋轢を起こしてはなりません。日本版ＣＣＲＣは、居住者だけでなく、地元住民のメリットを両面で考えることが必須です。しかし、今は移住者や新たな居住者ばかりが注目

日本版CCRCをめぐる誤解や先入観

誤解や先入観	その本質
1. 主語の問題	「東京の介護」が主語では心が動かない
2. ワクワク感の欠如	夢や憧れがなければ前向きな議論にならない
3. 地方移住ありき	自宅、自宅近隣、街なか移住に加えて地方移住
4. 姥捨て山	要介護者の移住ではなくアクティブシニアの住み替え
5. シニア移住で高齢化が進む	雇用創出で若年層の転出抑制、働き世代の転入増加
6. 医療・介護費の負担が大変	良いケアと制度設計で地元の負担は抑制可能
7. 高齢者を呼んでも地域経済にメリットがない	雇用、税収、消費で医療・介護費を上回るメリット
8. 移住者だけがハッピーでよいのか？	地元住民にも施設利用、雇用、生きがいのメリット
9. 地域包括ケアと矛盾する	CCRCが地域の健康支援や介護の拠点になり、地域包括ケアと相乗効果がある

されていることが問題なのです。

この解決のために、例えば、日本版CCRCの周辺住民は、CCRCのレストランで食事ができるようにしたり、自宅に居住して在宅のまま、日本版CCRCの健康支援プログラムに参加できたり、地元市民向けには入居金や家賃の市民割引制度があってもよいでしょう。

また、北海道の浦河町が「移住者お助け隊」的な組織を作り、町民が移住者のために農業を教えたり、一緒に釣りやレジャーをしたり、採れたての野菜をプレゼントするといった取り組みをしていますが、こうしたことがもともと住んでいた町民の生きがいにつながり、町の良さを見直すきっかけになったと聞きました。よそ者を前向きに受け入れること、それが地元のメリットにもつながるという考え方が、「移住者だけがハッピーでよいのか」という誤解を解くはずです。

⑨日本版CCRCは地域包括ケアと矛盾する

地域包括ケアとは、要介護状態となっても住み慣れた地域で自分らしい暮らしを人生の最後まで続けることができるよう、住まい・医療・介護・予防・生活支援が一体的に提供されるシステムのことです。日本版ＣＣＲＣはこの地域包括ケアと矛盾するという意見があります。果たしてそうでしょうか。日本版ＣＣＲＣは③で示したように「地方移住ありき」ではありません。自宅の近隣での日本版ＣＣＲＣに住む選択肢もありますし、自宅に居住しながら近隣の日本版ＣＣＲＣでの食事や健康支援プログラムをデイサービスのように活用する在宅型モデルもあります。

またシニアが第二の人生を別の場所に求めれば、その場所の日本版ＣＣＲＣが、地域包括ケアの拠点になります。さらに居住者だけでなく近隣住民にも各種サービスが提供されれば、今の地域包括ケアの質を高めることにもなるので、日本版ＣＣＲＣは地域包括ケアと矛盾するものではなく、相乗効果を発揮することが期待されます。

第2章

「CCRC先進国の米国に学ぶ」

第2章では、私が訪問した米国のCCRCのなかで、「これだ！」と思った事例を紹介します。米国の受け売りの「ではの守《かみ》」ではダメだと前に述べましたが、それでもCCRC先進国の米国に学ぶ点は多々あります。これを上手に日本流にアレンジしていくことが大切という視点でご覧ください。

平均年齢84歳、入居率98％の大学連携型CCRC

ケンダル・アット・ハノーバー（ニューハンプシャー州ハノーバー）

ケンダル・アット・ハノーバーは、米国東部、ニューハンプシャー州のハノーバーの街に1991年に開設されました。近隣にはアイビーリーグの名門校として知られるダートマス大学やその関連病院があります。ここは私が初めて訪問したCCRCですが、居住者の快活な表情、スタッフの職業意識の高さが印象的で、夢中でメモを

美しい自然に囲まれた広大な敷地
（ケンダル・アット・ハノーバー　パンフレットより）

名称：ケンダル・アット・ハノーバー
場所：ニューハンプシャー州ハノーバー
連携大学：ダートマス大学
提携病院：ダートマス・ヒッチコック・メディカルセンター
設立：1991年
敷地：26万㎡
事業者：ケンダル社
居住者数：約400人
居住者平均年齢：84歳
居室：約350居室
健常者用250室、軽介護用40室、
認知症用15室、重介護用45室
（2010年訪問時のデータによる）

取ったのを覚えています。

このＣＣＲＣを開発し運営にあたるのはＮＰＯ法人のケンダルです。ケンダルは米国東部を中心にＣＣＲＣを約10カ所経営しています。

当地では26万㎡の広大な敷地に約４００人が居住し、男性33％、女性67％の割合で、平均年齢は84歳、約80％の居住者が健康に暮らしていて、重介護や認知症は約20％しかいません（２０１０年訪問時）。

注目すべきなのは、軽介護用から健常者用への移動や重介護用から軽介護用への移動のように健康を回復している人が、年に１～２人いることです。

入居率は98％と極めて高く、全米でも有数の人気ＣＣＲＣです。また雇用面では、正規、非正規併せて約３００人の雇用を地域にもたらしています。

料金は部屋の広さに応じて幅広いプランが用意されており、入居金は単身は約13万～44万ドル、月額家賃は約２４００～４５００ドル。夫婦では入居金は約25万～48万ドル、月額家賃は約４１００～５６００ドルです。入居金は毎月２％ずつ償却され、50カ月で全額が償却されます。

近隣のダートマス大学

居室

居室：集合住宅タイプ

レストラン：
一緒に食事をとる「食縁」

（著者撮影）

このＣＣＲＣは近隣のダートマス大学と緩やかに連携しており、居住者の多くが生涯学習講座に通っています。街の人口の約半数が学生や教職員という学生街にＣＣＲＣを作ったことに特色があり、ＣＣＲＣの近隣で大学生が自転車を颯爽と乗りこなしている姿を見ると、こちらも若返る気分になります。

私が初めてケンダル・アット・ハノーバーを訪問した時に、スタッフのモチベーションの高さや、自分の仕事に誇りを持っているという雰囲気がとても印象に残りました。良いスタッフは良い居住者を呼び込み、良い居住者は良いスタッフを育てる相互作用があるのかもしれません。ＣＣＲＣのスタッフが語る言葉には多くのヒントがあります。

デビッド・ウルソー氏
マーケティング担当
ディレクター

例えば、マーケティング担当ディレクターのデビッド・ウルソー氏は、ホテル業界から転職し、ホテル業界で培ったホスピタリティ能力を活かして居住者から信頼を得ています。彼に、「なぜケンダル・アット・ハノーバーが多くの居住者から選ばれるのか」と質問したところ、その強みを以下のキーワードで語ってくれました。

・居住者が資産（Our Asset is Our People）

私たちの強みは“Our Asset is Our People”という言葉に集約されます。私たちの資産はこのＣＣＲＣの居住者そのものだということです。約４００人の居住者は、多様な趣味を持ち、知的好奇心が高く、ビジネスの経験も豊富で、さらに共助の精神や他人への思いやりを大切にする人たちで、「こんな人たちと一緒に暮らしてみたい」と思われるようなコミュニティが形成されています。

・自主性（Level of Ownership）

他のＣＣＲＣでは、事業主体の担当者がアクティビティや行事を決めることが多いですが、ここでは居住者が参加する委員会がそれを担います。居住者の自主性（Level of Ownership）が強みなのです。また開業前から、関心のあるシニアと間取りやデザインやサービスについて討議を重ねてきました。これはエデュケーショナル・マーケティング（Educational Marketing）と呼ばれる手法で、例えば図書室に思い入れのあるシニアは、入居前には自分の本を寄贈するだけでなく、入居後には本の貸し出しをする図書委員として活躍してくれます。このマーケティングにより、竣工時の入居率が高まるので、広告や営業に代わる効果的な手法です。

・生涯学習と愛校心（Lifelong Education & Dartmouth Spirit）

生涯学習は居住者の相互啓発に大いに役立ちます。近隣のダートマス大学の生涯学習講座には、居住者の50％以上が参加して、多様なテーマで質の高い講座で学ぶことができます。居住者の約30％がダートマス大学の卒業生または元教授や大学関係者です。「余生は母校の街で過ごしたい」という卒業生の愛校心、ダートマス・スピリッツ（Dartmouth Spirit）が強みでしょう。また居住者の寄付金はダートマス大学にとっても大きな支援となっています。

・街の魅力（Upper Valley Brand）

このCCRCのあるニューハンプシャー州のハノーバーの街は、アッパー・バレー地区と呼ばれ、文化の高さ、自然の豊さ、治安の良さが特徴で、「子供や孫を呼びたくなる」街の魅力があります。居住者の多くが東部の出身者であり、東部への郷土愛を共通して持っていることが特徴です。

・良い病院（Good Hospital）

コミュニティの近隣にダートマス・ヒッチコック・メディカルセンターという大学病院があります。居住者にとって、何かあった時に良い病院が近くにあるのは一番の安心になります。またCCRCには看護師が常駐し、病院と電子カルテ上で居住者の健康データが共有されているので、これも居住者にとっては信頼される要因となっています。

CCRCについては、施設などのハード面はインターネットや文献などで情報収集できますが、居住者がどんな毎日を暮らしているかというソフト面の情報は実は少ないものです。私が初めて訪問した時に、当初は居住者へのインタビューはプライバシーの保護を理由に不可とされていたのですが、スタッフのウルソー氏に私の熱意が通じたようで、多くの居住者と面談し、一緒に食事をして、さらには彼らの部屋にも招待されて、生の声を聞くことができました。

○84歳・女性　元大学教授「誰かと一緒の食事が楽しみ」

ここでの一番の楽しみは誰かと一緒に食事をすることだわ。歳をとって一番さびしいのは一人きりの食事ね。今はコミュニティの運営委員も務めていて毎日が充実しているわ。

○87歳・男性　元エンジニア「日曜大工に夢中。毎日忙しい」

退職前はエンジニアとして働いたけど、今は日曜大工に夢中だね。プログラム委員も務めていて、毎日が忙しいよ。

○84歳・女性　元公務員「良い病院が隣にある安心」

ここは、隣にダートマスの大学病院があるから安心だわ。高齢者にとって何かあった時に近くに良い病院があることはとても大事だわ。

○80歳・男性　元編集長「余生は母校の近くで」

ダートマス大学のＯＢなので、余生は母校の近くで過ごしたかった。今はコミュニティ雑誌の編集長として頑張っているよ。

○80歳・女性　元公務員「紅葉を見ながら読書」

自分の部屋から見える景色がお気に入りなの。この東部の秋はとても美しくて、紅葉を見ながらの読書は最高だわ。

○86歳・男性　元会社員「独り身でもさびしくない」

5年前に妻を亡くして独り身だけど、多くのサークルや生涯学習の機会があって、誰かと触れ合う機会が常にあるのでさびしくないよ。

ケンダル・アット・ハノーバーの訪問中に、印象に残る出来事がありました。数日前に夫を亡くしたという女性がいたのですが、彼女が歩いていると、多くの居住者が彼女のもとに歩み寄り声をかけて抱きしめているのでした。そして、亡くなった夫が、ジャズが好きだったので１週間後に送別のジャズコンサートが開催されることを聞きました。ＣＣＲＣで趣味や娯楽を通じての「楽しみの共有」は比較的簡単かもしれません。しかし、配偶者を失ったときに、誰かが慰めてくれたり、癒してくれたりする「悲しみの共有」の方がより大切ではないでしょうか。配偶者の死やペットの死で落ち込んだ時に、独居や夫婦２人だけの暮らしだと、日々悲しみも増すばかりで、元気もなくなりその後健康状態も急速に衰えてしまうかもしれません。しかし悲しみを共有し、癒してくれる集住のメリットを感じたのでした。

また、居住者との会話で印象的だったのは、彼らが昔の話をあまりしないことでした。シニアは、ともすれば昔の自慢話になる人が多いものですが、彼らはサークル活動や生涯学習などで、今夢中になっていることを実に楽しそうに話します。

「アクティブシニアは過去を語らず今を語る」ということです。

ケンダル・アット・ハノーバーが、高い評価を得ている要因のひとつは、近隣のダートマス大学の生涯学習講座を気軽に受講できることです。国際政治から環境、生活、歴史などの多様な講座が用意されています（左の表）。

生涯学習講座で重視されているのは双方向の討議であり、講師はティーチャーではなく、「グループリーダー」と呼ばれ、これは教える役割ではな

生涯学習講座　2010年秋期講座の一部

	分野	講座名
1	政治	現代の国際政策課題
2	環境	温暖化問題を考える
3	生活	上手に年をとる方法
4	歴史	古代のミステリーの謎解き
5	文化	生け花～日本のフラワーアレンジメント

生涯学習の授業風景
双方向での対話
（著者撮影）

く対話を促す役割が重視されている表れといえるでしょう。費用は1講座あたり35~50ドルで、テストはなく、大学としての正式な単位を取得することはできません。ダートマス大学はこれを収益事業ではなく、地域社会と卒業生への貢献事業と位置付けています。

CCRCを支える仕組み

ここではCCRCを支える仕組みとして、米国におけるファイナンスや認証制度、CCRCの市場構造や米国にもあるCCRCへの先入観を概観してみましょう。

①CCRCを支えるファイナンス

米国にはヘルスケアREITと呼ばれるシニア住宅や医療施設に特化した不動産投資信託があり、一般の投資家も購入できます。REITというとオフィスを連想しますが、シニア住宅もオフィスのように稼働率や入居率が高ければ収益性の高い物件となり、ヘルスケアREITには5%を超える利回りの商品もあります。

シニアがヘルスケアREITを買えば、事業主体は資金調達が容易になり、CCRCが良い経営を続ければ投資家たるシニアには良い配当が得られ、良い資金循環が生まれるのです。

オカネの安心と前に述べましたが、日本では今は普通預金の金利が0・02%でさらに下がることも考えられます。しかし昭和の後期や平成の初めの頃は、元本保証、年6~7%の複利の金融商品がありました。当時のシニアはそこに退職金を預ければ10年で2倍になったので、オカネの安心が担保されていたのです。昔はこうした高金利の金融商品が存在しましたが、今は超低金利でシニアにはオカネの安心が得られる金融商品がなかなかありません。金融資産を2倍にするには、金利が1%ならば約72年かかります。0・1%ならば約720年、低金利が進んで0・01%になったら7200年もかかります。最近、日本でもヘルスケアＲＥＩＴがいくつか上場したので、こうした金融商品が成長すればＣＣＲＣの市場をファイナンス面で支えることになります。

② ＣＣＲＣを支える認証制度

ＣＣＲＣを選ぶことは、自分の財産を預けて生涯の安心を得る重要な決断です。だからそのＣＣＲＣの品質が客観的な視点で保証されているお墨付きが必要です。

米国にはＣＡＲＦ-ＣＣＡＣ（Commission on Accreditation of Rehabilitation Facilities-Continuing Care Accreditation Commission）という中立機関による認証制度があります。それはシニアがＣＣＲＣを選ぶ際の参考になり、さらには機関投資家がＣＣＲＣに投資する際の評価基準にもなっています。ＣＡＲＦ-ＣＣＡＣは、中立の非営利機関のＣＡＲＦが担う米国唯一の認証制度で、現在約２０００あるＣＣＲＣのうち約２９０の施設がＣＡＲＦ-ＣＣＡＣの認証を受けています。

評価対象項目は、管理体制、財務状況、料金体系、居住者の生活、健康、介護対応、サービスの質など多岐にわたりますが、大きく分けてハード（建物、設備）、ソフト（健康支援や介護プログラム）、そしてファイナンス（財務の健全性）です。認証にあたっては、ＣＡＲＦの専門スタッフが約１年かけてＣＣＲＣの経営者、職員、居住者に調査を行います。審査結果で合格となれば、５年間の認証となります。事業主体は認証取得後も継続的な改善が求められます。

今、ＣＣＲＣが日本版ＣＣＲＣとして大きな注目を集めて、約２３０を超える日本の地方自治体が推進意向を示していますが、私が危惧するのは品質の低い「なんちゃってＣＣＲＣ」の粗製乱造で

CARF-CCAC の認証マーク

（CARF International ホームページより）

す。消費者保護の視点や事業主体の資金調達の視点からも米国の認証制度は参考になるはずです。

③CCRCの市場構造

米国のCCRCの市場構造ですが、新規入居者の約50％の年間世帯収入が3万～7・5万ドルに

米国における CCRC の新規入居者の年間世帯収入

新規入居者の世帯収入～一部の富裕層向けではない

新規入居者の世帯収入は、1 万～3 万ドルに約 30%
3 万～7.5 万ドルに約 50%

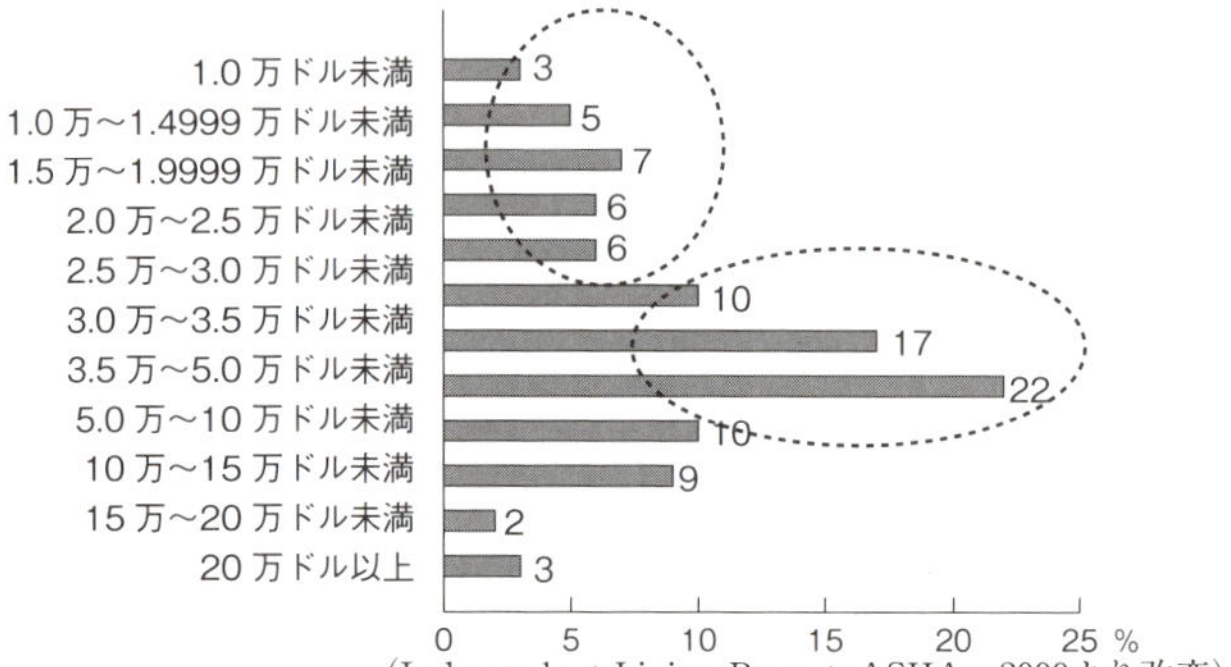

(Independent Living Report, ASHA　2009より改変)

先入観	現実
退職後の生活には今の自宅が最適	理想的な住まいは、人生の過程で変化 CCRC には自由、利便性、優れたケアがある。
今の自宅は活発な生活、友人とのつながりを保つのに最適	自宅生活は次第に孤独になる。CCRC には様々な人と交流して社会的つながりを構築する機会がある。
自宅の方が費用はかからずに、経済的に安定	総合的には、自宅は費用がかさみ、将来の費用の予測が困難。CCRC のコストは予測可能。
必要なケアは在宅で簡単に受けられる	在宅介護は急な対応が難しく、多額の費用がかかることもある。CCRC は将来のケアのニーズに切れ目なく対応。
CCRC には病気で死も間近な老人ばかり	CCRC には、アクティビティや学びや人とのつながりなど、自分の人生の新しい章を作る機会を求めて人が集う。

(Five Myths & Realities of Continuing Care Retirement Communities, Age Wave's report sponsored by Vi in 2011より改変)

集まっています。この世帯収入はアッパーミドル層ですが、一方で1万~3万ドルの世帯収入層も約30%あります。CCRCは、一部の富裕層向けの市場という見方もありますが、幅広い所得層にも市場があることを示しているといえそうです。

④米国でもCCRCへの誤解や先入観がある

CCRC先進国といわれる米国でも、日本と同様にCCRCへの先入観があります。米国の調査会社とシニア住宅の会社が発表した「CCRCへの5つの先入観と現実」というレポートで紹介している内容の論点は右ページ下段の表の通りで、なかなか興味深く、こうした先入観を払拭する地道な努力が米国でもなされていることは注目すべきでしょう。

コーヒーブレイクコラム

日本版CCRCを阻む不条理症候群

日本版CCRCのような新たな挑戦に対しては、様々な壁があります。私は産官学の多くの方々に講演やアドバイザーとして接する機会があるのですが、興味深いことは相手の職場によって反応が違うということです。活気のある職場だと「面白い」「やろう」「こんなアイディアの方が良いのでは」と談論風発となりますが、そうでない職場では、これから紹介するような困った反応がよく見られます。ここでは日本版CCRCを阻む不条理症候群と解決のヒントを紹介します。

(1) 否定語批評家症候群

「否定語批評家症候群」とは、日本版CCRCを考える時に、「そもそも米国とは国民性が違う」「制度でできない」「地域性で無理だ」「リスクがこんなにある」と、できない理由を言わせたら天下一品の人々が蔓延する現象です。得てして優秀といわれる人に多く、ロジカルに相手を攻撃して得意になる傾向があります。また、「いかがなものか?」と疑問を呈するだけの人も多くいますが、これを英語で意訳すれば、"I have no idea"とほぼ一緒ではないでしょうか。

一方で、否定語批評家は、計画が順調に進み始めると、「俺はうまくいくと思っていた」とか「俺が指導してやったからだ」などと言うこともあります。では、この否定語批評家症候群を打破するにはどうしたらよいでしょうか?

まず否定、批判、疑問は結構ですが、対案・代案を出すことをルールにするアイディアです。そして「自分主語」の視点です。否定語批評家は「この提案はダメだ」「あのリーダーがダメだ」と他人主語の傾向があります。これを自分主語で「私は」にすると、主体的な思考になります。

(2) PPPP症候群

PDCAとは、計画(Plan)→実行(Do)→検証(Check)→改善(Action)を繰り返すマネジメントサイクルですが、計画のPlanを繰り返しているのが、「PPPP症候群」です。日本版CCRCは、国が基本方針を決めて地方自治体が基本構想を策定しますが、計画を立てても事業主体が動かなければ何も始まりません。

PPPP症候群以外にも次のような現象もあります。

「DDDD症候群」は、Doの実行の繰り返しばかりで、「考える暇があればとにかく動け」という体育会気質の職場に多く見られます。「CCCC症候群」は、Check(検証)の繰り返しで、リスクばかり気にして結局何も動かない現象です。重箱の隅を突くばかりの「常務係長」のような役員が多い職場もあるようです。

日本版CCRCは、PDCAを回すことで実現できるのです。

第３章

「CCRC的要素を持つ日本のシニア住宅」

米国の事例を踏まえて、第3章では、CCRC的な要素や機能を持つ日本のシニア住宅を紹介します。

今の日本を見渡すと既存の「高齢者住宅」と呼ばれる住まいとは違った新しいスタイルのシニア住宅があります。これらが、目指すべき日本版CCRCの機能を全て満たしているとは言い切れませんが、居住者が担い手になり、多世代や地域社会と連携するコミュニティのあり方として大いに参考になり、その意味でCCRC的要素を持つ先駆的事例といえるでしょう。そして読者の皆様が将来住み替えたくなるようなモデルであり、日本にもこうした好事例があることに改めて気づいてほしいのです。

こうしたコミュニティがお互い切磋琢磨していくことが、結果的に日本版CCRCの実現につながるはずだと思います。

シェア金沢（金沢市）

多世代、担い手、仕掛け、開放性の「ごちゃまぜ」CCRC

シェア金沢は、安倍晋三首相や石破茂地方創生担当大臣が視察に訪れた先駆的なコミュニティといえます（安倍首相は2015年4月、石破大臣は2016年2月。肩書きは当時）。金沢の中心街から車で約15分の郊外にあり、約1万坪の広大な敷地に立地しています。ここには高齢者住宅だけでなく、福祉・児童入所施設、大学生の住宅、さらに地元の人も通える天然温泉、レストラン、カフェ、ドッグランなどがあります。

シェア金沢の特徴や強みを因数分解すると以下のようになります。

・多世代

サービス付高齢者住宅、障害のある子供の福祉・児童入所施設、大学生の住宅が共存しており、シ

シェア金沢の概要

所在地	石川県金沢市若松町（金沢市中心街から車で約15分）			
開業	2013年		事業主体	社会福祉法人　佛子園
敷地	3万5766.96㎡		戸数	32戸（サービス付高齢者住宅）
一部屋面積	42.08〜43.74㎡			
費用	単身	計12万円／月		
	内訳	家賃：8.5万円、共益費：2万円、状況把握生活相談費：1.5万円		
	夫婦	計14万円／月		
	内訳	家賃：8.5万円、共益費：2.5万円、状況把握生活相談費：3万円		
	※単身、夫婦ともに敷金として家賃2カ月分が必要			

特徴　多世代：シニア住宅、大学生用住宅、福祉・児童入所施設が共存した多世代コミュニティ
担い手：シニアが共同売店の販売を担当。シニアが入所児童の見守りを担当
仕掛け：学生は格安の家賃の代わりにボランティアでコミュニティに貢献
開放性：地域住民が施設内のレストランや天然温泉を利用可能

ニアだけの街ではない多世代モデルになっていることがコミュニティに活力を与えています。

・担い手

コミュニティ内にある共同売店では、居住するシニアが仕入れから販売までの運営を任されています。1日2時間のワークシェアでシニアが売店で働き、利益が上がれば手取りになることはシニアのやりがいにもなりますし、また売店に集う人の相手をすることも生きがいにつながります。

シェア金沢の街並み

シェア金沢の事業主体である社会福祉法人佛子園が別の地域で手掛ける地域交流では、シニアが、入所児童の見守りをする役割を担ったところ、「あの子に食事をさせなければ」という心の張

りが生まれ、シニアの介護度が改善された好事例もあるそうです。コミュニティのなかで役割がある、担い手になることがシニアの健康を維持し改善することになるのです。

木の温もりを活かしたデザイン

人気のアルパカ

キッチンスタジオ

遠足で訪れる園児

(写真提供：シェア金沢)

・仕掛け

ここには大学生用の住宅もあります。アトリエ付きの部屋が約3万円という格安の家賃になっていますが、それはここでボランティアをすることが入居条件になっているからです。美術系大学に通う学生が内装のデザインを手伝ったり、シニアや子供の相手をしたり、レストランのレジ係をするなど、学生がコミュニティに貢献できることは多々あります。「シニアの手伝いをしながら、実は元気をもらっているのは自分だった」という学生の言葉は、多世代共助の仕掛けの効果を象徴していると思います。

・開放性

CCRCというと、米国では以前は防犯上の理由から塀で囲われたいわゆるゲーティッド・コミュニティでした。最近では、米国でもそこに近隣の子供が遊びに来るようなコミュニティの中核となる機能を持ちつつある形に変貌していますが、シェア金沢では開放性、地域とのつながりが大きな特徴で、天然温泉やレストラン、ドッグラン、ギャラリーがあり、アルパカまでいます。地域住民がここに集うだけでなく、県外からも人が訪れる地域に開かれた「ごちゃまぜのコミュニティ」を形成しています。「住まうありき」ではなく、「集うありき」の理念を持つこの地を訪問して共感する人が、シェア金沢の将来の居住者となるのでしょう。

スマートコミュニティ稲毛（千葉市）

平均年齢75歳、約900人が集うアクティブシニアタウン

スマートコミュニティ稲毛は2010年に開業、東京からバスで約60分の千葉県の稲毛に立地する日本初のアクティブシニアタウンといえるモデルで、現在約900人の居住者が住み、近年中に1000人を超える見込みという「街」を形成しています。

スマートコミュニティ稲毛の概要

所在地	千葉県千葉市稲毛区（東京駅からバスで約60分）		
開業	2010年	事業主体	株式会社スマートコミュニティ
居住棟	分譲マンション（スマートヴィレッジ稲毛A～G棟）：計1001戸 分譲価格約980万円～3800万円（部屋の広さに応じて多様な価格帯）		
クラブハウス	総面積約3万㎡（ダイニング、フィットネス、アトリエ、図書室他）		
グラウンド	総面積約7万㎡（野球場2面、サッカー場1面、テニスコート4面他）		
費用例	（1人の場合）スマートコミュニティ稲毛の施設利用費		
	入居時：初期費用（入会金等）190万円		
	入居後：コミュニティサービス費4万2858円／月	朝・夕食費4万1905円／月	

特徴
- 元気なうちの住み替えで、要支援・要介護は居住者の5%以下
- 平均年齢75歳、約900人が住むアクティブシニアタウン
- クラブハウスは撤退した大型商業施設をリノベーションしたストック活用
- 地域に約190人の雇用創出

この特徴や強みを因数分解すると以下のようになります。

・元気なうちの移住

入居条件は50歳以上の健常な方で、その結果、開業10年を迎えた現在、約900人の居住者のうち要支援・要介護者は5％以下です。通常のシニア住宅における住み替え時の健康状態は「具合が悪くなってから」が多く、住み替えの動機は「不安だから」というケースが多いですが、ここでは健康状態は「元気なうちに」、住み替えの動機は「楽しみたいから」が特徴です。

全体鳥瞰図

（提供：スマートコミュニティ稲毛）

・規模の魅力

約900人のアクティブシニアが集うひとつの「街」を形成していますが、規模が大きいことは2つの強みを見せます。第1に、「規模の経済」です。居住者が多ければ食材をはじめとした調達コストが安くできるという規模の経済が働き、事業者にも居住者にもメリットが生まれます。

第2は「人間関係」です。居住者が数人から数十人のコミュニティでは、わがままなモンスター居住者、気の合わない隣人がいると人間関係のリカバリーがききません。小規模多機能施設がよいという人がいますが、それは居住者の心理面や人間関係が損なわれた時のことがわかっていません。せっかく終の棲家に選んだ施設で、たまたま気の合わない人やわがままな人に振り回されて、我慢しながら暮らしていくことほど悲惨なことはありません。規模が大きければ、気の合わない人がいれば、別のグループや異なった時間帯に移ればよいのです。規模が小さいと、こうした「ノイジー・マイノリティ」のわがままな意見に居住者も事業者も振り回されてしまいます。しかし規模が大きくなれば、わがままモンスター居住者の意見をおかしいという人が増え、結果的に彼らは、軌道修正せざるを得なくなるそうです。これがコミュニティの持つ自浄能力といえそうです。

もちろん小規模多機能施設や小ぶりなグループホームを否定するわけではありません。しかしスケールメリットは、調達コストの低減という規模の経済面だけでなく、人間関係のバランスやほどよい距離感を作り出すことに貢献するということに注目すべきでしょう。

ラウンジでの憩いのひと時

フィットネススタジオでは
ヨガやダンベル体操

４面もあるテニスコート

音楽スタジオはバンド練習

（写真はスマートコミュニティ稲毛ホームページより）

・ストック活用

敷地にあるクラブハウスでは、撤退した大型商業施設をリノベーションしたものです。ゆえに新規に建築するよりコストを安くすることができました。このクラブハウスの人気のひとつは食事です。和食から焼肉、洋食、海鮮系など多様なレストランだけでなくバーも設置されていて、食事やお酒の楽しみが増えます。フィットネスや工房、音楽スタジオ、麻雀やビリヤードといった趣味の施設が集積されていますが、とても昔は大型商業施設だったとは思えないような趣味の良い内装になっています。

またコミュニティ専用のグランドにはテニスコート、野球場、サッカー場までありますが、これは企業の健保組合が所有していたものを再利用し

スマートコミュニティ稲毛の居住者構成

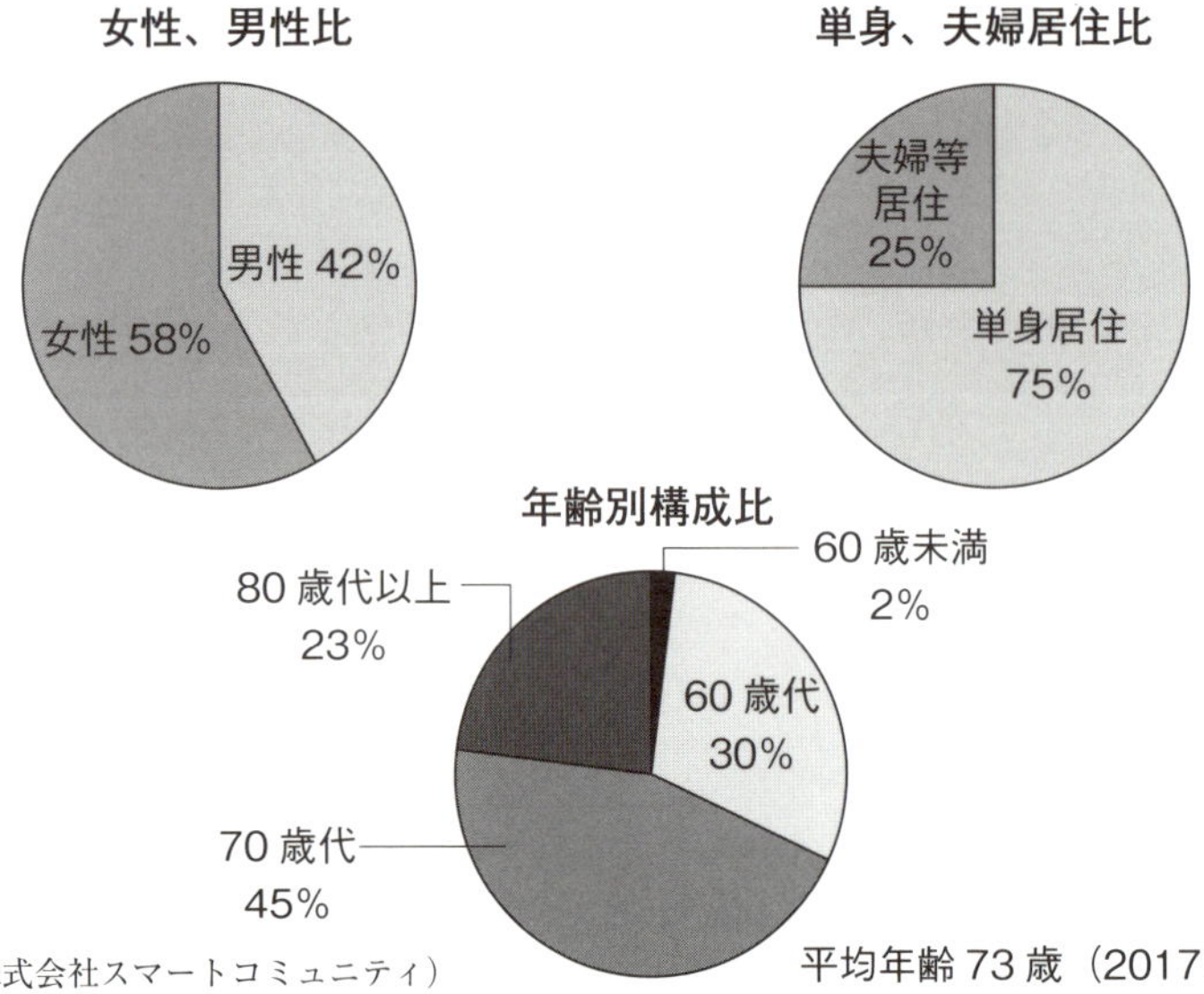

（資料：株式会社スマートコミュニティ）
平均年齢73歳（2017年時点）

ています。

・雇用創出

約９００人の居住者に対して、正規63人、非正規１２４人と約１９０人の雇用を地元に創出しています。今、地方自治体ではどこも雇用創出に苦労をしています。50人の雇用を生み出すことさえ難しいなか、１９０人も増えるということは、地方自治体にとって極めてありがたいことです。雇用が増えれば街は活気づきます。地方自治体に対して住民は住民税や社会保険料を納め、事業主体は法人税や固定資産税を納めるので、スマートコミュニティ稲毛は千葉市にとっては貴重な存在です。これからの地方自治体の活性化モデルは、工場誘致からアクティブシニアを誘致する時代といえそうです。そして、ここで暮らす約９００人の居住者の生き生きとした表情が、アクティブシニアの新たなライフスタイルを何よりも物語っているのです。

岐阜シティ・タワー43・サンビレッジ岐阜（岐阜市）

駅前立地、多世代複合のタワー型モデル

岐阜シティ・タワー43・サンビレッジ岐阜は、JR岐阜駅前に立地する高層階の複合施設です。CCRCというと自然豊かな地方や郊外での立地をイメージしがちですが、タワー型CCRCのような中心市街地のアーバン・ライフスタイルモデ

岐阜シティ・タワー43の外観
（写真　国土交通省　岐阜駅西地区第一種市街地再開発事業）

岐阜シティ・タワー43・サンビレッジ岐阜の概要

所在地	岐阜県岐阜市（JR岐阜駅から歩行者用デッキで直結）
開業	2007年
事業主体と規模	岐阜県住宅供給公社　サービス付高齢者住宅108戸
家賃	（1人の場合）家賃：11.1万円／月（49㎡）

特徴
- JR岐阜駅から直結する駅前街なか居住が魅力。郊外や中山間地の住民が住み替え
- 多世代複合型。43階のタワーに一般住宅、商業施設、福祉施設、保育所が共存
- 3階に「住宅」「医療・介護」「賑わい・交流」要素のある「街」を形成
- 県住宅供給公社が社会福祉法人にサービス付高齢者住宅の生活相談支援員を業務委託

ルも、今後有望といえそうです。岐阜シティ・タワーには、岐阜県住宅供給公社のサービス付高齢者住宅が併設されています。この特徴や強みを因数分解すると以下のようになります。

・駅前街なか居住

ＪＲ岐阜駅から歩行者用デッキで約２００ｍという恵まれた立地にあり、居住者は、岐阜県の郊外や中山間地からの住み替えが多く、車で移動する生活がつらいと感じ始めたシニアが、駅前立地の利便性を感じて住み替えるモデルです。巷でいわれるような、シニアの首都圏から地方への移住という形ではありません。

・多世代複合型

43階のタワーには、一般住宅、商業施設、福祉施設、保育所が共存しています。県の住宅供給公社のサービス付高齢者住宅「ラシュールメゾン岐阜」がタワー内に１０８戸あり、３階の医療福祉フロア「サンサンタウン」では、住民の医療福祉サービスを提供しています。このフロアは、様々な事業所が集まり、社会福祉法人新生会が、事務

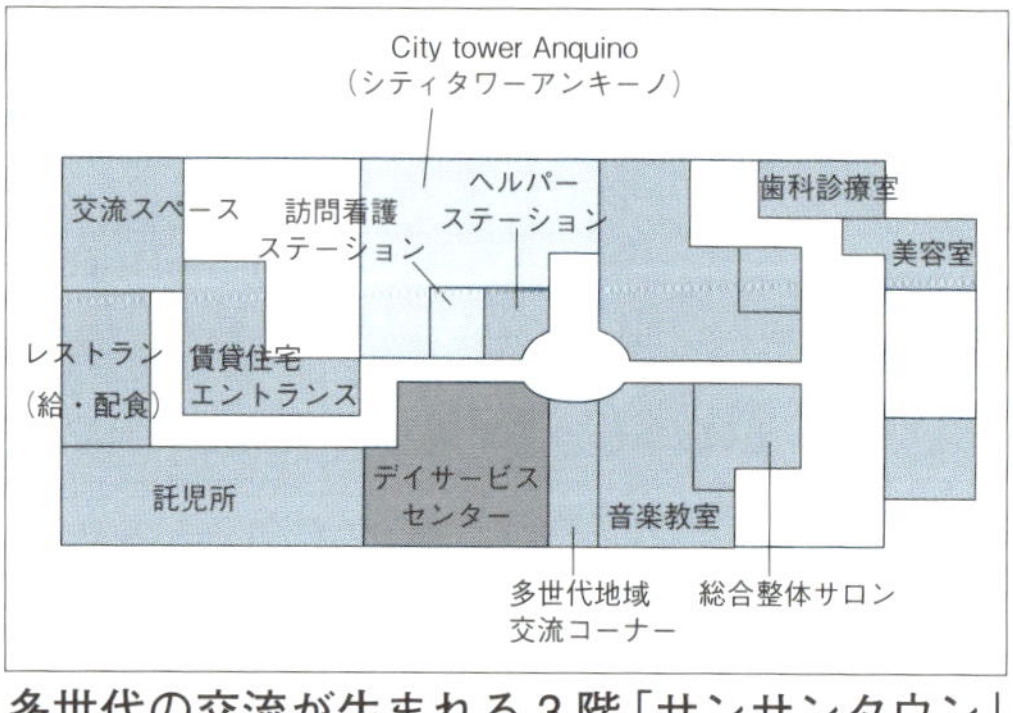

多世代の交流が生まれる３階「サンサンタウン」

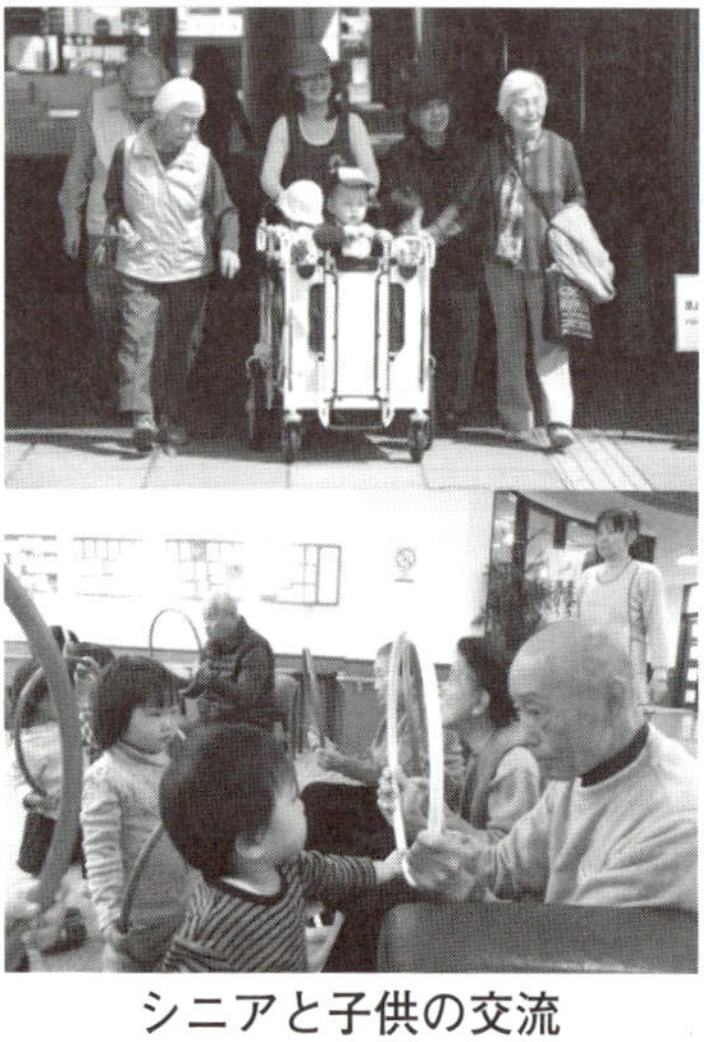
シニアと子供の交流

（写真、図：社会福祉法人新生会提供）

局としてコーディネーターの役割を果たしています。

このフロアには保育所、音楽教室、多世代交流支援センターが併設され、シニアと子供たちの交流が進むような仕掛けがなされています。高層タワーに多世代複合型の機能を持つ街が形成されているのです。

また、このフロアにある「シティタワー・アンキーノ」は、全国初のアセスメントケア（自立支援・在宅復帰を目指す短期滞在型サービス）とターミナルケア（緩和ケア）に特化した有料老人ホームです。

このように、住み替えた後に安心した暮らしの継続と、緊急時の柔軟な対応、最期の看取りまでの支援をするシステムが一体化され「最後まで暮らし続けるための支援」として構築されていることが強みといえます。

日本版ＣＣＲＣというと、地方の田舎暮らしの先入観がありますが、ここでは駅前のタワー型モデルによる街なか居住の利便性があります。さらにシニアだけでなく多世代が集う賑わいのあるコミュニティを形成しています。

ゆいま〜る那須（栃木県那須町）

入居前からシニアが施設計画や運営計画に参加する地方移住モデル

ゆいま〜る那須は、雄大な自然の緑豊かな環境のなかで暮らすことができるサービス付高齢者向け住宅です。この特徴や強みを因数分解すると以下のようになります。

・移住モデル

居住者の多くは首都圏からの移住者です。東京から約1時間30分という立地の利便性やセカンドライフを里山で暮らしたい、東京の夏の暑さを避けて、といった理由で那須を選んだ居住者もいます。前述した岐阜シティタワー43・サンビレッジ岐阜は、同じ県内から駅前街なかに集積というモデルでしたが、こちらはおもに首都圏から地方に

ゆいま～る那須の概要

所在地	栃木県那須郡那須町（JR 新白河駅から車で約 15 分）
開設	一期：2010 年　二期：2012 年
事業主体	株式会社コミュニティネット
規模	敷地面積：9978㎡、サービス付高齢者向け住宅　計 70 戸
費用	家賃一括前払い金：1600 万円～ 1700 万円台（46㎡の場合） （1 人の場合）共益費：8000 円／月、サポート費：3 万 850 円／月

特徴　移住モデル：居住者の多くが首都圏からの移住者

居住前参加：建設前から居住検討者が施設計画や運営計画に参加

担い手：居住者が散髪やそば打ちなどの担い手として活躍

移住というモデルです。

・居住前参加

事業主体の株式会社コミュニティネットは、全

働く喜び（そば打ち）

地元材を活用し、東京建築賞等を受賞した木造建築

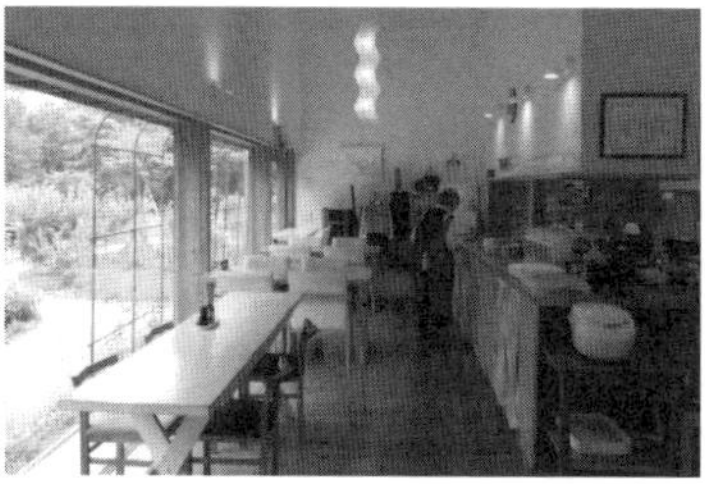

地域開放型のゆいま～る食堂

図書室兼コミュニティスペース

（写真提供：ゆいま～る那須）

国で高齢者住宅の「ゆいま～るシリーズ」を手掛ける企業ですが、取り組みとして興味深いのが、居住を検討しているシニア層が竣工前から施設計画や運営計画に参加していることです。部屋の間取りや広さから、アクティビティのメニュー、食事の価格やメニューまで各部会で検討されます。居住者は竣工してから入るのでなく、竣工前から積極的にコミュニティづくりに参加します。だから自分たちが作ったコミュニティだという思いが強くなり愛着も生まれます。

さらにこうした事前の取り組みにより、竣工時にはすでに入居率が6～7割埋まっているというのは、事業者にとっても営業費や広告宣伝費を抑えるメリットがあるのです。

・担い手

従来の高齢者住宅は、サービスを「提供する側」と「受ける側」の関係になりがちですが、ここでは全員がコミュニティの一員で担い手という理念に基づき、居住者がコミュニティで働ける仕組みがあります。ある人は経験を活かし昼食にそば打ちをしたり、また事前に自分ができることをフロントに登録して、日曜大工や掃除などを行います。報酬として「ま～る券」というハウス内通貨を得られます。散髪の料金約1000円をま～る券で得ると、昼食約2回分の稼ぎになるということです。

この「移住モデル」「居住前参加」「担い手」という要素が、ゆいま～る那須のコミュニティとしての魅力を高めているといえそうです。

オークフィールド八幡平（岩手県八幡平市）

夏は涼しく冬はスキー三昧、近隣に病院もある高原リゾートモデル

オークフィールド八幡平《はちまんたい》は、高原リゾート型CCRCで、2015年に完成した第一期の建物は32戸の住居棟とレストラン棟で、将来住居は約100戸になる予定です。

この特徴や強みを因数分解すると以下のように

オークフィールド八幡平の概要

所在地	岩手県八幡平市（JR 盛岡駅から車で約 50 分）
開業	2015 年
規模	敷地面積：9.8 万㎡、32 戸（一期工事）将来的には 100 戸
費用	賃料 45,000 円、共益費 15,000 円、サポート費 35,000 円、食費 15,000 円

特徴　高原リゾート型：絶景の高原リゾートで夏は涼しく冬はスキー三昧
開放性：レストランは地元住民も利用
エリア型：近隣にデイケア、特別養護老人ホーム、病院の機能が集積

なります。

・高原リゾート型

目の前に雄大な岩手山を望み、近隣には安比高原リゾートがあり、夏は涼しく冬はスキー三昧の生活を満喫できる高原リゾート型ＣＣＲＣです。安比高原でのスキーへの思い入れのあるシニアは少なくありません。またオークフィールド八幡平への移住に関心のある方に話を伺うと「近年の東京の夏の猛暑があまりにひどいので、思い切って移住を検討しています」という声を聞きます。すでに居住している方にヒアリングすると、冬の寒さは当初の心配事項だったそうですが、室内は薪ストーブがあり、とても暖かくそれほど気にならないとのことです。

・開放性

レストランは居住者だけでなく、近隣の住民や観光客にも開放されています。このレストランで腕を振るうシェフは、以前は近隣のホテルで総料理長を務めていた方で、「これからは地元の食材でアクティブシニアが元気になる料理を作りた

い」と転職を決めたそうです。

また、レストランの趣味の良いテーブルや椅子、配色、デザインは病院や介護施設のイメージを全く感じさせません。廊下にあえて少し緩やかなスロープをつけたのは、バリアフリーではなく「プチ・バリア」の健康支援を促す仕掛けであり、従来のシニア住宅とは違った建築デザインが新鮮です。

・エリア型

岩手山を望む立地

天井が高く日が差し込む食堂、
近隣の地域住民も利用可能

木の温もりを感じる居室

岩手県立大学の学生と生涯学習
のアイディアを討議

岩手山に向かってホルンを練習
する居住者

シニアと学生で CCRC と
大学連携を討議

（写真提供：オークフィールド八幡平）

近隣には事業主体の母体となる社会福祉法人のデイサービスや特別養護老人ホーム、さらには東八幡平病院もあるので、居住者にとっては病気になった時や将来の介護についても安心感があります。またコミュニティの活性化のために、岩手県立大学と連携した生涯学習講座や、敷地内のシェア農園を使った農業、地元の芸術文化団体との連携など、エリア全体でソフト分野を盛り上げています。

一方、地元の八幡平市役所も、八幡平市CCRC構想を策定し、シンポジウムの開催、お試し移住や観光、雇用との連携など、行政として後押しを進めています。

雄大な自然に囲まれたオークフィールド八幡平は、「高原リゾート型」「開放性」「エリア型」という強みでアクティブシニアの注目を集めています。

街なか、郊外、地方、どんな立地でも可能性がある

さて、第3章で紹介した事例を見ると、立地はそれぞれ郊外（シェア金沢、スマートコミュニティ稲毛）、街なか（岐阜シティタワー43・サンビレッジ岐阜）、地方（ゆいま～る那須、オークフィールド八幡平）と多様な形態があることがわかります。CCRCというと、地方創生の話題もあり、首都圏から地方への移住という先入観になりがちですが、決して地方移住ありきではありません。自然豊かな地方への住み替えもあれば、千葉の稲毛のような首都圏に地方から住み替えるシニアもいます。人のライフスタイルが多様であるように、セカンドライフの住まいも多様であることがわかると思います。

第４章

「アクティブシニアが語る日本版ＣＣＲＣへの思い」

第4章では、実際に日本版CCRCの要素を持つシニア住宅に住んでいるアクティブシニアの生の声を紹介します。彼らがなぜ自宅から住み替えて「集住」という暮らしを選んだのか、そして数あるシニア住宅のなかで、なぜそこを終の棲家として選んだのか、そして毎日をどのように暮らしているか、アクティブシニアの声に耳を傾けてみようではありませんか。そこに「あなたが輝く」ライフスタイルのヒントがあるかもしれません。

アクティブシニアのライフスタイルに学ぶ

高橋重彦さん（70代）
道子さん（60代）

●スマートコミュニティ稲毛（千葉県稲毛市）

老後は孫の近くに住み替え。戦友感覚だった2人が夫婦の距離感に戻ったセカンドライフ

松田（筆者） 高橋さんご夫妻は、秋田県からスマートコミュニティ稲毛に住み替えて約2年だそうですね。首都圏から地方に移住するシニアが増えていますが、逆に地方から首都圏に住み替えたわけですね。なぜ数あるシニア住宅のなかでスマートコミュニティ稲毛を選ばれたのでしょうか？

重彦 スマートコミュニティ稲毛が掲げる「アクティブシニアタウン」という言葉にひかれました。

道子 秋田は冬の間、雪かきがとても大変です。老後は雪がないところに住みたいと思っていました。次男と三男が東京にいるのですが、孫と会うには秋田より稲毛の方が断然近いことも大きな理由です。また孫が風邪をひいた時などは通えるので子供夫婦のサポートもできます。

松田 お孫さんとの距離が近くなるのは嬉しいですね。

重彦 実際、首都圏の住み替えを検討した時に、スマートコミュニティ稲毛のことを教えてくれたのは東京の子供たちでした。

道子 秋田時代は夫の仕事の手伝いや親たちの介護でほとんど自分の時間がありませんでした。子

育てを終えて親たちを看取り、主人の仕事は長男が継ぎ、これからの人生に思いを巡らせた時に、平均寿命を考えればこれからは20年もあるわけですから、老後を楽しみたい、そして新しいことにも挑戦したいと思いました。たくさんのサークルがあるここは魅力的でした。

松田　夫のリタイアと親たちの看取りを終えたというのは転機ですね。

道子　老後を楽しむといっても、地方での人との付き合いは人数も少ないせいもあり、気を遣う面がありました。でもここでは自分と同じような思いのシニアが約600人もいるのですから、地元にいた時と比べてあまり気を遣わずエンジョイできます。

高橋重彦さん・道子さん夫妻

松田　スマートコミュニティ稲毛のどこが気に入っていますか？

重彦　コストパフォーマンスですね。分譲マンションを買って、月々約9万円で食事が2食ついて、さらにゴルフレンジ、ビリヤード、卓球など何でもできるのですから。食事はホテル並みですよ。

道子　食事を作らなくてよいことですね（笑）。そして雪かきが不要なことです（笑）。

朝食後、ストレッチ、ラジオ体操、ダンベルから始まり、ビリヤード、編み物、卓球、ボイストレーニング、コントラクトブリッジなど、毎日がとても忙しいです。それからサークルに入るとメンバー同士で優しく教えてくれるのが嬉しいです。教える方も生きがいが生まれるようで嬉しそうです。そしてサークルも強制ではなく、合わなければやめてよいので気軽です。約600人も居住者がいるから、ちょうど良い距離感でお付き合いできています。

重彦　居住者の同質性は重要ですね。ものすごいお金持ちがいるわけではなく、ものすごく困った人がいるわけでもなく、良識のあるきちんとした方が多いです。だから変な足の引っ張り合いがないのです。最初は少しとげがあった人でも住むにつれて、人付き合いが良くなり、性格が丸くなっていくように思います。

松田　秋田と比べて夫婦の距離感は変わりましたか？

道子　秋田時代は「戦友」という感じでしたね。子育てと親たちの世話でいっぱいいっぱいでした。でも今は、戸建からマンションに住まいが変わり、もう一度新婚ではないのですが、夫婦に戻った感覚です。

松田　戦友から夫婦に戻ったとはロマンチックですね。

重彦　でも、あまり2人一緒でも近すぎるので、孫が来るとほどよい距離感になります（笑）。

松田　食事はお2人で食べるのでしょうか？

道子　仲良し夫婦が4組いまして、いつもそのメンバーやその友人たちと食べます。みんなで食べると食事もよりおいしくて楽しくなります。

松田　お2人の素敵なセカンドライフは、同世代へのシニアにも大いに参考になると思います。同世代シニアへのメッセージをお願いします。

重彦　日本人は本来農耕民族なので自分の今いる土地から動きたがりません。特に地方から首都圏への移住はハードルが高いと思います。でも孫の存在は住み替えの大きな力になります。今の時代、都会で子育てをしていくのは大変です。孫のため、子のためには首都圏へ親が移住することも考えてよいと思います。

道子　ときどき秋田に戻ると、ご近所や友人から今の暮らしのことを「これまでのご褒美ね」と言われます。私たち世代は、懸命に生きてきたのですから、少しのご褒美があってもよいかなと思います。

ポイント

・孫の近くの首都圏への住み替え
・老後の安心につながるコストパフォーマンス
・居住者の同質性と、ほどよい距離感
・戦友から夫婦の距離感に戻るセカンドライフ

髙橋峰生さん（60代）

●スマートコミュニティ稲毛（千葉県稲毛市）

働きながら住まう。ビリヤードと家づくりがつなぐ単身シニアの絆

松田　髙橋様はスマートコミュニティ稲毛に住み替えて3年、現在も週3回勤務なさっているのですね。

髙橋　定年後の雇用延長で仕事を続けています。スマートコミュニティ稲毛では、まだ働いている方も少なくありません。

松田　なぜスマートコミュニティ稲毛を選んだのでしょうか？

髙橋　たまたまテレビでこちらの特集番組を見てピンときました。妻が数年前にがんで先立ち、独り身でこれからの住まい方を考えていた時期でもありましたが、住み替えを決めた理由は、家が稲毛海岸で近かったこともありますが、何といっても経済的な面ですね。分譲の居室を購入して、月々約9万円で毎日2食ついています。周辺のシニア住宅と比べてコストメリットを感じました。

松田　月々の支出がわかれば将来が見通せますね。シニアにとって「オカネの安心」は重要ですね。

髙橋　住み替えの決め手はもうひとつ、娯楽設備と多様なアクティビティが充実していることです。テレビを見た後に現地を視察しました。私はビリヤードが趣味なのですが、大きなビリヤード台を家に置くのは首都圏の家では無理です。でもここはビリヤード台が4つもあって、朝から晩までいつでも楽しめます。ビリヤード好きには天国ですよ（笑）。視察してすぐに「ここだ」と決めました。

髙橋峰生さん

松田　今は毎日どのように暮らしていますか？

髙橋　週3日働きに行く日以外は、朝食の後にビリヤード仲間と勝ち抜き戦です。ビリヤ

ード仲間は30人くらいいます。共通の趣味を通じて仲間やつながりが増えることは楽しいですね。私はビリヤードの先生役ですが、私が教えている人には私のゴルフの先生になっている人もいます。教えたり、教わったりすることが元気や生きがいにつながると思います。アクティビティというと、老人ホームで与えられたことをあたかも時間つぶしのようにする受動的なイメージがありますが、ここでは自分のやりたいことを何でも選んで有意義に過ごせます。

松田　ビリヤード以外の趣味は何かありますか?

髙橋　千葉県の鴨川市に棚田を守るＮＰＯがあって、そのなかで「家づくり体験塾」に通っています。棚田周辺で古民家を改築や移築で再生する取り組みなのですが、家づくりはとても楽しくて、多くの人と知り合えて生きがいの場になっています。

松田　今住んでいるコミュニティのほかにも、別のコミュニティがあり、双方がつながりや生きがいの場となっているのですね。

髙橋　あと車も趣味です。今はイタリア車の赤いアルファロメオに乗っています。６００人の居住者のなかでイタリア車に乗っているのは自分だけですね（笑）。

松田　髙橋さんからみて輝いている人とはどんな人でしょうか。

髙橋　「何かを上達したい」という意欲のある人は輝いていますね。ビリヤードを教えてほしいという人は、卓球でも音楽でもいろんなことに挑戦している人が多いです。そういえば、私にビリヤードで勝ったので、夫にキューを買ってもらえると喜んでいた女性がいました（笑）。

松田　ジョギングのタイムが短くなることや、絵が上手になるとか、何歳になっても「成長実感」が大切なのですね。

髙橋　今後高齢社会が進むなかで、単身シニアの割合はますます増えるでしょう。ここでは居住者のなかで単身率は約7割です。単身シニアが老後の生活コストに安心を感じ、仲間づくりができて孤独を感じない、そしていつも何かに夢中になれるようなアクティビティが充実しているコミュニティが、これからもっともっと必要になるのではないでしょうか？

松田　まだまだ生涯現役の髙橋さんのこれからやりたいことは何でしょうか？

髙橋　70歳くらいまでは働き続けたいですね。それから地域貢献にも取り組みたいです。最近居住者の仲間が、近隣の少年を集めてラグビー教室を開いたのですが、とても素敵だと思いました。これから地域の子供たちにビリヤードや古民家の再生を教えるのもよいですね。

ポイント
- 働きながら住まう生涯現役のライフスタイル
- 単身高齢者の生活コストと将来のオカネの安心
- 趣味のビリヤードが友人を広げる
- コミュニティ内だけでなく外にも生きがいがある

岡村和子さん（80代）

●ゆいま～る多摩平の森（東京都日野市）

「将来あそこに住みたい」と言われるコミュニティ

松田　岡村様はなぜゆいま～る多摩平の森を選んだのでしょうか？

岡村　私は独身だったので、老後は誰かに頼らない暮らし方、住まい方を60代後半からずっと考えてきて、たくさんのシニア住宅の説明会や体験入居を経験してきました。いろいろ視察もしたうえで、比較的コストが安価なゆいま～る多摩平の森を選んで、東京の品川から引っ越しました。

岡村和子さん

松田　こちらでの暮らしは何が気に入っていますか？

岡村　「自由さ」ですね。高齢者施設にいるという感覚がありません。今まで住んでいたマンションと同じ感覚で暮らしています。実は私はここに引っ越す前は一人暮らしをしていましたが、引っ越し直前に妹が認知症になり始めたとわかり、同居という形で暮らし始めました。妹を支えながら5年ここで暮らせたのは、ゆいま〜る多摩平の森の居住者やスタッフの支えがあったからです。妹は今は施設に移りました。妹との同居から一人暮らしになり、自由な時間が増えたので、自分自身の生活を取り戻したいと思っています。

松田　普段はどのように過ごされているのでしょうか？

岡村　ゆいま〜るではない外の俳句の会に参加しています。それからNPO法人のエンディングセンターにも参加しています。人生のエンディングを前向きにみんなで考える会なのですが、仲良くなった友達同士で将来一緒のお墓に入ろうという「墓友《はかとも》」ができました（笑）。そこで小物づくりもやっています。自分で縫った小物を買ってもらえるとちょっと嬉しいですよね。ゆいま〜る多摩平の森のなかのコミュニティだけでなく、外のコミュニティがあることが元気の強みですね。

松田　「墓友」とはユニークですね。

岡村　「死んでからも友達であるかもしれない」と言えるような友人が、歳をとってからもできるのは素敵なことだと思うのです。それからサークルの会合で、自分の住まいが「ゆいま〜る多摩平の森」と伝えたら、友人に「私、あそこに住みたいの！」と言ってもらえて嬉しかったです。

松田　他のシニアが将来あそこに住みたいと憧れるようなコミュニティは理想ですね。

岡村　ハウスの雰囲気は、運営主体の管理人の人柄で大きく変わります。ここでは管理人は「ハウス長」と呼ばれていますが、居住者の自由や自治を重んじることが、ここの雰囲気を良くしています。そして最近始まった「ちょこっと仕事の会」がいいですね。

松田　「ちょこっと仕事の会」とは何ですか？

岡村　これは居住者同士の助け合いの仕組みで、1時間500円で買い物支援や掃除などを行う助け合いサービスです。先日昔から通っている都心の歯医者に行ったのですが、ひとりで都心に行くのは少し心配だったので、「ちょこっと仕事の会」を利用して、60代の居住者に付き添いをお願いしました。行き帰りで数時間付き添ってもらったのですが、知らない人の付き添いサービスよりも、気心が知れた居住者同士の方が安心です。

松田　こうした支え合いがあるから「将来あそこに住みたい」と思われるのですね。

ポイント
・早めの準備～シニア住宅の説明会や体験宿泊
・高齢者施設にいる感じがしない自由さを感じるコミュニティ
・「将来はあそこに入りたい」と他の人が憧れるコミュニティ
・気心の知れた居住者同士の有償ボランティア「ちょこっと仕事の会」

山下哲美さん（90代）
ひろみさん（70代）

●オークフィールド八幡平《はちまんたい》（岩手県八幡平市）

朝、ベランダで深呼吸したくなる空気と居住者の人柄の素晴らしさ

松田　山下さんご夫妻はオークフィールド八幡平に住み替えて約3カ月になりますが、なぜここを選んだのでしょうか？

ひろみ　夫の90歳の誕生日祝いを八幡平で行ったことがきっかけでした。八幡平の自然や雰囲気が気に入りました。やはり、体が自由に動けるうちに住み替えることが重要だと思います。夫婦であれば、どちらかが要介護になってからでは遅いので、２人が動けるうちに住み替えて良かったと

山下哲美さん・ひろみさん夫妻

思います。

哲美　実際のところ、住み替えはずいぶん悩みましたが、ここに体験宿泊できたことが決心につながりましたね。

松田　オークフィールド八幡平に住んでみて、気に入っているところはどこでしょうか？

哲美　居住者の人柄が素晴らしいことですね。居住者に地元の小学校の先生だった方がいらっしゃるのですが、八幡平の歴史や自然や文化にとても詳しくて、毎日話を聞くのが楽しみになっています。

ひろみ　居住者には弁護士もいらっしゃるのですが、法律に詳しいだけでなく、美術や音楽と趣味が多彩で、会話が広がるので楽しいです。他の居住者の方々も素朴で優しい方が多く、お互い身構えない距離感がよいと思っています。

松田　「お互い身構えない」という居住者同士の距離感は大切ですね。他にどんなところが気に入っているでしょうか？

ひろみ　何と言っても東京と比べて空気が違うことでしょう。空気のきれいさはやはり八幡平に住んでみないとわかりません。自分の部屋からは雄大な岩手山が見えますが、毎朝ベランダに出て深呼吸すると本当に空気がきれいだと感じます。東京にいた時は、普段深呼吸などする気がしませんでした。そして水がおいしい。ミネラルウォーターをわざわざ買うこともありません。私たちは東京でずっと暮らしてきましたが、この歳になるともう東京の混雑は耐えられなくなっているようです。

松田　空気や水は健康の基本ですね。他にはどんなことが気に入ってますでしょうか？

哲美　元ホテルの総料理長が作る食事がとてもおいしいことですね。また私はポメラニアンを飼っているのですが、ペットを飼えることも気に入っています。そして好きな楽器に打ち込めるということですね。今、ホルンの練習をしていますが、雄大な岩手山に向かって吹くと気持も若返る気分になります。

ひろみ　食事を作る手間がなくなったのは正直嬉

しいことですね。2人で住んでいた時は買い物や料理、後片付けと家事は諸々大変でした。家事の負担が減ったので、空いた時間を好きなスケッチや音楽に充てられ、時間の使い方が上手になりました。そして早寝早起きで健康になったと思います。それから隣にある菜園「オークファーム」の朝採れたての野菜を食べられるのは嬉しいです。これは東京ではなかなかできません。

哲美　生涯学習や多世代交流も良いことだと思います。オークフィールド八幡平では、岩手県立大学と様々な連携プロジェクトを進めています。この場所で先日、多世代交流型の生涯学習について、大学生と一緒にワークショップを行いました。さらに今度は、私たち居住者たちが大学のキャンパスに行ってワークショップの続きを行いました。若い人と触れ合うと気持ちが若返ります。実は私は岩手県立大学に行く時は杖を使って歩いていたのですが、ワークショップが終わって大学から帰る時には杖を使わずに歩いていたそうです（笑）。

ひろみ　岩手県立大学のキャンパスは自然に恵まれた素晴らしい環境にあって、ここで過ごしている学生は幸せだなと思います。私たちも時々キャンパスに行くのが楽しみです。

松田　こちらに住み替えて夫婦の距離感は変わりましたでしょうか？

ひろみ　東京の一軒家で一緒に住んでいた頃、夫は「世話になりたくない」というタイプで、私からあれこれ言われるのが嫌いでしたが、今は部屋が別々であまり言われることもないので、こちらに来てからはリラックスしているようです（笑）。

哲美　お互い別の部屋に住んでいるので過度に干渉されなくなりましたね。今はそれぞれにお互い尊重しながら生きていくという感じです。

ポイント
- 夫婦2人が動けるうちの住み替え
- 空気、水、食事の大切さ
- 学生との交流や生涯学習が若返る気分に
- 夫婦別部屋で住み、お互いを尊重する暮らし方

Aさん（70代女性）

●オークフィールド八幡平（岩手県八幡平市）

初めて来たのに自分の故郷と思えた場所

松田　数あるシニア住宅のなかでなぜオークフィールド八幡平を選択されたのでしょうか？

Aさん　ここに来る前には東京におりまして、いつか日本列島のどこかほかの場所で暮らしたいという思いは持っていました。それは西でも南でもなく何となく東北と考えていたのですが、いろいろな地域をインターネットで探していました。候補として施設はいくつか見つけていましたが、胸に響くまでには至りませんでした。そんな時に全く偶然にインターネットでオークフィールド八幡平を見つけたのです。大自然を背景に人の可能性を追求していこうとするグランドデザインに惹きつけられました。

松田　直感ですね。

Aさん　そうです。東京に住んでいた時に、岩手県出身の職人さんたちを知る機会がありました。彼らは謙虚で無口です。仕事に対して誠実にそして確実に全力投球をし、仲間に対しても深く気配りのある方たちでした。これが岩手県人気質かと魅力を感じていました。もしかしたら私の運命を変えたのは彼らであったかもしれません。

松田　初めてオークフィールド八幡平を訪問した時はいかがでしたか？

Aさん　実は私は、これまで一度も盛岡に降り立ったことも、八幡平に来たこともなかったのです。でも車窓から見る雄大な自然と、インターネットで見た建物の実物を目にした時、全く初めての場所なのに、ここは私の故郷と思えたのです。

松田　直感から確信に変わったのですね。住んでみての感想はいかがですか？

Aさん　部屋の窓から岩手山が目の前に見えます。まさに、刻一刻と表情を変えていく景色が素晴らしく、雲の動きも空の変化もダイナミックで全く飽きることがありません。地域の食材を活かしたお食事は素晴らしく、毎回とても楽しい時間になっています。ここで過ごしていると自分が身も心も再生、リ・バース（Rebirth）していると感じます。

松田　リ・バースですか。自分が生まれ変わるというのは素敵な表現ですね。

Aさん　今まではどうしても、世間の目とか実際あるのかどうかも定かでない何かに縛られていたように思います。豊かな自然のなかにいると、自己解放ができるように思います。私は母の看取りまでの過程を通じて、介護を受ける当事者とその関係者の大変さがわかりました。自身の精神的な自立と、身体的に衰えてきたら他者による見守りと生活援助の体制が備わっていることが理想です。ここでの生活はそのような意味で安心できると思えます。

松田　自分らしく生きる自由と、確実に来る老いに対する備えのバランスですね。

Aさん　ここで暮らしていると、皆様の話題が多岐にわたり尽きることがありません。この土地に生まれ生活をしてこられた方々のお話を伺っていると、広く地域の歴史や伝統、文化、生活全般に興味が湧いてきます。訪ねたいところも多く、忙しい毎日を過ごすことになるでしょう。ここでの時間はお互いに干渉することもなく、一人だけの時間を大切にする環境が自然に作られています。私はここへ移ることを選択した時から、これから新たに日々出会う人たち、自然、植物、動物たちとの触れ合いを大切にしていくことに希望を託しました。今から始まる未来に期待しています。そしてその予感と実感に心踊る思いです。澄んだ空気の美しい八幡平に、私の生活の場所が用意されたこの現実に驚きつつ楽しんでいます。

ポイント
・直感の重要性
・初めて来たのに自分の故郷と思えるような場所
・自分が再生（リ・バースRebirth）する住み替え
・干渉し過ぎない居住者同士の距離感

日本版CCRCに挑戦するアクティブシニアに学ぶ

続いて紹介するのは、私がここ数年で知り合ったアクティブシニアで、すでに地方移住を始めて、今住む街での「ご当地版CCRC」を将来実現させるために頑張っている魅力的な方々です。また地方移住ではなく、自宅近くで母校と連携した大学連携型CCRC実現の準備に取り組むご夫婦のインタビューも紹介します。

日本版CCRCの実現を目指す彼らの充実した日々の話には、これから私たちが目指すべきライフスタイルについて多くの示唆があります。さらに、地域の特色や大学の特色を活かし、自分のやりたいことや個性を活かせるワクワク感のある日本版CCRCが見えてくると思います。

栗原邦夫さん（50代）長崎県佐世保市

会社役員を辞めて赴任地への恩返し型移住は人生二毛作。妻とはハッピー別居。

ビール会社の役員を早期退職。かつて支社長として赴任した長崎に移住。現在は地元の長崎国際大学で地域連携室に勤務。また、野球部のコーチとしても充実したセカンドライフを過ごす。

松田　栗原さんはビール会社の役員を早期退職されて長崎に移住されました。なぜ長崎だったのでしょうか？

栗原　私は東京生まれの東京育ちで、会社員生活は大阪→茨城→福岡→長崎→東京→福岡→東京と転勤族でした。特に長崎は4年9カ月もの間支社長を務め、「思い入れのある地」であったことが大きな理由ですね。

松田　現在は、長崎国際大学の地域連携室に勤務し、野球部のコーチとしても活躍されています。

栗原　きっかけは、母親の入院の付き添いの時に丸一日時間が空き、自分が会社を辞めた時に何をやりたいか、じっくり考えてみたことです。私は野球少年で早慶戦に憧れ、中学から大学まで慶應野球部に所属していました。野球を通じて得た経験や出会った方々は私の財産です。野球に恩返ししたいこと、そしてなにより、赴任してお世話になり、社会人としてここまで育ててくれた長崎の地に恩返ししたい思いが強くなったのです。

松田　リタイアした時に何をやりたいかの意志（ウィル）、自分は何ができるかの可能性（キャン）を現役時代からしっかり考えていたということですね。人生二期作・二毛作モデルがあると私は思います。二期作は米と米を2回作るものですが、二毛作は米と麦といったように違う種類を作ります。栗原さんはまさに人生二毛作モデルですね。

栗原　確かに人生二毛作です。人生一度きりなので、「一粒で二度美味しい人生」を在職中から目指していました。

松田　実は私はビール会社の役員だった時の栗原さんを知っていますが、当時は大企業の役員らしいある意味「鎧」を身に着けられていたように思います。しかし今の方が、自分に正直で生き生きされているように感じます。

栗原　そうですね。役員になるまで営業職から工場勤務、復興支援など様々な職務を経験させてもらい、会社も好きで仕事も充実していました。しかし今、野球部の学生とグラウンドに一緒に立ってボール拾いやグラウンド整備をしていると、「なんて幸せなんだろうか」と、しみじみ感じる時があり、以前に増して充実しています。

松田　私は「年賀状に書きたくなる移住」が大切と思うのですが、栗原さんの住み替えはまさにそうですね。

栗原邦夫さん

栗原　私の住所は、長崎県佐世保市ハウステンボス町という名称なのです。家のベランダからはハウステンボスの花火や、ヨーロッパを彷彿させる街並みと海の景色を眺めることができます。

友人たちはみんなうらやましがりますよ。

松田　実際久しぶりに戻った赴任地はいかがでしたか？

栗原　昔のお得意先や当時の飲み仲間たちから「お帰りなさい」と言われました。嬉しいですね。誰も知らないところに移住というのは大変だと思いますが、私のような支社長経験者は地元の経済界とも接点が深いので、移住しても多くの知り合いがいるのはメリットです。

松田　「お帰りなさい」と言われる「転勤族の恩返し型移住」ですね。奥様とは「ハッピー別居」だとか。

栗原　妻は子供の教育の関係で赴任地だった福岡に約20年暮らしており、趣味のピアノを弾く部屋がマンションにあるので、私は単身移住です。今はSNSがあるのでお互いの近況報告は容易ですし、車で約100分の距離です。離れて暮らすとほどよい距離感でお互い思いやりの気持ちも湧き、ハッピー別居も悪くありません。

今や「ミスターCCRC」とも称される松田さんですが、「恩返し型移住」や「ハッピー別居」などシンクタンクらしくない言葉で、事実と本質に基づき放たれるキーワードに思わず頷いている自分がいます（笑）。

松田　「大切なことをわかりやすく伝える」ということが私のモットーなので（笑）。栗原さんの長崎版CCRCへの期待をお聞かせください。

栗原　私が住む佐世保には、ハウステンボスがあり長崎国際大学があるので、レジャーも生涯学習も、私のようにスポーツを通じた多世代交流も可能です。日本で初めての「テーマパーク&大学連携型CCRC」がこの長崎にできるなんて、夢があるのではないでしょうか。

ポイント
- ・転勤族の恩返し型移住
- ・大学での人生二毛作
- ・年賀状に書きたくなるライフスタイル
- ・ハッピー別居のほどよい距離感

黒笹慈幾《くろささやすし》さん（60代）高知県高知市

漫画「釣りバカ日誌」の初代編集担当が語る高知版CCRCとは

出版社に勤務。「釣りバカ日誌」の初代編集担当。全国を釣り歩き、終の棲家として高知を選ぶ。野菜や魚などの販路開拓から高知大学の特任教授までセカンドライフを楽しむ。

黒笹慈幾さん

松田　黒笹さんとは3年前に高知県庁の移住推進協議会でご一緒してからのお付き合いです。「釣りバカ日誌」の初代編集担当で、主人公ハマちゃんのモデルでもある黒笹さんがなぜ高知に移住したのでしょうか？

黒笹　全国を釣り歩いてリタイア後に釣り三昧の生活を楽しめる場所を探していましたが、高知は車や自転車で少し走ればいい釣り場がたくさんある。まさに釣り好きの人にはパラダイスです。あとは「日本語の通じる外国」ということですね。高知は文化も歴史も生活習慣も違う外国そのもの。何ごともカチッとしたルールが基調の東京から来てみると、高知の「良い意味でのルーズさ」は実に居心地がいい。まるでラテンの国のよう。だから高知はハッピー・リタイアメントの聖地なんです。

松田　お住まいは高知の市内ですか？

黒笹　市内の中心部です。地方移住の最大の誤解は「田舎暮らし」神話です。東京の人が、いきなり自然は豊かだけれど濃密な人間関係の田舎で暮らすのはハードルが高すぎます。まずは都会並みの都市機能が備わっている県庁所在地で暮らしてみる。ビッグシティからスモールシティへの移住から始めればいい。そこにはイタリアンもおしゃれなバーも病院も介護施設も充実しています。しかも東京よりコストは圧倒的に安い。終電の時間やタクシー代を気にしなくてもいい。私は徒歩で帰ります。

松田　黒笹さんがよく言われる「男は赤ちょうちんやスナックのないところには住まない」という意味は、多少猥雑感のある街なか居住が良いということですね。

　近年は高知大学の特任教授として活躍されていますね。

黒笹　「人生二毛作」ですね。県の委員や観光のアドバイザーは編集者の経験を活かす二期作ですが、大学の教員や今回の高知版ＣＣＲＣ委員への就任は新たな分野の挑戦なので人生二毛作ですね。

松田　実際に大学での生活はいかがですか？

黒笹　授業で学生たちのアイディアを聞いたり、一緒に地域でフィールドワークをすると新鮮です。さらに、恥ずかしいのですが、この年になって「学ぶ楽しさ」を知りましたね。他の先生の授業を受けていると、ものすごく楽しい。自分の学生時代にはこんなにすらすらと頭に入らなかった。一体何を聞いてたんだろうって。（笑）

松田　確かに同じ授業でも、学生時代とシニアになってからでは、興味の持ち方も違いますね。

黒笹　その点で高知県が目指すＣＣＲＣが大学連携を掲げているのは大きな魅力です。

松田　年賀状に「高知大学で農業政策を学び、地域の課題解決のために学生と一緒に汗をかいている。週末は釣り三昧」なんて書けたら嬉しいですね。

　黒笹さんが名づける「高知版ＣＣＲＣ」とは何でしょう？

黒笹　「趣味を同じくする人たちが集う町」、例えば「高知釣りバカビレッジ」ですね。日本中の釣り好きシニアが住むＣＣＲＣです。「海釣り師」と「渓流釣り師」が隣り合わせに住んだら楽しい。お互い釣った獲物を交換したりしてね。食費も安くなるし、ＣＣＲＣのなかに居酒屋を作って自分たちの釣った魚を出して、県外からの観光客も加わってワイワイやる。ちょっとした小遣い稼ぎにもなるでしょう。

松田　高知釣りバカビレッジ！（笑）

黒笹　お遍路好きが集まる「お遍路ビレッジ」も

いい。高知は県内に四国霊場の札所が16カ所あり、海外からも多くのお遍路さんが来ます。シニアが担い手になり「観光ツーリズムの視点」でお遍路をビジネス化できるはずです。釣りやお遍路のようなソフトがCCRCの肝です。それから「ハニートラップ作戦」ですよ。「美人のシニア居住者」「美人女将の小料理屋」があれば男は吸い込まれていきます（笑）。

松田　プラチナ社会は「ふらちな」社会ですね（笑）。崇高な理念と欲望は両立するということですね。

黒笹　やはりソフトが重要です。私は松田さんが高知に来て話した言葉で印象に残っているのは、「受け入れ側が用意すべきは仕事ではなく、生きがい」という言葉と、「CCRCは街づくりの産業化」という言葉ですね。「生きがいづくり」と「街づくり」が高知の新たな産業になるはずですよ。

松田　最後に同世代シニアへのメッセージをお願いします。

黒笹　地方移住は結婚によく似ています。ともに人生の大きな決断であり、相手の「良いところも悪いところもすべて受け止める覚悟」が問われる。そしていざ決行すれば全く新しい世界が目の前に開ける。「人生なんてパッと変わるさ」という私が編集長を務めた雑誌のコピーが、高知版CCRCにも当てはまります。

ポイント
・釣りやお遍路の趣味で集うCCRC
・地方移住の誤解は田舎暮らし。地方都市に住む利便性
・再び大学で学ぶ楽しさ
・移住は結婚と同じ。良いところも悪いところも受け止める覚悟が必要

藤田紀世志さん（70代）
由紀子さん（70代）
東京都町田市

母校への恩返しの想いが育むコミュニティづくり

ご夫婦とも桜美林学園の卒業生で、今も桜美林

学園の近隣に居住。自宅近くで始まった桜美林学園と連携した大学連携型ＣＣＲＣの街づくり勉強会に参加中。

松田　藤田様ご夫妻は、今、東京都町田市で進んでいる街づくりの勉強会に参加されています。

紀世志　「町田小山ヶ丘で暮らし続けるしくみをつくる会」という会です。ここでは町田の緑豊かな郊外に、シニアと学生とファミリーの多世代型コミュニティを創り、近隣の桜美林大学と生涯学習などで連携した大学連携型を目指しています。こうした取り組みに関心のある住民が集まり勉強会を重ねていて、名称は「桜美林ガーデンヒルズ」になる予定です。

松田　「桜美林ガーデンヒルズ」とは素敵な名前ですね。なぜお2人は今回の街づくり勉強会に参加されようと思ったのでしょうか？

由紀子　私たち夫婦は2人とも桜美林学園の卒業生なのですよ。

紀世志　私は企業勤務を経て桜美林大学に職員として転職して、大学の入試、広報宣伝、企画を担当してきました。退職後十数年経ち、たまたま新聞紙面で桜美林大学の近くでの高齢者住宅の計画と勉強会である「つくる会」を知り、大学に問い合わせたのです。さらに今回の施設計画地が、自宅から歩いて10分のところなので、今までの生活環境や近所付き合いを変えることなく住み替えられると感じました。

松田　「つくる会」に参加して良かったことは何でしょうか？

紀世志　みんなで何かを作り上げるクリエイティブな取り組みですね。話したり書いたりするなかで昔のコピーライター魂が再び沸々と湧いてきました（笑）。そして「母校に恩返ししたい」という気持ちが強くなりましたね。

由紀子　私の場合は「つながり」が増えたところですね。「つくる会」の参加者の7割が女性です。みんなで一緒に話したり考えたりすることがとても楽しいですね。

松田　今のご自宅はどうされる予定でしょうか？

紀世志　自宅を売るか貸すか悩ましいところですね。リノベーションしてシェアハウスとして桜美林大学の学生や留学生に貸すことも考えられます。やはり多くのシニアが住み替えで自宅をどうするか悩んでいるでしょう。

松田　大学連携型に期待する点はどのようなものでしょうか？

紀世志　桜美林大学は老年学総合研究所や健康福祉学群がある先駆的な大学なので、この強みを活かした生涯学習講座ですね。

藤田紀世志さん・由紀子さん夫妻

由紀子　多世代交流に期待したいですね。私の趣味は社交ダンスで、以前は子供にも教えていたので、趣味を活かした多世代交流は魅力的です。今の計画では多世代が一緒に集う食堂があるので、みんなで一緒に食べると楽しいと思います。それから良い病院との連携や何かあった時の介護サポートなど、ケアの視点も大切ですね。

紀世志　桜美林学園では、あらゆる世代の卒業生で集う「リ・ユニオン」というホームカミングデイがあります。先日、そこで桜美林ガーデンヒルズの紹介をしました。同窓生が卒業後数十年経って再び母校のキャンパスの近くに集い、住まい、多世代で語り合うようなライフスタイルの先駆けを創りだしていきたいと思っています。

ポイント

- 愛校心や母校への思いからシニアが集う大学連携型ＣＣＲＣの有望性
- 地方移住でなく近隣移住
- シニアの悩みどころは住み替えに際して自宅を売るか貸すか
- シニアだけでなく学生、子育て世代が集まる多世代共生モデル

コーヒーブレイクコラム

日本版CCRCを阻む不条理症候群

(3) 一歩踏み出せない症候群

「一歩踏み出せない症候群」とは、やるべきことがわかっていながら、関係者とのしがらみやリスクを気にするばかりで、同じ計画や会議を繰り返し、結果的に何も進まないという現象です。優れた計画でも行動が伴わなければ意味がありません。また「もっとよく話し合え」「議論を尽くせ」と決断を先延ばしにする「よく話し合え症候群」もあります。

こうした職場には共通の特徴があります。それは「緩やかな衰退」にいることです。追い込まれた地方自治体や企業や大学はもう行動するしかないのですが、緩やかに衰退している職場では、問題意識はありながら危機意識には至りません。「何かすべきだ」と頭ではわかっていながら動けないのです。この状態を「茹でガエル現象」として思い浮かべる方もいるでしょう。カエルを熱いお湯に入れるとびっくりして飛び出します。しかし、ゆっくり温められると、水の温度上昇に気づかず、最後には死んでしまうという話です。

ではこれを変えるにはどうしたらよいでしょうか。それは「ヨソモノ利用」、つまり外圧の利用です。私は全国各地で日本版CCRCの講演を行っていますが、一歩踏み出せない症候群を変えたい主催者の狙いは、「身内だけでは動かないから外圧を使おう」とヨソモノの私をうまく活用しているのです。

(4) やったもん負け症候群

「やったもん勝ち」というのは、自らリスクを取って市場を開拓した人が先行者利益を得ることです。しかし最近は「やったもん勝ち」ではなく、挑戦者が報われない「やったもん負け」があるようです。何か新しいことを始めようとすると、「前例がない」「制度上難しい」といった理由で中止となります。あるいは挑戦者が、もし少しでもミスをすれば、「それ見たことか」と徹底的に糾弾されたりするような「やったもん負け」もあります。一方でうまく動き始めると、別の部署が急に介入してきて主導権を奪ってしまったりする「やったもん負け」があるようです。

ある政治家が「やれ！　責任はワシが取る！」という名言を残していますが、やったもん負けの職場では、「やれ！　責任はお前が取れ！」になりがちです。もっとひどいのは「やれ！　手柄はワシが取る！」といった状況もあるようです。

日本版ＣＣＲＣに挑戦する人々が「やったもん勝ち」になるべく、私は応援し続けます。

やったもん勝ち	やったもん負け
先行者利益	先行者不利益
加点主義	減点主義
プラス思考	マイナス思考
挑戦者・開拓者志向	縮み志向
イノベーションが起きる	イノベーションが起きない

第5章

「こんな日本版CCRCなら住んでみたい！ 6分野30のワクワクするCCRCモデル」

日本版ＣＣＲＣに必要なのはワクワク感だと私は思います。今の日本版ＣＣＲＣを巡る議論では、地方の疲弊や介護不安といった理由ばかり目立ちますが、「将来はあそこに住むのが夢」というような能動的な理由が必要ではないでしょうか。ここではそうしたワクワク感や魅力のある日本版ＣＣＲＣの可能性について6分野30のモデルを紹介します。

賑わいを活かすモデル

①テーマパーク連携型ＣＣＲＣ

東京ディズニーランド、大阪ユニバーサル・スタジオ・ジャパン、長崎ハウステンボスなどテーマパークはいつも人が溢れて活気があります。テーマパークの敷地や隣地に日本版ＣＣＲＣを作ったらどうでしょうか。部屋からはパレードや花火が見え、テーマパーク内のバラエティに富んだレストランで食事をします。元気シニアであれば、そのテーマパークで週に数時間のプチ就労もできますし、語学の得意なシニアであれば、海外観光客向けに通訳で活躍もできます。

テーマパークは3世代で集まることが魅力になります。孫から見て、もし祖父母がテーマパーク連携型ＣＣＲＣに住み替えたら、「おじいちゃん、おばあちゃんのところに遊びに行きたい」と思うでしょう。例えば入居時契約に家族3世代で使えるテーマパークの年間パスポートがついていたら、大きな魅力になるはずです。

②ショッピングセンター・アウトレット連携型ＣＣＲＣ

ショッピングセンターやアウトレットといった大型商業施設も有望です。事業主体が居住者を満足させる施設やアクティビティを準備することは必須ですが、そのコストは大きな負担になります。そこで今ある魅力的な施設を活用するのです。ショッピングセンターやアウトレットは、買い物の場所として活気があるだけでなく、フードコートでは多くの種類の料理があり、温浴施設、カルチャーセンター、マッサージなど何でも揃っています。また子供や孫が集い３世代で楽しめる要素もあります。さらに居住者が、店舗で働いたり新商品開発に参加した場合は、そこで使える地域通貨を報酬として得ることにします。あるいはもし50時間働いたら、その50時間を将来、自分が介護になった時に使える仕組みにしてはどうでしょうか。

多くの大型商業施設は、自動車で来店することを前提としていましたが、消費者が高齢化するにつれて、自動車で買い物に行くことが次第につらくなってきます。発想を変えて、シニアの消費者が大型商業施設の敷地内や隣接地に住んでくれれば、彼らは自動車がなくても歩いて買い物ができるのです。

スポーツを活かすモデル

①プロ野球連携型ＣＣＲＣ

日本人は野球が大好きです。以前広島で日本版ＣＣＲＣの講演をした後の懇談会で、「松田さん、私は広島カープへの思いを語ったら一晩中話せます」という方ばかりで驚きました。もしそうした方が、球場近くの「カープビレッジ」に住み、そこはチームカラーの赤で彩られ、居住者同士で選手の活躍や監督の采配について毎日語り合ったらどんなに楽しいでしょうか。居住者は若手選手の育成を見守り、往年の名選手と一緒にゴルフに行ったり、キャッチボールができる特典がついていればなお楽しいでしょう。

何といってもチームへの愛を持った居住者とスタッフが一緒に作り上げるＣＣＲＣになります。広島カープに限らず、全国のプロ野球の球団と連携したＣＣＲＣは有望です。居住者の特典として球場のボックスシートがついていれば、友人や子供や孫と観戦して楽しめますし、あるいは開幕前のキャンプに居住者が数日帯同するアクティビティがあれば、冬は暖かいキャンプ地に行って気分転換にもなります。二軍選手や若手選手が育っていくのを応援するのは、居住者の生きがいにもつながるでしょう。

②Jリーグ連携型ＣＣＲＣ

地域に根付いた拠点としてJリーグも有望です。Ｊ1、Ｊ2、Ｊ3のチームと連携した地元のサッカークラブを愛する人が集うＣＣＲＣのアイディアです。浦和の赤、横浜の青、新潟のオレンジなどチームカラーに染まったＣＣＲＣを想像するだけでワクワクします。さらに、これは地元の企業のビジネスチャンスにもなります。例えば、新潟のＮＳＧグループは、「スポーツによる幸せな街づくり」を掲げ、サッカー、バスケットボール、野球、スキーとアルビレックスの名前を冠したチームを支援しています。そして同グループには、スポーツの専門学校、医療法人、社会福祉法人、大学院大学、ゴルフ場、ホテルなどがあり、本業を活かした日本版ＣＣＲＣへのビジネスチャンスが大いに広がっています。

ＣＣＲＣのスタッフ人材の視点で考えてみると、プロサッカー選手の平均引退年齢は、25～26歳といわれており、彼らのセカンドキャリアをどうするかが大きな課題となっています。そこで、彼らの再就職の場をＣＣＲＣで創出するのです。健康支援や運動のスタッフから始めて、本人の努力次第では理学療法士や作業療法士、あるいは健康のビッグデータを分析するデータ・アナリストの道も開けるでしょう。

③ゴルフ場連携型ＣＣＲＣ

朝起きて部屋を出ると目の前にグリーンが広がっている。朝食前にハーフを回り、夜はクラブハウスのバーで気の合うメンバーとゴルフ談義に花を咲かせる。ゴルフ好きならこんなセカンドライフを送ってみたいでしょう。日本はこんな狭い国土のなかにゴルフ場が約２３００もあります（一般社団法人日本ゴルフ場経営者協会　ゴルフ場利用税の課税状況から見たゴルフ場の数・利用者数の推移　２０１６年10月）。

しかし近年はゴルフ人口が減少するとともに、

会員権を保有しているメンバーが高齢となりプレーをする機会が減っています。高齢になった会員が退会する時にゴルフ場は預託金を返金しなくてはなりません。これがゴルフ場の抱える「会員退会リスク」です。今後、ゴルフ人口が増加することは難しいなかで、ゴルフ場の生き残り戦略としてCCRCがあります。

まず、すでにコミュニティが存在する強みです。誰も知らない場所に住み替えるよりも、同じゴルフ場の会員同士で気の合ったメンバーと一緒に住んだ方が楽しいはずです。

次に施設の魅力です。クラブハウス、レストラン、大浴場も完備されていて、宿泊施設を備えているゴルフ場も数多くあります。それらをリノベーションすれば、趣味の良い施設になります。そして土地に余裕があることです。27ホールあれば9ホールをつぶして居住棟を作ることが可能ですし、18ホールを9ホールのハーフにしてもよいでしょう。

さらに人材です。近年はキャディをつけずにセルフで回る人も増えたのでキャディの仕事も減っています。キャディの気配りやホスピタリティはCCRCのスタッフとして必要な要素と一致していると思います。ゴルフのキャディから「健康のキャディ」へと変われば、居住者の心強いアドバイザーになるはずです。

④フィットネスクラブ連携型ＣＣＲＣ

「朝起きてすぐプールで泳ぎたい」「いつでもジムでトレーニングしたい」と思うシニアは多いでしょう。しかし事業主体が室内プールやジムを作り運営することは簡単ではありません。そこで今あるフィットネスクラブの近隣にCCRCを作るアイディアです。近年のフィットネスクラブの会員は、若い世代よりもシニアがメインになっていて、日中はアクティブシニアで溢れています。また多くのクラブでは会員の健康データを蓄積しており、ここに食事や予防医療、ITを使ったサービスを組み合わせれば、付加価値の高いサービスが提供できます。アクティブで健康志向という価値観や目標を共有した人が集うことは、コミュニティの同質性としても特徴を持てるでしょう。

芸術・文化を活かすモデル

①美術館・博物館連携型CCRC

リタイアした後は好きな絵画や彫刻の近くで過ごしたいというシニアのニーズに応えるのが「美術館・博物館連携型CCRC」です。日本には公立や私立を含めて、素晴らしい美術館や博物館が全国各地にあり、多くのシニアが集っています。もし美術館・博物館連携型CCRCができれば、居住者は鑑賞するだけでなく、学芸員として担い手となるようなプランもよいでしょう。そのために、美術史、考古学、民俗学、地学、天文学などを学べば、少子化で学生獲得に苦しむ地域の大学や教育機関にとっても新たな学生が集う機会にもなります。またキュレーターは、展覧会を企画し実行する専門職ですが、アクティブシニアはその人脈や専門性を活かして彼らをサポートすれば、生きがいにもなるでしょう。今後は美術館や博物館だけでなく、動物園や図書館といった施設との連携も可能性がありそうです。

②お祭り連携型CCRC

青森ねぶた、高知よさこい、徳島阿波踊り、博多どんたく、長崎くんちなど、日本全国どこでも地元が熱狂するお祭りがあります。年1回の祭りのために、1年をかけて準備をすることは地元住民の生きがいになり、近年ではお祭り好きが高じて移住してしまう人も増えました。それだけお祭りは人を熱くさせ、コミュニティの一体感を生む存在といえそうです。例えばお祭りの名前を冠した日本版CCRCを作り、その居住者と家族は、お祭りに参加し、さらに特別観覧席が用意されていたらどうでしょうか。居住者はお祭りに参加して楽しむだけでなく、その準備や観光客誘致、プロモーションを支援して担い手になることもできます。こうしたプロセスのなかで地域社会と触れ合い、多世代で交流し、アクティブに過ごす「お祭りシニア」が集うCCRCは、住めば住むほど元気になるのではないでしょうか。

③酒蔵連携型CCRC

日本には約1500の酒蔵があるといわれています（国税庁清酒製造業の概況　平成26年度調査分）。最近は地酒への関心の高まりもあり、酒蔵は国内だけでなく海外観光客にも注目されています。酒蔵のなかには、海外のワイナリーのように見学コースや試飲メニューを用意したお洒落なところも増えています。ワインと同じように酒蔵は製造業であり、ワイナリーのように観光業やサービス業にもなるので、今後の地域活性化の拠点としての可能性を秘めています。

米国の西海岸のナパバレーの近くにもCCRCはありますが、酒蔵連携型CCRCには、日本酒や焼酎好きのシニアが集い、杜氏から酒造りを学び、観光客のおもてなしを手伝います。元営業マンは酒の販路開拓やブランディングの方法について地元の方々と一緒に考えれば楽しいはずです。

例えば、福島では「会津中将ビレッジ」、新潟では「八海山ビレッジ」のように、好きな日本酒や名前を冠した酒蔵連携型CCRCに住むことは魅力的だと思うのです。

④老舗旅館・名門ホテル連携型CCRC

おもてなしは日本の誇る文化です。おもてなしの心が溢れる老舗旅館や名門ホテルと連携したCCRCはどうでしょうか。米国ではマリオットもハイアットもシニア住宅に参入しているのは、彼らのホスピタリティの力がシニアに評価されているからです、介護専門の事業主体の作ったCCRCより、老舗旅館や名門ホテルが始めたCCRCに住んでいるといった方が、友人にも聞こえがよいでしょう。居住者はホテルのレストランやバー、旅館の温泉など魅力的な施設を使い、そのおもてなしで心地よく毎日を過ごすことができます。

旅館やホテルは、中心市街地、近郊、海や山のリゾートとあらゆる場所にあり、多様な立地性も魅力です。さらに、どのホテルや旅館も繁忙期と閑散期があり、多くの宿泊施設では稼働率の変動性が課題になっています。例えば客室の2割を日本版CCRCとすれば、稼働率の平準化に貢献できます。

老舗旅館や名門ホテルのブランドやおもてなしを活かしたCCRCは、アッパーミドルや富裕層向けにアピールするはずです。

街の魅力を活かすモデル

①温泉街連携型CCRC

温泉に入って健康になり、温泉街で楽しく過ごすライフスタイルはどうでしょうか。青森の浅虫、石川の和倉、栃木の那須、山口の湯田、大分の別府など、日本では約3000の温泉地があり、宿泊施設数は約1万3000もあります（「平成26年度温泉利用状況」環境省）。温泉には酸性、アルカリ性、無色透明から白濁色まで多くの種類があり、リラックスするだけでなく湯治場としての魅力もあります。一方、現在では多くの温泉街が観光客の減少に直面し、温泉街を訪問すると廃旅館や廃ホテルが数多くあることがわかります。

この温泉街を上手に活用できないでしょうか。温泉街には宿泊施設だけでなく、味わいのある居酒屋やスナックもあり、私はこうした猥雑感のある小路が好きです。温泉に入れば入るほど肌がきれいになって健康になり、さらに近隣に医療機関もあれば居住者も安心です。そして温泉街の活性化のために、居住者が一肌脱いでくれれば、地元にとってもプラスになります。

②商店街連携型CCRC

街なかに住むライフスタイルとして、商店街連携型CCRCが考えられます。シニアの悩みは買い物です。年をとるとわざわざ車を出して買い物に行くのは、もうつらくなってきます。もしシニアが商店街に住めば、八百屋、魚屋、肉屋、雑貨屋など買い物は全て近所で済ますことが可能になります。アーケードがあれば雨に濡れることもありません。バリアフリーの街で健康支援や介護支援が備わっていれば、なお良しです。

香川県の丸亀町商店街では商店街の建物に住宅を作ったところ、大きな人気になりました。また、商店街に医療モールがあるので、かかりつけの医者が近くにいる安心感もあります。

地方都市の商店街を歩くといわゆる「シャッター通り」を多く見かけます。これをリノベーションして歩いて暮らせる安心の街につなげるのが商店街連携型ＣＣＲＣです。

③歓楽街連携型ＣＣＲＣ

アクティブシニアのインタビューのなかで「男は赤ちょうちんやスナックのある場所に集まる」ですとか「美人女将のいる小料理屋のようなハニートラップ作戦が必要だ」という面白い話を聞きました。なかなか本質を突いていると思うのですが、日本には札幌のすすきの、仙台の国分町、富山の桜木町、高知の追手筋、大分の都町など歓楽街が全国にあります。いくつかの歓楽街では、空き店舗や空きビルが多数あります。そうした既存施設をリノベーションしてＣＣＲＣにするアイディアです。

以前、北海道で講演した時に、「わが街のＣＣＲＣの名前」を参加者に提案してもらったのですが、「北海道ネイチャービレッジ」のように自然を特色とした案が出る一方で、会場で一番評価が高かったのは「札幌すすきのビレッジ」でした。歓楽街を活性化するこうしたアイディアもよいでしょう。居住者がプチ就労でスナックのバーテンや雀荘の手伝いをしてもよいですし、居住者に美人女将が生まれるかもしれません。

老後こそ賑やかな場所で、それも少し猥雑さが残る歓楽街で過ごしたいシニアはいるのではないでしょうか。

④企業城下町連携型ＣＣＲＣ

日本には、釜石、日立、豊田、長崎といった企業城下町が多数あります。その企業城下町にも高齢化の波が押し寄せており、本業が厳しいところは雇用が減り人口減少のスピードも速くなっています。ある町では、企業の研究所があり、博士号や修士号を持った高学歴のシニア社員が数千人もいて、今後彼らが続々と退職することになります。これから彼らが退職後に、家でゴロゴロして地域のコストになってしまうのか、それとも生きがいを見つけて地域の担い手として活躍するのか、大きな岐路にあるといっても過言ではありません。

企業城下町には多くの資産があります。まずは「人」です。地元で働き、研究開発、製造、デザイン、管理部門など多様な分野で経験を積んだシニアが多数いて、彼らは地元への愛着心もあります。例えばエンジニアは地元の学校での理科教室で教え、海外赴任経験者であれば英会話の講師になり、総務で苦情処理をしている人であれば学校を悩ませるモンスターペアレンツの対応も上手にこなすでしょう。

企業城下町の第2の資産は、企業立病院、社宅、グラウンド、体育館などのストックです。こうしたストックをリノベーションすれば、新規に作らなくても低コストで街全体をCCRC化することが可能でしょう。

さらに本業への波及効果も期待できます。電機産業の企業城下町であれば、ウェアラブル端末を活用した健康のビッグデータ解析の実証実験が可能ですし、自動車産業の企業城下町であれば、シニア向けのパーソナルモビリティやオンデマンドのバスを活用した移動交通など、リビング・ラボ的なモデル事業の場にもなります。

近年企業城下町の衰退がいわれていますが、企業城下町版CCRCは、ピンチをチャンスに変える切り札の可能性を秘めているのです。

⑤病院連携型CCRC

良い病院の近くで暮らしたいというのはシニアの共通したニーズです。今、病院は、病気を治す場所だけではなく、健康を維持するための拠点になりつつあります。例えば石川県七尾市の恵寿総合病院は、神野正博理事長のリーダーシップのもとに「先端医療から福祉まで『生きる』を応援します」という理念を掲げ、医療、介護、福祉、保健を複合させた「けいじゅヘルスケアシステム」を確立しています。病院の近隣にサービス付高齢者住宅があり、街なかには病院が経営するカフェで食事療法の講習があります。また奈良県橿原市の奈良県立医科大学では、ＭＢＴ（Medicine Based Town）＝「医学を基礎とする街づくり」を掲げ、附属病院と連携した予防医療や地域包括ケアを整え、近隣の歴史的な街並みを活かした魅力ある街づくりで病院連携型ＣＣＲＣを進めています。

江戸時代に城下町や寺社町が栄えたように、これからは病院町が有望といえそうです。

⑥ニュータウン連携型ＣＣＲＣ

東京の多摩ニュータウン、愛知県の高蔵寺ニュータウン、大阪の千里ニュータウンなど、多くのニュータウンでは居住者の高齢化と建物の老朽化による「オールドタウン化問題」に直面しています。ニュータウン連携型ＣＣＲＣとは、団地をリノベーションして低層階をシニア向けの居室に、中高層階を子育て層や若年層の住宅とする多世代型ＣＣＲＣのアイディアです。１階の食堂では皆で一緒に食事をして、同じフロアの地域包括支援センターでシニアの見守りやデイサービスを行い、シニアは子育て支援に参加し、若者はシニアの買い物支援やボランティア活動を条件に低価格の家賃で住むことができるようなイメージです。

ニュータウンには団地だけでなく戸建住宅もありますが、戸建に住んでいたシニアが同じエリアのＣＣＲＣに住み替え、若い世代がシニアが住んでいた戸建に住み始めれば、住み替えを活かした街の世代循環につながるでしょう。

⑦別荘連携型ＣＣＲＣ

街なかに住みたいけれど、自然豊かな場所にも暮らしたい。逆に自然豊かな場所に暮らしたいけれど、街なかの雰囲気も恋しくなるシニアのために用意したいのが別荘連携型ＣＣＲＣです。これは街なかのＣＣＲＣの居住権を購入したら、自然豊かな場所のＣＣＲＣを別荘として使う権利もついてくるアイディアで、別荘はタイムシェアで使うことも可能です。田舎の朽ち果てた空き家に住むよりも、今地方で大きな課題になっている空き別荘や空きペンションをリノベーションすれば、見違えるような趣味の良い住まいに変わるでしょう。

⑧離島連携型ＣＣＲＣ

離島は独特の雰囲気で人を引きつける魅力があります。瀬戸内海の島々、五島列島、奄美群島、沖縄の離島は、それぞれ固有の自然や文化があり、世阿弥が流された佐渡には約30もの能舞台が現存するといわれています。また、奄美や沖縄の長命草は健康や長寿のもとといわれています。さらに離島ではＩＴを活用した遠隔診療支援システムも進みつつあり、離島のハンデは少なくなりつつあります。私の知り合いには、離島好きが高じて全国の離島を巡り、結局沖永良部《おきのえらぶ》島に移住したシニアがいます。また奄美群島の徳之島の伊仙町は、地方創生の主要施策として、健康と長寿をテーマにした離島版ＣＣＲＣを検討しています。

離島好きなシニアが集まる離島連携型ＣＣＲＣは、自然と調和したライフスタイルになりそうです。

多世代を活かすモデル

①大学連携型ＣＣＲＣ

米国では多くの好事例が見られる大学連携型ＣＣＲＣは、全国で約８００もの大学がある日本でも有望でしょう。４章で紹介したオークフィールド八幡平に住む山下さんご夫妻のお話では、岩手県立大学で学生と一緒に勉強会をした時に、大学に行く時は杖をついたご主人が、帰りは杖なしで歩いていたという話を伺いました。若者が溢れる大学は、そこに身を置くだけで若返る気持ちになるのでしょう。同じく4章で紹介した高知に移住した黒笹さんは、「この年になって〝学ぶ楽しさ〟を知った。自分の学生時代にはこんなにすらすらと頭に入らなかった」と語っています。年をとってからの方が学びは楽しいということです。

日本の大学は少子化の影響で学生自体が減っていますが、今後大学は若者だけが学ぶ場ではなく、多世代が学ぶ場になるべきです。そしてキャンパスには図書館、カフェテリア、講堂、テニスコート、ゲストハウスなど、趣味の良い施設が揃っています。近年では大学の都心回帰により、東京の多摩ニュータウン周辺や関西の学研都市周辺など稼働率の低いキャンパスの施設を使うことも可能です。

大学連携型ＣＣＲＣには4つのメリットがあります。それは、教育、研究、地域貢献、ブランディングです。教育ではシニアに再び学びの機会を提供し、またシニアが豊富な経験を活かして学生のキャリア教育に貢献することです。研究ではジェロントロジーと呼ばれる老齢学は大学にとって今後有望な研究分野です。地域貢献では、大学連携型ＣＣＲＣが開設されれば、地域に雇用や税収をもたらし、学生の就職先も増えます。ブランディングでは多世代交流やキャリア教育で他大学との差異化を図ることが可能です。なお、文部科学省のＣＯＣ構想（Center of Community）では、大学は「知」と「地」の拠点としての役割を期待されており、ＣＯＣ構想と大学連携型ＣＣＲＣは親和性が高いといえるでしょう。

シニアが大学で輝くための仕掛けとして、居住者は全員学生とみなし、1年間学んで成績が優秀で地域への貢献度が高かった数名が大学の客員研究員になれることにしてはどうでしょうか。リタイアしてさびしいのは、名刺がなくなることだそうです。私は今この大学の客員研究員ですと、名刺を持てれば嬉しいでしょう。さらに客員研究員を2年したなかで上位3名は客員教授になれるという制度にすれば、さらにシニアの競争心をくすぐるでしょう。

講義のプレゼンテーションや討論を進めるファ

シリテーションといった「教壇に立つための教育」は、今後有望な科目になるはずです。私は高知大学の客員教授を兼務しているのですが、高知大学らしいCCRCを「高知○○ビレッジ」という名称で学生にアイディアを発表してもらいました。

例えば理学部の女子学生は「仁淀川《によど》ブルー・ビレッジ」と称して、美しい仁淀川の生態系の研究や環境保護をシニアと一緒に進めたいと語り、農学部の学生は、「高知アグリビジネス・ビレッジ」で、農業の六次産業化に向けてシニアの力を発揮してほしいと発表し、そして医学部の学生は、「高知メディカル・ビレッジ」と称して、最先端の予防医療や介護分野のCCRCを作りたいと討議が白熱しました。こうした学生が近くにいる大学連携型CCRCに住んだら楽しいと思いませんか。

②地方名門高校連携型ＣＣＲＣ

全国各地を訪問すると、地域のアイデンティティは大学よりも地元の高校だということを実感します。例えば、知事も市長も地元の社長も同じ高校ということがたびたびあります。地元の旧制中学や昔の藩校は、優れた人材を輩出している地元の最高学府たる存在なのです。卒業生は地元に残っている人もいますが、多くは東京をはじめとした大都市圏に暮らしています。地元から離れて首都圏、大都市圏で暮らすアクティブシニアが故郷に戻り、思い入れのある母校の近隣のCCRCに住むというアイディアが地方名門高校連携型CCRCです。

母校の高校生向けに、キャリア教育で貢献し、卒業生同士が少しずつ出資して奨学金制度や寄付金制度を作ることも可能でしょう。これは学校にとっても人材や財政面でのメリットがあります。地方名門高校連携型CCRCは、シニアの愛校心に訴え、彼らのUターンを促すモデルになり得るのではと思います。

③私立女子中高同窓会型ＣＣＲＣ

日本版CCRCの議論は得てしてシニア男性の視点になりがちなので、女性の視点をより反映させるべきでしょう。私の周りの女性陣からは「私立女子中高同窓会型ＣＣＲＣ」というアイディアがありました。首都圏の名門女子校育ちの人にとって、人格形成上大きな影響力のあった中高時代のコミュニティは、卒業して何十年経っても強いものだそうです。それは大学のコミュニティより強く、その卒業生は、医師、弁護士、官僚、外資系企業、大手企業、ベンチャーと多士済々の女性ばかりです。彼女たちが、母校の学生に「理系女子とは」「官僚とは」「起業とは」といったキャリア教育を行えば、現役の中高生にも大きな刺激になります。

こうした私立女子中高の卒業生に聞くと、卒業生は未婚率、離婚率が高く、配偶者がいてもわが道を行くタイプが多いので、知的好奇心が旺盛で行動力もある女性が集まる強力なＣＣＲＣになりそうです。同窓会で海外や国内のＣＣＲＣ視察ツアーをしたり、母校でのＣＣＲＣのモデルを考えれば、大いに盛り上がりそうです。

④シングルマザー連携型ＣＣＲＣ

国内のシングルマザーは約１０８万人（２０１０年総務省統計局）で、その平均年収は約２２０万円（２０１４年厚生労働省　ひとり親の支援について）と、相対的に低くなっています。このシングルマザー問題という社会課題を解決するのがシングルマザー連携型ＣＣＲＣです。これは、敷地内や隣接地にシングルマザーの家庭の住まいを併設し、ＣＣＲＣの予防医療、食事、運動、介護分野で彼女たちの雇用を創造するアイディアです。

単純な仕事だけでは彼女たちの年収の増加にはつながらないので、キャリアアップの研修制度を整えます。例えば、今はシーツ替えをしていても、研修を積めばソーシャルワーカーや健康のビッグデータを扱うデータ・アナリストのようなＩＴ技術者になり、年収も上がるようなモデルです。こうした研修制度を含めたシングルマザーの支援と人材育成のコストが、居住者の家賃やサービス料に含まれていることを関心のあるシニアに伝えて、合意のうえ居住してもらうことにします。

また居住者は、シングルマザーの子育て支援に参加したり、一口数万円で、シングルマザーの子供たちのための奨学金を供出します。誰かの役に立ちたいというシニアの貢献欲求と、シングルマザー問題という社会課題の解決を同時に進めるのが「シングルマザー連携型ＣＣＲＣ」なのです。

⑤若手起業家・若手アーティスト連携型ＣＣＲＣ

若手起業家の共通の悩みは、良い技術やサービスを持ちながら、人脈がないので販路開拓が進まないという「ヒト」の課題、そして事業に必要な資金を調達するのが難しいという「オカネ」の課題です。シニアの豊富な経験や人脈、そして資産や投資意欲を活かすのが「若手起業家連携型ＣＣＲＣ」です。ＣＣＲＣの近隣に若手起業家のオフィスや研究所を置き、居住者はパトロン（支援者）となります。元営業マンであれば販路開拓に貢献し、また一口数万円のファンドを作り、居住者が出資して資金面で協力します。私は、以前ある地方において、産学連携で製造した吟醸酒や胡蝶蘭のような美しい花を目にしましたが、良い商品でありながら、売り先がわからない、ブランディングやプロモーションがわからないという苦労を聞きました。そこにシニアが一肌脱ぐのです。

若手アーティストも同様にパトロンが必要です。音楽家、画家、陶芸家など、将来有望な若手アーティストのスタジオやアトリエをＣＣＲＣの近くに置き、彼らのアート作品に囲まれた生活を楽しむとともに、こちらも一口数万円のファンドで彼らを支援します。あるいは家賃のなかに予め支援額が組み込まれていてもよいでしょう。

若手の起業家やアーティストと交流しながら暮らすことは、シニアにとって良い刺激になりますし、もし彼らが将来成功した場合には、出資ファンドから大きな配当があるかもしれないという、「ちょっとした夢を買う」ことにもつながるでしょう。

⑥保育園連携型ＣＣＲＣ

保育園が併設されたＣＣＲＣで、シニアが孫やひ孫のような子供たちと接すれば、安らかな気持ちを得て、子供の世話をすることで自分の役割や生きがいを見つけることにもなります。また子供たちもシニアの手助けをしたり、交流をすることが人格形成上プラスになることが期待されます。特に待機児童問題や待機シニア問題を抱えている首都圏では、保育園連携型ＣＣＲＣは、両方の課題を一挙に解決するモデルになり得るでしょう。

ライフスタイルを活かすモデル

①おひとり様型ＣＣＲＣ

女性のひとり旅やひとりランチなど、友達や同僚と群れず、ひとりでいることを好む女性は「ぼっち女子」や「おひとり様女子」と呼ばれています。彼女たちは、「女性同士のウェットな人間関係が嫌い」「他人と自分を比べたがらない」「他人に流されない」「自分の考えをしっかり持っている」といった特徴があるようです。国立社会保障・人口問題研究所によると、女性の生涯未婚率（50歳時点で一度も結婚したことがない人の比率）は、２０１０年で10・6％、２０３５年には19・2％に上昇する見通しです。未婚率は課題ではありますが、今後増加するおひとり様女子向けの市場は有望といえそうです。ＣＣＲＣというとコミュニティのつながりや絆が重視されますが、逆転の発想で、あえて群れない、和して同ぜず、ほどよい距離感を保った単身専用のコミュニティが「おひとり様型ＣＣＲＣ」のアイディアです。

未婚だけでなく既婚の女性で考えてみても、平均寿命は女性の方が長いので、おひとり様の時間が長くなり、さらに若くして離婚して単身の方、熟年離婚して単身になった女性もいます。老後は子供に頼るタイプの女性もいるでしょうが、家族に尽くしてきた女性にとっては、ようやくできたひとりの時間を謳歌したい、子供に煩わしく思われたくないという思いから、子供に頼らない生き方を志向する女性も少なからずいるでしょう。そうした時に、自立した女性が集う「おひとり様型CCRC」は可能性があるのではないでしょうか。

また女性だけでなく、男性にもおひとり様はいるので、男性おひとり様型CCRCも有望です。それぞれの活性化として、例えば男性棟と女性棟を隣接して作り、水曜日と土曜日だけ交流できるような制限を設けて「あえてハードルを上げる」アイディアはどうでしょうか。

②卒婚・ハッピー別居型CCRC

「卒婚」とは結婚を卒業するという意味で、離婚のように夫婦の関係を断絶させるのではなく、結婚という形を持続しながらお互いのライフスタイルや価値観を尊重しつつ、それぞれ自由に自分の人生を楽しむという選択肢です。卒婚夫婦の居住形態は、家庭内別居のように、これまで同様に住まいを一緒にする形もありますが、最近はハッピー別居型という形も増えているようです。なぜハッピーかというと、別居した方が逆にお互いを気づかい、同居時よりも仲が良くなり幸せになるからだということです。

いつも一緒にいて顔を合わせるのではなく、たまに会うようなほどよい距離感だと喧嘩もせずに仲良く過ごせるようで、沖縄に移住した男性は、たまに東京の自宅に戻ると「妻の作る味噌汁一杯がありがたいと感じる」と語っていました。そして年に何度か、奥様は子供と孫を連れて夫の移住先に遊びにきてくれるそうです。

内閣官房が行った移住に関するアンケートによると、東京からの移住意向について、50代の男性の約5割は前向きですが、女性は約3割にしか過ぎません（内閣官房　平成26年　東京在住者の今後の移住に関する意向調査）。男性と違って女性は自宅周辺にママ友や趣味友がいるので、わざわざ移住する理由が見当たらないのでしょう。夫のわがままに振り回され、移住を強いられるのは夫婦にとってもよくないことです。だから卒婚・ハッピー別居型CCRCが有望と思うのです。そこでは、妻や子供や孫が訪ねてきた時に、一緒に楽しめるアクティビティやレストランを充実させます。また男性だけでなく、女性向けにもハッピー別居ＣＣＲＣを作ります。そして将来のケアの安心も担保したＣＣＲＣにするのです。

③転勤族の恩返し型ＣＣＲＣ

転勤族が思い入れのある赴任地に再び戻って住むのが「転勤族の恩返し型ＣＣＲＣ」です。なぜ恩返しかというと、赴任してお世話になった場所に何か貢献したい、恩返しをしたいという思いを持ったシニアが多いからです。札幌、仙台、福岡は転勤族に人気の３大都市といわれますが、それ以外でも魅力のある地方都市は全国に数多くあり、特に最初の赴任地や長く赴任した街、その後の自分の人生に大きな影響を与えた街は、転勤経験者には必ずあるのではないでしょうか。支店長や支社長を経験したシニアであれば、ある意味地元の名士として、商工会や同友会、ロータリークラブなどで地域経済を担う地元の経営者とも懇意にしていたはずです。第４章で紹介した長崎県の佐世保市に移住した栗原さんが、移住した後に地元の経営者や飲み屋の方から「お帰りなさい」と言われたのは、象徴的な言葉であり、知らない街でセカンドライフを始めるよりも、何かしら縁やゆかりがあって、知り合いがいる街の方が住み替えには適しているといえます。もちろん故郷へのＵターンも選択肢のひとつですが、第二の故郷と呼べる街が転勤族にはあるのではないでしょうか。

④趣味連携型ＣＣＲＣ

共通の趣味があるということは、居住者同士が仲良くなれるきっかけになりますし、コミュニティ形成の原動力になります。フラダンス好きのシニアが集い、フラを踊り、その歴史や文化を学ぶようなＣＣＲＣや、音楽を前面に押し出したＣＣＲＣであればクラシック棟、ジャズ棟、ロック棟に分かれて、好きなジャンルの音楽三昧の生活ができます。ロックバンドでも、ジャズのビッグバンドでも、ミニオーケストラでも、シニア同士が競い合うことは楽しいでしょう。あるいは歴史好きのシニアが集う歴男・歴女ＣＣＲＣでは、戦国時代や幕末を題材にした生涯学習で話が尽きないでしょう。近くに有名な史跡や城、寺社があれば、なおさら居住者の気分が盛り上がるのではないでしょうか。

⑤宝塚連携型ＣＣＲＣ

同じ趣味を持った人と集って暮らすＣＣＲＣという点では、宝塚歌劇団も有望と思います。宝塚ファンは、宝塚がライフスタイルそのものといっても過言ではありません。さらに親子3代宝塚ファンも多く、すでに多世代コミュニティの基盤ができあがっています。例えば、宝塚大劇場の近隣にＣＣＲＣができれば、日本中の宝塚ファンのシニアが集い、居住者同士で公演に足を運び、一年中宝塚談義に花を咲かせるようなライフスタイルを送ることが可能です。もし居住者のなかに往年のトップスターやトップ娘役がいたら、大きな魅力でしょう。

宝塚歌劇団が花組、月組、雪組、星組、宙組とあるように、宝塚連携型ＣＣＲＣも居住棟を花棟、月棟、星棟、宙棟とする、あるいはフロアを花、月、雪、星、宙に分けてみるアイディアはどうでしょうか。さらに居住者の特典として、年間公演や親子3代での鑑賞パスポートがついていれば、居住者に対する魅力をますます高めることが可能でしょう。

⑥回遊型ＣＣＲＣ

さて、これまで示したような魅力的な日本版ＣＣＲＣが全国各地にできれば、どこに住むか迷ってしまうのではないでしょうか。元気なうちにいろいろな日本版ＣＣＲＣに移り住んでみたいというニーズに応えるのが回遊型ＣＣＲＣです。自分の終の棲家は慎重を期して、かつ納得感を持って決めたいものです。安易な住み替えはケガのもとです。もし期待したものと違っていたら、もし気の合わない居住者がいたら、それは悲劇です。そこでお試し期間を兼ね合わせたＣＣＲＣでの「回遊型居住」というライフスタイルを提唱した

こんな日本版CCRCなら住んでみたい！ ─6分野30のワクワクするCCRCのモデル

賑わいを活かすモデル

①テーマパーク連携型 CCRC
②ショッピングセンター・アウトレット連携型 CCRC

スポーツを活かすモデル

①プロ野球連携型 CCRC
②Ｊリーグ連携型 CCRC
③ゴルフ場連携型 CCRC
④フィットネスクラブ連携型 CCRC

芸術・文化を活かすモデル

①美術館・博物館連携型 CCRC
②お祭り連携型 CCRC
③酒蔵連携型 CCRC
④老舗旅館・名門ホテル連携型 CCRC

街の魅力を活かすモデル

①温泉街連携型 CCRC
②商店街連携型 CCRC
③歓楽街連携型 CCRC
④企業城下町連携型 CCRC
⑤病院連携型 CCRC
⑥ニュータウン連携型 CCRC
⑦別荘連携型 CCRC
⑧離島連携型 CCRC

多世代を活かすモデル

①大学連携型 CCRC
②地方名門高校連携型 CCRC
③私立女子中高同窓会型 CCRC
④シングルマザー連携型 CCRC
⑤若手起業家・若手アーティスト連携型 CCRC
⑥保育園連携型 CCRC

ライフスタイルを活かすモデル

①おひとり様型 CCRC
②卒婚・ハッピー別居型 CCRC
③転勤族の恩返し型 CCRC
④趣味連携型 CCRC
⑤宝塚連携型 CCRC
⑥回遊型 CCRC

いのです。

例えば「回遊型居住権」を購入し、夏は涼しい北海道や東北に、冬は暖かい九州や沖縄に住み、各地でプチ就労をして年金プラスαの収入を得ます。このような季節に応じて日本中を住み替える回遊型居住では、それぞれの土地のＣＣＲＣの良さを発見し、地元の方と仲良くなっていきます。

全国の地方自治体が「ＣＣＲＣ姉妹都市」のような広域連携を行うことで回遊型ＣＣＲＣの加速化が進むでしょう。そして「ここだ」と思える場所が見つかれば、最終的にそこを自分の終の棲家にすればよいのです。同じような回遊型ＣＣＲＣ族が増えれば、そのなかで仲間もできるでしょう。

回遊型ＣＣＲＣでは、季節に応じて住み替えるモデルもありますが、共通の趣味が楽しめるＣＣＲＣを住み替えてもよいでしょう。例えば、趣味が陶芸のシニアであれば、笠間焼、有田焼のように陶器の街にあるＣＣＲＣを回遊し、城が好きなシニアであれば、松本城、姫路城など城の近くのＣＣＲＣを回遊するモデルも楽しいでしょう。各地の離島を周る「離島回遊型ＣＣＲＣ」も考えられます。回遊型ＣＣＲＣでは移動交通の費用がネックになりますが、鉄道や航空会社がスポンサーになり、交通費の補助や移動パスポートのような支援があればシニアも助かります。


いかがでしょうか。「こんなＣＣＲＣなら住んでみたい」として紹介したアイディアのモデルを前ページの表に一覧してみました。皆様が「これならば」と興味を持つようなモデルはあるでしょうか。それとも「自分ならこれだ」という別の新しいアイディアが生まれたでしょうか。

これから大切なのは、将来ワクワクして住みたくなるような「私が輝くＣＣＲＣ」のモデルを深めていくことだと思うのです。

第６章

リーダーが語る「なぜ私たちは日本版ＣＣＲＣに挑戦するのか」

ここでは日本版ＣＣＲＣを推進するリーダーの声を私との対談の形で紹介します。行政や事業主体のリーダーが、なぜ日本版ＣＣＲＣに挑戦するのか、その理由やこれまでの苦労話、今後のビジョンに耳を傾けようではありませんか。また大学、金融機関、メディアの専門家の立場から、日本版ＣＣＲＣへの期待や評価点、課題について率直な意見をいただきました。第一線で活躍するリーダーのコメントには、日本版ＣＣＲＣ実現のための多くのヒントがあるはずです。

国と地方のリーダーが語る日本版ＣＣＲＣへの挑戦

日本版ＣＣＲＣは国が基本方針を示し、地方自治体がそれぞれわが街の日本版ＣＣＲＣ構想を策定します。今回、日本版ＣＣＲＣが、「生涯活躍のまち」として政府の地方創生の主要施策になったことは、石破茂・地方創生担当大臣（２０１４年当時）のリーダーシップが極めて大きかったといえます。またそれを事務局として支えた内閣官房まち・ひと・しごと創生本部や、筆者も委員として参加した日本版ＣＣＲＣ構想有識者会議も政策の推進力になりました。

地方自治体では、やはり市長のリーダーシップが圧倒的に重要です。これから紹介する地方自治体での先駆的な取り組みを牽引する市長の声にも多くのヒントがあると思います。

成功モデルを作ることがまず重要

初代地方創生担当大臣　衆議院議員

石破《いしば》茂《しげる》さん

〈なぜ日本版ＣＣＲＣなのか？〉

松田　石破先生は地方創生担当大臣の在任中に日本版ＣＣＲＣの政策化に強いリーダーシップを発揮されました。私は２０１６年に政府で設置された日本版ＣＣＲＣ構想有識者会議の委員に就任し、初回の会議ではトップバッターとして委員報告をさせていただきました。そもそもなぜ

石破茂さん

――石破先生は、日本版ＣＣＲＣに注目されたのでしょうか？

石破　地方創生担当大臣になって、関連する資料や記事に目を通すなかで、「ＣＣＲＣ」というキーワードを見つけて、最初からとても気になりました。その後、伊吹文明先生に薦められて楡周平《にれしゅうへい》さんの小説『プラチナタウン』（赤字財政を抱えたある町の高齢者向け住宅プロジェクトを舞台に、地方の疲弊、再生、老後の新しい生き方を描く）を手に取ったり、松田さんのレポートを読んだりして理解が進むにつれ、「これは今後の政策の目玉になる」と直感しました。

松田　日本版ＣＣＲＣ構想有識者会議は10カ月の間に全10回開催され、他の会議と比べて開催回数が極めて多かったです。こうした会議では、最初の挨拶だけで帰る政治家が多いなかで、石破先生は最初から最後まで出席されていました。

石破　自分がやりたいこと、関心があることでしたから（笑）。この手の有識者会議は、すでに官として方向が決まっていて、最初から答えありきの会議が多い。けれどもＣＣＲＣは、私自身にとってもすごく身近なテーマだったのです。例えば、私の大学の同級生や銀行勤務時代の同期はまさに定年直前なわけです。でも人生は運に左右されることがあるから、40代50代でラインから外れて、あれもやりたかった、これもやりたかったという人たちもおそらく大勢いるでしょう。

松田　日本版ＣＣＲＣは、そうした方々の第二の人生が輝く場になりますね。

石破　「志を果たしていつの日にか帰らん」。東京で一旗揚げて、地方に帰るという考え方が日本では昔からありましたよね。一方で、地方の人口減少は止まらず、主な原因として東京一極集中があり、地方で育って東京で就職した人たちがそのまま東京で定年を迎えるまで過ごす。後期高齢者になってから「なんとかの里」のような施設で要介護の状態で一生を終わる。それで幸せでしょうか。それならば元気なうちに「東京で果たせなかった志」を果たすために「第二の人生は地方で」という新しい価値観があってもいいのではないかと思うのです。新たな人の流れを創り、地方を活性化する。わがこととして、政治家として、多くの人の笑顔をもっと見たいので、政府がそれを応援する仕組みはないだろうかと取り組んできました。

筆者

松田　新たな生き方が地域を元気づけるユーザー視点ですね。

石破　ＣＣＲＣはContinuing Care Retirement Communityの略ですが、特にカギはコミュニティづくりだと思います。コミュニティから消費が生まれ、雇用が生まれ、学びが生まれる。そうした仕掛けが今まで日本にはなかったと思うのです。そうした新しい生き方、幸せ、地方の形が日本版ＣＣＲＣから生まれるのではないでしょうか。松田さんが議論を引っ張っていらした有識者会議を通じて、ＣＣＲＣをビジネス的な観点で見ることができるようになり、そう思うようになりました。

〈石破さんが見た米国のＣＣＲＣと日本への導入の可能性〉

松田　米国のＣＣＲＣも視察されたそうですが、感想はいかがでしたか。

石破　東海岸のＣＣＲＣを視察しました。東京ディズニーランドほどの敷地に約２４００人が暮らし、従業員も約１２００人という大規模なものでしたが、とにかく住んでいるシニアの方が皆さん幸せそうでした。「毎日が楽しくてたまらない」とか「生まれ変わったらまたここで暮らしたい」と確信を持ってお話しされているんですよ。そういった方が何人もいて、人生観が変わるほど驚かされました。

　また従業員がみんな生き生きと働いていたのも印象的でした。米国式を何でも取り入れてきた日本が、なぜCCRCだけはこれまで導入してこなかったのか不思議に思ったほどでした。医療・介護制度が違うと言うけれど、それだけではないでしょう。

松田　居住者の声は全てを語りますね。従業員が生き生きと誇りを持って働くことも大切です。介護だけでなく、予防医療やソーシャルワーカーなど、多様なキャリアアップの選択肢があることが従業員の離職率を抑制していて、これは日本も学ぶべきですね。確かに米国とは制度も違うのですが、米国の良い点を活かして、日本の社会特性や制度に合わせた日本版を構築することが大事だと思います。

石破　米国のような富裕層向けのCCRCもあっていいと思うのです。それが地域に消費や雇用を創出しますから。ただ、富裕層向けだけだと、あまねく多くの人向けにならない。国民年金、厚生年金を生活の柱としている人でも暮らせるような仕組みを作ることも、日本版CCRCの狙いのひとつだと思います。

松田　多様な人々のために健康な街づくりを産業化するということですね。

石破　その通りです。これから医療・介護費用が増えていくことに対応するものでもありますし、少子化で経営が成り立たない大学が数多く出てくるなかで、もう一度勉強し直したいという人に場を提供すれば、大学の経営にも寄与するのではないかと思います。そして「商売として成り立つ」「ビジネスとして持続可能性を持つ」ことが、日本版CCRCを成功させるために大切だと思います。

松田　私も「ビジネスとしての持続可能性を持つ」ことに賛成です。立ち上げ時には国の支援が必要ですが、その後はひとり立ちして自律的にビジネスが成り立たなければなりません。

〈地方の反応と成功モデルへの期待〉

松田　地方創生担当大臣の在任中に全国各地を訪問されましたが、日本版ＣＣＲＣの市町村の反応はいかがでしたか。

石破　何しろ皆さん、ＣＣＲＣという言葉を聞いたこともない。「何だ、何だ、特別養護老人ホームでもまた作るのか」という反応でしたね（笑）。

松田　確かに姥捨て山を作るのかという誤解や先入観もありました。しかし今では全国で約２３０の地方自治体が推進意向を示しています。

石破　地方で私が重ねて話していたのは「成功モデルを作ろう」ということです。第1号案件が成功することが重要です。そうすれば後は「うちも、うちも」と続くところが出るでしょう。小説の『プラチナタウン』はとても面白くて、大臣のとき官僚にも「みんな読んで」と伝えたほどでしたが、小説のなかでは「町長がやろうというなら」と職員が続き、民間事業者が続くという流れでしたね。自治体のトップ、例えば市長が「絶対これをやるんだ！」とならないと、なかなか日本人は動かないですよね。

松田　そうですね。首長のリーダーシップと、民間の事業者のような良い意味での「ヨソモノ」が入ることが、地域に化学反応を起こすのでしょう。地方の先入観を取り除くには、ストーリー性が必要だと思うのです。自分ごとで語らないと、人は心を動かされないからですね。例えば「木綿のハンカチーフ」は１９７０年代に流行した歌で、都会に行った恋人に、若い女性が都会の色に染まらないよう願う歌詞でした。今度は、都会で暮らした男性が再び故郷に戻ってくる「逆・木綿のハンカチーフ」のようなストーリー性があるといいですよね。

石破　男性が戻ってくることもあるでしょうし、むしろ今地方は女性のほうも東京に出ていくので、故郷に向かう列車に女性が乗ってくれることもあると思いますよ（笑）。

〈日本版ＣＣＲＣ実現のために何をすべきか〉

松田　日本版ＣＣＲＣ実現のための論点ですが、ユーザー視点で考えると男性と女性では住み替えや移住に対する考え方が違いますね。

石破　そうです。50代の男性の5割は故郷に帰りたい、地方に住みたいと思っているのですが、女性は3割しかいないというアンケート結果があります。夫は帰ってもいいと思っているけれども、奥さんは「あなただけ行きなさい」「どうして私があなたの実家に帰らないといけないのよ」となる（笑）。それはある意味自然な話です。それで諦める人も大勢いると思います。

松田　私の周りでは、夫が地方で、妻が首都圏に残って別々に暮らしている方が増えてきました。離れて暮らしたら夫婦の仲が以前よりも良くなったと話す方ばかりです。「ハッピー別居」と言われる現象ですね（笑）。

石破　夫はこれまで朝早く出て、夜遅く帰ってきてというふうに過ごしてきましたが、定年後は毎日が日曜日ですから、奥さんがどこかに行こうとすると「ワシも」と、いわゆる「ワシモ族」になって、しまいには奥さんに邪険にされるわけです。それって決して夫婦の幸せだとは思えない。じゃあ、奥さんが「私、東京に残るわよ」としたときに、ローンを払い終わって子供が巣立った今の家をどうするかという問題があります。

松田　日本版CCRCは首都圏の住宅問題と表裏一体です。今の首都圏の家を売ろうと思っても適切な価格にならない。今の住宅が適切な価格で売却できれば住み替えの原資になりますし、売った土地に新たに子育て世代が住めば世代循環が進んで街も賑やかになります。中古住宅の適正評価や、ハッピー別居のために自宅を分筆した場合の不動産売却税の減税といった施策は、今後はより必要でしょう。

石破　都市の住宅問題と組み合わせることと税制面の支援は重要ですね。

松田　ユーザーの減税だけでなく、事業主体の減税もあり得ます。全国各地を訪ねて思うのですが、事業主体が頑張って居住者の自立度や介護度が向上しても、介護保険が使えなくなると収益が下がるというジレンマを抱えています。もし居住者の自立度や介護度が改善されたら、事業主体の法人税を減税するとか、居住者の医療費を安くするようなインセンティブが必要だと有識者会議でも提案したのですが、各省庁の壁があるのを感じました。

石破　税は財務省、医療費は厚生労働省、各省庁の壁はあります。私も力が足りなかったかなと反省している点もありますが、そこはもうやるとしたら各省庁が何と言おうとやるんだ、トータルとして国家のためになるんだという強い意志が必要でしょうね。地方創生において常に議論になるのが、全国画一の税制を提供しなければならないという点です。極端なことを言えば、地方は法人税を半分にするような発想があってもいいいんじゃないか。

例えば、新幹線の停車駅がある市に対して、他の地域からすると、「同じ税金を払っているのになぜ」と不公平感を感じたりしますよね。地域間はこんなに差があるのに負担は一律っておかしくないかという矛盾はあります。税金の考え方は極めて重要なので、今後さらに議論を重ねるべきでしょう。

松田　先ほど省庁の壁と申し上げましたが、私は大きな前進もあったと感じています。今回、地域再生法の改正で「生涯活躍のまち」が制度化され、企業版ふるさと納税と地方交付金の枠組みができたことです。大臣が変わったからこれまで進めてきた取り組みがなくなることがよくあるなかで、制度化は大きな一歩だと思います。さらに減税や規制緩和などの政策支援が続くことが大切ですね。

ちなみに日本版ＣＣＲＣは石破先生のなかで今後どのような位置づけになりますでしょうか。

石破　大臣が私であろうが、他の方であろうが、地方創生とその一部となる日本版ＣＣＲＣの推進は最優先課題の一つだと考えています。大胆な金融政策と機動的な財政政策の次に来るものは、「地方の高いポテンシャルを伸ばす」ことです。そうでないとこの国は成り立ちません。人口においても、社会保障においても、財政においても、サステナビリティを失っている。それを取り戻すためには可能性がある地方を伸ばすしかない、そう思います。

松田　日本版ＣＣＲＣは、地域に雇用を生み、税収を生み、シニアの生きがいを生む良い循環を作り出すということですね。今日はありがとうございました。

石破茂さんと筆者（右）

岩手県八幡平市　市長

田村正彦《たむらまさひこ》さん

日本版ＣＣＲＣに必要なのは情報発信と事業主体の支援

田村正彦さん

〈八幡平版ＣＣＲＣの取り組み〉

松田　私はこれまで八幡平市役所主催のＣＣＲＣ勉強会やシンポジウムで数多く八幡平市を訪問させていただきました。八幡平市のＣＣＲＣといえば、２０１５年12月に開業した「オークフィールド八幡平」ですね。日本百名山の岩手山を一望できる、極めて見晴らしの良い場所に建てられました。これは民間の事業主体が推進していますね。

田村　そうですね。岩手県の福祉事業の先駆けといわれる社会福祉法人が、八幡平版ＣＣＲＣのための事業主体を担う企業を設立しました。市としても、オークフィールド八幡平を拠点に、安比《あっぴ》高原エリアや大更《おおぶけ》の中心市街地エリアを含めて市全体として八幡平版ＣＣＲＣに取り組んでいます。残念なことに発起人の社会福祉法人の理事長が亡くなられてしまいました。突然のことでした。残されたメンバーのためにも市として頑張っているところです。

松田　八幡平ＣＣＲＣを進めるうえで、どういった点が課題と思われますか？

田村　ＰＲですね。八幡平版ＣＣＲＣを進めるうえで、移住者をどう確保するか、そのためにどのように効果的にＰＲしていくかが最も難しいことだと今実感しています。オークフィールド八幡平の入居率を上げるために、市としてもどうにかしたいと思っています。地方自治体としては多様な手段で移住をアピールしていますが、ひとつの地方自治体だけではなかなか難しく、力の限界を感じる時があります。

松田　東北エリアの広域連携のような形や、あるいは八幡平のようなリゾート型で共通する地方自治体での連携などが必要ですね。オークフィールド八幡平には、今どういった方が住まわれているのでしょうか？

田村　これは実に様々で、岩手県内の他の地域から越してくる方もいれば、青森など他の東北圏の方もいれば、東京から越してくる方もいます。市内の別荘地などへの移住者で見れば、若い頃安比高原でスキーをした思い出のあるシニアの方もいれば、高原ならではの夏の涼しさや快適さを求めて引っ越しを決めた方もいます。

松田　確かに近年の東京の夏の暑さは尋常ではありません。夏の八幡平は涼しくて快適ですね。しかし一方で冬の寒さについては、移住を阻むデメリットになってはいないでしょうか？

〈冬の雪は逆転の発想でメリットへ。課題は交通、金融機関支援、人材不足〉

田村　正直、冬や雪について、私たちはあまりデメリットを感じていません。安比高原スキー場も近くにありますし、雪のないところに比べたら、楽しみも数倍あると感じています。また、市内にはおいしい湧水がたくさんあります。これも雪の恩恵といえます。他にも、市内には創業から50周年を迎え機械技術で歴史的意義のある「機械遺産」にも認定された松川地熱発電所がありますし、部屋は薪ストーブでいつも暖かいです。豊かな自然は八幡平版CCRCを進めるうえで、メリットだと捉えています。

松田　なるほど、冬は雪も逆転の発想でメリットになるわけですね。では八幡平版CCRC実現のために、解決すべき課題は他にありますか？

田村　足ですね。地方では自動車がないと日常生活が不便です。一方で年を重ねると車の運転が大変だという方も少なくありません。移住した方々の移動、交通という「支える足」をどう確保するかが課題ですね。

松田　移動交通の課題は重要です。栃木県の「ゆいま～る那須」では、居住者が負担するサポート費をもとに、居住者がよく行く病院や役所、ショッピングセンターなどをコースとする送迎車の制度があります。そして運転者になる居住者は事業主体と雇用関係を結んだうえで勤務しています。こうした仕掛けが居住者の足の問題の解決に今後必要と考えられます。

他にも先行して推進してきたなかで気づかれた点はありますでしょうか？

田村　事業主体の資金調達の大変さもありますね。オークフィールド八幡平の事業主体も事業に賛同してくれる前向きな地域金融機関がいる一方で、事業を説明してもなかなか理解されない地域金融機関もあったようです。地域金融機関としても日本版CCRCのような新たな分野は、地域に貢献する有望な事業と感じながらも、なかなか一歩を踏み出せないようです。頑張っている事業主体を何とか手助けできないものかと感じています。

松田　今後、八幡平版CCRCの居住者には、どんな方に来てほしいと思われますか？

田村　八幡平で何らかの働き手になる方ですね。つまり「八幡平でこういうことをしたい」という自分の意志を持った方に来ていただきたいと思っています。都会で様々な経験をされた方々に、その経験を八幡平で活かしてほしい。活躍できる場は、観光でも農業でも教育でも何でもあります。人生の後半を八幡平で全うしていただきたいと考えています。

松田　私は、日本版ＣＣＲＣは移住者だけがハッピーではなく、地元の住民にとってもメリットがあることが大切ではないかと考えています。八幡平版ＣＣＲＣは市民にどのようなメリットがあるとお考えでしょうか？

田村　人材不足の緩和ですね。移住者でこれが少しでも緩和されるのではと感じています。とにかく市内ではあちこちの現場で人手が不足していますので、移住者自身が働き手となれば、市民のメリットになります。

〈ＰＲと事業主体の支援を〉

松田　国への要望や期待がありましたら教えてください。

田村　２つのことを希望します。まずは日本版ＣＣＲＣ実現のため、地方移住促進のために、地方自治体が一堂に会して情報発信できるホームページのようなツールを作っていただきたいです。いくつか動きはありますが、割とばらばらな印象です。「ここにアクセスすれば一目瞭然」といったＰＲの場がほしいのです。

もう一つは、ＣＣＲＣの事業主体になる民間企業に対する支援、例えば規制緩和、補助、減税などを検討していただきたいですね。ビジネスとして成功するかどうかわからないのに参入してくる事業主体はなかなかいません。多くの企業は、日本版ＣＣＲＣの理念には共感しても、実際の事業参入には非常に躊躇される。こうした現状を国には知ってほしいですね。

松田　日本版ＣＣＲＣの効果的な情報発信と、事業主体の支援ですね。確かに日本版ＣＣＲＣの事業では、お手伝いしたいという「サプライヤー」はたくさん手を挙げますが、自ら開発して運営するという事業主体が少ないのが悩みですね。

田村　こうした政策支援が進めば、八幡平版

ＣＲＣにも追い風になるでしょう。それが今進んでいる市役所と事業主体との連携を加速化させると思います。

八幡平版ＣＣＲＣのポイント

・冬や雪はデメリットでなくメリット
・ＣＲＣの居住者が働き手となり市内の人材不足を緩和
・課題は居住者の移動交通手段の確保
・国への期待は、情報発信の一元化と事業主体への支援

新潟県南魚沼市　前市長

井口一郎《いぐちいちろう》さん

積雪はハンディキャップではなく資源。グローバル性を活かした大学連携型ＣＣＲＣへ

〈南魚沼の魅力はグローバル性〉

松田　２０１４年に井口様と初めてお会いした時のことをよく覚えています。日本版ＣＣＲＣが「新産業創出」「雇用創出」を促すということに共感され、その後強力なリーダーシップで南魚沼版ＣＣＲＣを推進されてきました。

井口　私は松田さんの言葉で、「ＣＣＲＣで大切なのは『きょうよう＝今日用』と『きょういく＝今日行く』」というフレーズが気に入りました（笑）。南魚沼には「きょうよう」と「きょういく」が溢れています。

南魚沼市は東京駅から新幹線で約1時間半と首都圏と距離が近いことが魅力のひとつです。そして約50の国と地域から約３６０人の留学生と、その家族が集まる大学院大学「国際大学」も市の大きな資産です。南魚沼版ＣＣＲＣは、国際大学のグローバル性を活かした大学連携型ＣＣＲＣを目指していることが特徴です。

松田　これまで日本版ＣＣＲＣを推進してきて、良かったと思われる点を教えてください。

井口　市内の若手経営者たちが南魚沼版ＣＣＲＣに関心を持ってくれて、いろいろと意見を出してくれるようになったことが良かったですね。以前

井口一郎さん

は、市が何かするといっても反応があまり芳しくなかったのですが、いまは南魚沼版CCRC推進協議会の場で、たくさん意見をもらいます。全部その通りにはできませんが、これをきっかけに若手経営者が市の一員だという意識を持ってくれていると思うと嬉しいですね。

〈課題は国の規制。雪はハンディキャップではなく資源〉

松田　逆に、南魚沼版CCRCを推進するにあたり、困っていることや課題は何でしょうか？

井口　農業振興地域の規制ですね。CCRCを進めていけば、いずれ土地が足りなくなる。そのため次の予定地をいくつか考えているのですが、それらは農業振興地域の規制で手をつけられません。国や県にも規制緩和の要望を上げていますが、なかなか良い返事をもらえない状態です。

松田　土地利用の規制緩和が必要ということですね。そういえば南魚沼といえば冬の雪。豪雪地帯ですが、移住者にとって「雪」の問題はどうでしょう。

井口　確かに冬は平均2～3m雪が積もる土地です。しかし、現在では除雪に関して日本で一番技術が進んでいる市です。冬場にここに住んだことがない人が車で来ても全く問題ありません。地下水や表流水を引き込んで、雪が積もる前に溶かしているので、道路に雪はありません。今や雪は、ハンディキャップではなく資源だと思っています。雪深いからこそ、純白の世界を2～3カ月楽しめます。雪があるから雪解け水があり、ミネラルを多く含んだその水がおいしい南魚沼産のコシヒカリを作るのです。

松田　なるほど、雪はハンディキャップでなく資源というのは素敵な表現ですね。また「食」や「水」というのは、日々の生活で大切なことだと思うのです。出張で南魚沼に来ると、お米や日本酒がおいしくてついお代わりをしてしまう自分に気づきます（笑）。

では続いて南魚沼版ＣＣＲＣの事業主体についてて伺いたいのですが、事業主体をどこにするかは多くの自治体にとって悩むところです。南魚沼市としては、どういったところを事業主体に考えていますか？　そして事業主体に何を期待されますか？

井口　南魚沼市としては、事業主体に従来型のサービス付高齢者住宅いわゆる「サ高住」は想定していません。マンションもしくは戸建てを作る事業者との連携を希望しています。実際に、東京に拠点を置く大手企業3～4社から声をかけていただいています。そのうえで事業主体に期待することは、集客力と資産運用力ですね。例えば、南魚沼版ＣＣＲＣの第1期目として50戸を予定していますが、作っても人が入らなかったらどうしようもない。事業主体には集客力を強く期待します。また首都圏に資産を置いて南魚沼に来る人もいると思うので、首都圏にある土地を売るのか、貸すのか、そうした移住者の資産運用も手伝ってくれる金融機関との連携も希望しています。もちろん、地元企業にも加わってほしいと思っていますし、工事の際にはできるだけ市内の業者を使ってもらいたいと思っています。

〈居住者は人材育成の担い手に。農業振興地域の規制緩和を〉

松田　一方で、居住者には市内でどんな担い手になってほしいと思われますか？

井口　ひとつは人材育成に力を貸していただきたい。国際大学で学ぶだけでなく、市内の小中学校に講師として入っていただき、南魚沼市の子供たちの教育や人材育成にぜひ力を貸してほしいのです。また、現在インドやスリランカなど海外のＩＴ企業を誘致する「グローバルＩＴパーク構想」を進めているのですが、この構想の実現にも知恵を貸してほしいです。

松田　日本版ＣＣＲＣは移住者だけがハッピーではなく、地元の住民にとってもメリットがあることが大切だと思います。移住者が増えることで南魚沼市民にはどんなメリットがあると思いますか？

井口　移住者の方々に人材育成の場に加わっていただくことで、市内の子供たちは移住者の方々が都市生活で得た知見を得ることができます。移住者の方が南魚沼で起業すれば雇用が生まれます。あるいは移住者に南魚沼の企業で軽就労していただければ、地元の企業も助かります。将来的には、ビジネススクール的な組織を立ち上げ、ビジネス経験豊富な移住者の方々に講師になっていただき、市内の若手経営者たちが学べるようにしたいです。

松田　今後、国にどのようなことを要望、期待されますか？

井口　農業振興地域の規制緩和ですね。いっそのこと権限を市町村に移してほしい。乱開発なんてしませんよ。国民の大切な食糧ですから、田んぼは守ります。そのうえで、市の未来のためにも南魚沼版ＣＣＲＣに土地を利用したいのです。国には、市町村のわれわれを信用してほしいと言いたいですね。

南魚沼版ＣＣＲＣのポイント

・雪はハンディキャップではなく資源。国際大学のグローバル性の強み。
・事業主体には集客力、資産運用力を期待
・ＣＣＲＣ居住者には人材育成の担い手として期待
・農業振興地域の規制緩和

山梨県都留市　市長
堀内富久《ほりうちとみひさ》さん
都留市版ＣＣＲＣの検討をきっかけに街づくりへの取り組みが一体化

〈都留市版ＣＣＲＣをきっかけに生まれた一体感〉

松田　都留市は東京から電車で約80分の立地にあり、都留文科大学をはじめ市内に3つの大学がある学都でもあります。都留市で日本版ＣＣＲＣを推進してきて、市長の目からみて良かったと思われる点を教えてください。

堀内　街づくりの取り組みに一体感が生まれたこ

とでしょうか。もともと、高齢者の引きこもりや運動能力低下防止のために、市内で高齢者の「居場所」作りを進めてきました。市内の各所で、私が直接市民に講演する「ふれあい集会」という会合も行っているのですが、この数年、その場で毎回のように市の都留市版ＣＣＲＣ構想を話すと、皆さんの反応も良く、街を挙げての取り組みに成長してきていると感じます。

松田　都留市版ＣＣＲＣをきっかけに、街づくりの取り組みに一体感が生まれたというのはとても良いことですね。私は、日本版ＣＣＲＣはハコモノを作ることが目的ではなく、それをきっかけにこれからの街のあり方、これからの自分の生き方を考える手段だと思います。都留市版ＣＣＲＣを推進するにあたり、今困っていることや課題は何でしょうか？

堀内富久さん

堀内　ＰＲですね。国の交付金を受けて、東京駅八重洲口にある「生涯活躍のまち 移住促進センター」にブースを置き、東京ビッグサイトや有楽町のふるさと回帰支援センター内のやまなし暮らし支援センターなど、さまざまな移住関係のイベントや説明会に参加してきましたが、今の手応えとして、「１００人移住者を集めるためには1万人、2万人に会わなければ達成できない」ことを実感しています。どうすれば多くの人に直接、都留市への移住を呼び掛けられるのか、頭を抱えています。

松田　やはり都留市を多くの人に知ってもらう「きっかけ」や「場づくり」がＰＲ戦略として大切ということですね。大学の街ということは、都留市のＰＲに資するのではないでしょうか？

堀内　そうですね。都留市の人口は3万人強ですが、市民の10人に1人が公立の都留文科大学の学生という割合です。ほかにも健康科学大学看護学部や産業技術短期大学校があり、3大学の連携も進んでいるので、大学連携型ＣＣＲＣを進めるうえでは、他の自治体に比べて恵まれていると感じます。

松田　そのようななかで、都留市としては、どういったところに日本版ＣＣＲＣの事業主体になってもらいたいと考えていますか？

堀内　ＣＣＲＣに精通した企業、大手の介護業者、また大学が多く、地元でアパート経営が盛んなことから民間の不動産企業の3者を考えています。ただ、いずれが事業主体になっても、建物を作って居住者を募集して入居してもらうだけでなく、居住者が安心して住み続けられるように、運営を継続できることを求めています。

松田　一方で、居住者には市内のどんな担い手になってほしいと思われますか？

堀内　居住者にはとにかく市民と交流してもらいたいと考えています。大学では、若い学生たちにこれまでの経験や知識を伝えてほしい。高齢者の「居場所」では、市民に都会暮らしならではの健康管理方法を伝授してほしいです。都留市民の健康意識を高めるためにも、こうした交流も必要だと思っています。

〈都留市版ＣＣＲＣは税収メリット。特区への期待〉

松田　都留市版ＣＣＲＣの成果として、市長が期待していることは他には何がありますか？

堀内　ずばり税収です。例えば、建物を作ると固定資産税が増えます。人が増えれば住民税が増えます。さらに住所地特例を使えば、介護の負担は移住者が前に住んでいた市町村が担うので、都留市としては負担なく進めることが可能です。税収が増えれば、それが市民の将来の健康や福祉の安心につながるのです。

松田　税収は、確かに増やしたいですよね。私は地方自治体の税収を増やすために、いっそのこと発想を変えて、「逆参勤交代制度」を実施すべきだと思っています。江戸時代の参勤交代は地方から江戸への人の流れでしたが、現代の逆参勤交代制度は、例えば経団連の大企業や東京の企業は、社員の1割を年に1カ月、地方に勤務させることを義務とするのです。その代わり、実施した企業には法人税を軽減することや、地方の新オフィスや住宅の建設費を補助するといったインセンティブを与えるのです。地方としても、一時的とはいえ人口が増えることで、オフィスや住宅建設や既存施設のリノベーションの需要が増え、逆参勤交代者の移動や消費で経済が潤い、結果として雇用や税収が増えることになります。長い目で見れば彼らが将来移住の候補者になってくれます。

堀内　いい案ですね。そうなればぜひ、新宿から電車でわずか80分の都留市から、モデル地域として先行実施してもらいたいものです。

松田　市長から国に要望、期待されることはありますか？

堀内　特区を認めてもらいたいですね。今も大学敷地内や都市計画公園などさまざまな場所に都留市版ＣＣＲＣの関連施設を建設できないかと模索しています。都市計画公園のなかにシニア向けの住宅があってもいいのではと思っています。しかし現状では規制があります。そうした土地活用について、国に規制緩和を進める特区を認めてもらいたいです。

都留市版ＣＣＲＣのポイント

- 都留市版ＣＣＲＣをきっかけにした一体感ある街づくりの取り組み
- 効果的なＰＲ戦略が課題
- 都留市版ＣＣＲＣの居住者には市民との交流を期待
- 土地利用の規制緩和などＣＣＲＣ特区への期待

茨城県笠間市　市長

山口伸樹《やまぐちしんじゅ》さん

笠間版ＣＣＲＣは、従来のサービス付高齢者住宅とは違うアクティブ性を重視

〈笠間市の魅力〉

松田　２０１４年に山口市長とお会いして以来、市主催の地方創生講演会での登壇など、笠間市とのお付き合いが続いています。市長の目から見て、日本版ＣＣＲＣを推進してきて良かったと思われる点を教えてください。

山口伸樹さん

山口　笠間版ＣＣＲＣをきっかけに、市の魅力や資源は何か、移住者に何を提供できるのか、改めて掘り下げて考える機会をいただいたことは良かったと感じています。笠間焼や最高級石材の稲田みかげ石、日本有数の栗や梅の産地という特色に気づき、関連イベントも年々来場者を増やすことができるようになりました。

松田　市の魅力といえば、笠間市は以前から市民農園である「笠間クラインガルテン」に取り組んでいますね。

山口　笠間クラインガルテンは、２００１年に一区画３００㎡、50区画の宿泊施設付き市民農園としてオープンしましたが、年間の利用者は３万人を超え、このうち7割は首都圏の方が利用されています。年間40万円で最長5年間の利用が可能なのですが、利用期間経過後に市内への移住や二地域居住を開始されたケースが少なくとも15件ありました。クラインガルテンの利用者は笠間版ＣＣＲＣを進めるにあたり、潜在的な移住者になり得ると見ています。移住への緩やかな移行を手助けするため、市内の医療機関や調剤薬局、介護サービス事業者や介護包括支援センターなど、介護や健診に携わる関係機関をクラウドでつなぐネットワークシステムの構築・改善も進めています。

〈従来のサ高住では笠間版ＣＣＲＣにならない〉

松田　笠間版ＣＣＲＣを推進するにあたり、今困っていること、課題は何でしょうか?

山口　事業主体をどうするかという点ですね。笠間市としては、サービス付高齢者住宅（サ高住）はＣＣＲＣとしては捉えない方向でいきたいと思っています。それは私自身が事業主体として、他の市でサービス付高齢者住宅を経営しているからかもしれませんが、それを作れば確かに利用者は集まるのです。しかし、それはアクティブなシニアというより介護のサービスを必要とする人が中心になるので、それでは笠間市の目指す方向と違うし、日本版CCRCの目指す「生涯活躍のまち」とはなりにくいと思うのです。

松田 確かに事業主体の問題は大きいですね。

山口 一事業主体が全て担うのでなく、「まちづくり会社」を作り、地方自治体が事業主体として一部参加することもひとつの手法であり、従来型の第三セクターとは別に、民間企業と地方自治体が経営に参画するモデルになると考えています。現在、日本版CCRCを推進している地方自治体でいくつかこの「まちづくり会社」方式を取り入れようとしていますが、そうした事例を市としても学び、検討していきたいと思っています。

また、市内に大学のある自治体は、やはり恵まれていると思いますね。しかし笠間市には総合大学はありませんが、茨城県立笠間陶芸大学校があるのは財産だと思います。ここで学んだ若い学生が市内に定住しているのは良い流れです。

松田 笠間市は、首都圏から近いという利点があります。そうしたなかで、居住者には市内でどんな担い手になってほしいと思われますか?

山口 市としては「担い手としての役割」もありますが、移住を検討している人に負担に思われることは逆効果だと考えます。そのため「どうぞ来てください。笠間市にはこんな魅力ある資源があります」「笠間版CCRCの居住者にはこういうメニューをご準備しています」と提示し、後は移住者に好きに選んでいただくスタイルを取りたいと思っています。

松田 移住者の自主性を重んじて間口を広げるということですね。さて、日本版CCRCは移住者だけがハッピーではなく、地元の住民にとってもメリットがあることが大切だと思います。笠間市では移住者が増えることで、市民にどのようなメリットがあると思いますか?

山口 市内には全国各地と同様、産業、観光、教育、生活、格差など様々な問題があります。もし、移住者が望むのなら、そうした課題を解決する人材が不足する分野で力を貸していただければと考えています。

〈国への要望は日本版ＣＣＲＣの認証規格制度〉

松田　今後、国に要望、期待することはありますか？

山口　日本版ＣＣＲＣの認証規格制度の設立です。従来の高齢者住宅と日本版ＣＣＲＣは異なることを示す認証制度や、評価・格付け制度が必要だと思います。

松田　確かにいい加減な「なんちゃってＣＣＲＣ」の粗製乱造を私も危惧しています。日本版ＣＣＲＣをハード、ソフト、ファイナンスの面から認証することは、国でも民間でも第三者の中立機関でもよいので実施すべきだと思います。

山口　一般の方にとっても、事業主体の方にとっても、従来の高齢者住宅と日本版ＣＣＲＣの違いがよくわからない。概念だけでなく認証規格制度を用いてきちんと区別することで、日本版ＣＣＲＣに特化したＰＲや支援ができるのではないかと感じています。

笠間版ＣＣＲＣのポイント

- 笠間版ＣＣＲＣが市の魅力や資源を改めて考えるきっかけに
- クラインガルテン、陶芸、栗など笠間市の資源の有望性
- 従来のサービス付き高齢者住宅のイメージとは違ったアクティブ性が必要
- 低品質の日本版ＣＣＲＣの粗製乱造を抑制する認証規格の必要性

事業主体のリーダーが語る日本版ＣＣＲＣへの挑戦

日本版ＣＣＲＣの構想づくりは地方自治体が担いますが、実際に日本版ＣＣＲＣを開発・運営して、最終的にリスクをとるのは事業主体です。ここでは社会福祉法人、民間企業の経営者から、なぜ先駆的な経営のモデルとなれたのか、また、経営者として苦労された点、そして今後の事業の思い入れを紹介します。

社会福祉法人佛子園　理事長

雄谷《おおや》良成《りょうせい》さん

成功のカギは圧倒的な交流人口

〈ごちゃまぜの街の魅力〉

松田　佛子園が運営するシェア金沢を初めて視察した時は、ある意味衝撃的でした。シニアだけでなく子供や大学生も住み、敷地には温泉、ドッグラン、ジャズバーもあります。

雄谷　老いも若きも一緒に支え合い、地域住民や観光客までが訪れる「ごちゃまぜの街」がシェア金沢の活気につながっています。松田さんから日本版ＣＣＲＣの話を伺い「多世代共生」や「地域社会に開かれた」というキーワードを聞いた時に、「あ、それはうちでやっていることだな」と思いました(笑)。

雄谷良成さん

松田　東京で議論されていたことは、すでに金沢で実現されていたということですね。私もそう思いました（笑）。この分野に取り組まれた原点は何だったのでしょうか？

雄谷　青年海外協力隊や地方新聞社を経て実家の佛子園に戻りましたが、２００８年に石川県の小松市で廃寺を再興したことが街づくりの原点ですね。住民の要望を受けて温泉を掘り、近隣住民の利用料は無料にしました。お堂には昼はカフェ、夜は居酒屋になる場を作り、廃寺は高齢者デイサービス、障害者の就労支援の社会福祉施設にして、多世代が気軽に集う「三草二木　西圓寺」として生まれ変わったのです。

〈住民が主導的に動く街づくり〉

松田　街づくりは、地域住民や行政との合意形成など、簡単ではありません。

雄谷　以前在籍した青年海外協力隊のノウハウであるＰＣＭ（プロジェクト・サイクル・マネジメント）という開発援助手法が生かされています。

PCMは、住民が当事者意識を持ち、街おこしに参加する手法です。外部者が何でも教えこむやり方だと、現地の人が依存してしまい大体失敗します。だから地元の方と一緒に問題を共有し、手を貸したくてもぐっと我慢して、最終的には地元の方が主導して動かす必要があります。この経験が今の街づくりに生きていると思います。

松田 すぐ教えたがり、仕切りたがる事業者にとっては大いに参考になりますね。

雄谷 街づくりは住民が主役なので、誰かに依存する姿勢では長続きしません。実現のプロセスは簡単ではありません。後ろ向きの人に理解してもらい、背中を後押しすることも大切です。私は、松田さんが講演でよく話す「否定語批評家症候群を打破せよ」は大いに理解できますよ（笑）。

〈住まうありきではなく、集うありき。成功のカギは圧倒的な交流人口〉

松田 今後の佛子園の取り組みを教えてください。

雄谷 シェア金沢は安倍首相や石破前地方創生担当大臣が視察され、その後も視察や訪問者が絶えず、居住者もますます元気です。現在、石川県輪島市、宮城県岩沼市、鳥取県南部町、広島県安芸太田町で佛子園のノウハウを活かした日本版CCRCの展開に取り組んでいます。成功のカギは「圧倒的な交流人口」です。いきなり移住の「住まうありき」でなく「集うありき」を重視し、地域住民や観光客の交流人口を増やすことで、その地が好きになり、通い続け、将来は住まうという流れを創りだします。

シェア金沢のポイント

- 老いも若きも、居住者も周辺住民も集う「ごちゃまぜの街」
- 外部者が何でも教えて仕切るのではなく住民が主導的に動く
- 交流人口を増やすことが将来の移住者を形成

株式会社スマートコミュニティ　代表取締役社長

染《そめ》野《の》正《まさ》道《みち》さん

住めば住むほど健康になる街へ

染野正道さん

〈アクティブシニアタウンの先駆的モデル〉

松田　2010年に開業したスマートコミュニティ稲毛は、2017年に約1000戸になる予定で、アクティブシニアタウンの先駆的モデルです。そもそもなぜこの事業に挑戦しようと思ったのでしょうか？

染野　アメリカのアクティブシニアタウンは、日本でも有望だと以前から考えていました。ずっと元気に人生を楽しむ「新しい長生きのカタチ」と、老後のオカネの不安を解消する「生活コストの半減」を両立させるビジネスを日本で初めて実現させたいと挑戦しました。

私たちが開業した2010年に、松田さんもCCRCの有望性を提唱していました。フロントランナーであるがゆえの苦労も経験したので、長い付き合いの松田さんは戦友のように思えますよ（笑）。松田さんのゴーイング・マイウェイ的なキャラクターも良いと思っています（笑）。

松田　ありがとうございます。確かにアクティブシニアの街づくりというのは、全く新しい理念やビジネスなので苦労も多いですね。染野様がこれまで一番ご苦労されたことは何でしょうか？

染野　まず地元の市役所の理解です。私どもはいわゆるサ高住や有料老人ホームではなく、一般の分譲住宅で、行政からの補助金は一切いただいておりません。しかし「シニアの街」は当初は地元の千葉市にはマイナスのイメージだったようです。当時はまだ日本に私どものような街が存在しないので、行政の方も理解しづらかったのかもしれませんね。しかし今では、地元に多くの雇用を生み出し、居住者は住民票を移して住民税や固定資産税も払っているので、千葉市にとっては貴重な存在です。

松田　まだ実物がない街を地方自治体や関係者に理解してもらうのは大変ですね。

染野　それは営業においても同じでした。広告宣伝だけでは日々の生活は伝わりません。しかし、テレビのニュースやドキュメンタリーで、居住者の方がいかに元気で仲間に囲まれて暮らしているかが取り上げられると、大きな反響を呼びました。また居住者の方がご友人を誘う口コミの効果も少なくありません。

〈強みはスケールメリットと分譲モデル〉

松田　やはり「ユーザー視点」のストーリー性が大切ですね。シニアのコミュニティ運営のポイントは何でしょう？

染野　スケールメリットは重要です。居住者100人の頃が一番大変で、クレームばかりの「ノイジー・マイノリティ」的なシニアがコミュニティの雰囲気を悪くすることやシニア同士のいさかいもありました。ただ200人を超える頃から、居住者のバランスが取れはじめ、トラブルも居住者同士で解決するようになってくるのです。スケールメリットは、規模の経済だけでなく、コミュニティ運営上でも重要な要素なのです。

ちなみに会員主催のサークルは約50種類あり、運動系からエンジョイ系まで選択肢があることは、まるで大学のキャンパスと同じで、大規模コミュニティの魅力です。

松田　スマートコミュニティ稲毛は、分譲型モデルが基本ですね。

染野　既存のシニア住宅は、利用権や賃貸が主ですが、利用権モデルは死後には何も残りません。住宅を資産として残したいシニアもいるのです。さらに私どもは、分譲で購入した後は、朝夕の食事やアクティビティなどクラブハウスの利用を含めて月々10万円以下、つまり年金以内で暮らせる安心モデルです。また事業者の視点では、分譲型は補助金に頼らず、初期段階で投資資金を回収できるローリスクモデルです。

〈住めば住むほど元気になる街を稲毛から三浦へ〉

松田　居住者の多くが健康を維持しています。

染野　居住者で要支援・要介護は5％にしかすぎません。元気なうちから住み替えた方は、自助と共助の生活で健康です。特に食事は重要で、私どもには和食や海鮮料理、焼肉や洋食などバラエティ豊かな4店舗があります。好きなものを気の合う仲間と一緒に食べることは健康と元気の基本ですね。

松田　現在の居住者の高齢化が進んだ時の対応をお聞かせください。

染野　介護は、集住という利点を活かし近隣の医療機関や介護事業者と連携した効率的な訪問介護を進めており、またそれ以上のケースも想定し、複数の介護施設と連携し、将来は介護棟の建設も視野に入れています。また段階的にコミュニティの居住者を増やすことで年齢構成のバランスも取る予定です。

松田　今後の事業展開についてお聞かせください。

染野　現在、スマートコミュニティ稲毛の第2弾として神奈川県三浦市に開発を検討中です。稲毛で培った「住めば住むほど健康になる街」のモデルを、今度は三浦でも進める予定です。スマートコミュニティモデルの挑戦にご期待ください。

スマートコミュニティ稲毛のポイント

・地元の地方自治体の理解
・スケールメリットと分譲モデルの重要性
・住めば住むほど健康になる街

株式会社アーベイン・ケア・クリエイティブ
代表取締役
山下直基《やましたなおき》さん（当時）
専務取締役
最上雄吾《もがみゆうご》さん（当時）

八幡平版CCRCは、施設ではなく、新たなライフスタイルそのもの

〈高原リゾート型CCRCが目指すのは生きがい創出〉

山下直基さん（左）
最上雄吾さん

松田　岩手県八幡平のオークフィールド八幡平は2015年12月に開業しました。なぜ、この地にCCRCを作ろうと思ったのでしょうか？

山下　2013年に東京で松田さんの講演を聞いて、CCRCに興味を持ったのがきっかけでした。松田さんが講演で「老後大切なのは『きょうよう』と『きょういく』です」と言った時に、「教養と教育とはずいぶん難しいことを言う人だな」と思ったのですが、松田さんが言うには、そのココロは「今日用の『きょうよう』」と「今日行くの『きょういく』」だと聞いて、シンクタンクらしくないことを言う人だなと思いました。しかし、これこそコミュニティに大切だと感じたのを覚えています。また私どもの母体となる社会福祉法人みちのく協会の故・関口知男前理事長が、2014年に盛岡で松田さんの講演を聞いた時に、「これだ。こういう健康なコミュニティづくりを自分はやりたかったんだ」と思ったのです。
　ただ、社会福祉法人の枠組みでは様々な制約や規制があるので、新会社を作ってその壁を取り払い、イノベーションを起こすべく一歩踏み出したのです。

松田　オークフィールド八幡平は、高原リゾート型のCCRCですね。

最上　目の前に雄大な岩手山を望み、近くにはスキーで有名な安比高原リゾートもあります。夏も冬もアクティブに楽しめる立地です。コンセプトは生きがいの創出です。シェア農園での農業、岩手県立大学と連携した生涯学習、地元のNPOとの芸術文化活動などを大きな柱としています。
　実は居住者には、「森のなかの絵本館」をつくりたいという夢を持った方がいます。こうした夢を実現するためにサポートしたいと思っています。

また地元のベンチャー企業と組んで、自分が役に立つこと、例えば掃除でも車の送迎でもスマートフォンのアプリで示し、居住者同士が融通し合うワークシェアリングの仕組みも考えています。

〈シニア住宅の常識を変えるデザインと食事〉

松田　他に特徴はありますか？

最上　近隣に母体となる社会福祉法人のデイサービスや特別養護老人ホーム、さらに病院もあります。このコミュニティ単体だけでなく、グループの総合力を活かし、地域全体で居住者を見守ることができます。この点は、地元とも八幡平市役所とも緊密に連携しています。

松田　エリア型の地域包括ケアモデルですね。こだわった点は何でしょうか？

山下　まずデザインですね。これまでのシニア住宅の常識を変えるようなモデルにしました。吹き抜けのある明るいレストランや共用スペース、テーブルや椅子もお洒落です。自然なバリアがあってそれを乗り越えていくような仕掛けとして、スロープで段差をつけた廊下はデザイナーと考えました。照明にもこだわっています。特に夕暮れ時の窓々に美しい明かりが灯る時、これを目にした誰もが立ち止まり、生きることの幸福感に満たされたと感じていただけるような演出がなされています。

最上　食事も大切です。私どものシェフはホテル安比グランドの料理長がわざわざ転職されてきました。これからはアクティブシニア向けに地元の食材を活かした元気の出る健康な食事を作りたいと、一肌脱いでくれたのです。今は居住者だけでなく、レストランとして近隣にも開放しています。

松田　まさに開拓者として挑戦してきたわけですが、ご苦労された点は何でしょう。

山下　金融機関の理解がありますね。「一緒にやりましょう！」とCCRCのモデルに賛同して応援してくれる金融機関もありますが、一部の金融機関からは、「もっと介護度を上げた仕様に」と言われました。介護保険に依存したモデルではなく、元気シニアの住まいへの理解がなかなか得られず苦労しました。

松田　「介護で儲けるのでなく、介護にさせないことで儲ける」ということがわからない金融機関もあります。トップは前向きでも融資の現場ではわからないケースもあるようです。

最上　地域性の問題かもしれませんが、松田さんがよく触れられる「否定して批評ばかり」の「否定語批評家症候群」には苦労しましたね。疑問を呈するばかりの人もいましたが、「いかがなものか」という言葉は「英語で意訳すればアイ・ハブ・ノーアイディアとほぼ同じだ」と講演で語った松田さんのメッセージが響きました。やはり新しいチャレンジには、前向きに、これからの街のあり方や自分の生き方を考える「青臭い議論」ができることが大事で、私たちは八幡平の地で青臭い議論を続けているのです。

〈施設ではなくライフスタイル〉

松田　これからはオークフィールド八幡平モデルが開花しそうですね。

山下　オークフィールド八幡平は、施設とは呼ばれたくないのです。単なるハードではなく、居住者たちが生きがいを持って暮らす「新たなライフスタイル」そのものなのです。前理事長の意志を受け継いで、八幡平全体が元気になるような事業を進めていきたいと思っています。

オークフィールド八幡平のポイント

- 高齢者施設を感じさせないデザイン性
- 地元の食材を活かした食事の魅力
- 金融機関の理解。否定語批評家症候群の打破
- 施設ではなく新たなライフスタイルの提示

株式会社コミュニティネット　代表取締役

髙橋《たかはし》英與《ひでよ》さん（当時）

100年続くコミュニティを目指して

〈コミュニティ革命の思い〉

松田　貴社はゆいま～るシリーズを全国で展開されていますが、髙橋様がこの分野に挑戦する思い

をお聞かせください。

髙橋　今、私たちは明治維新と同じくらいの時代の転換期にいると思っています。高齢化、エネルギー、防災など多様な課題を解決するには、過去の価値観や生活様式を一気に変える必要があります。それが私の提言している「コミュニティ革命」です。個人が頑張るだけでもなく、公的支援に頼るのでもなく、お互いに支え合う共助のコミュニティを作り上げたいという思いで事業に取り組んでいます。

松田　ゆいま～るシリーズがシニア層から支持される理由やその魅力は何でしょうか？

〈供給者の論理でなく居住者の論理〉

髙橋英與さん

髙橋　一般のシニア住宅は、「お客様のために」と言いながら、実は「この施設でこうしたサービスを提供します」という「供給者側の論理」になりがちです。私たちが提供するサービスは「居住者の論理」です。居住者が何をしたいのか相談に乗り、一緒にコミュニティを作り上げることが当社の強みや魅力といえます。

松田　供給者視点でなく、居住者視点ということですね。

髙橋　建物を作る前に関心のあるシニアと一緒に施設やサービスのあり方を検討する居住前参加型が私たちの特徴です。この過程で居住者が役割を担う意識を持つようになります。第1に居住者の満足、第2にスタッフの満足を実現していくことで、結果として経営も安定するのです。

〈地方自治体にみる課題〉

松田　事業を推進するうえでの課題は何でしょうか？

髙橋　地方自治体に課題があると思います。第1に議会対応に多くの労力が割かれることです。地方創生で一番大切なのは地元住民のニーズです。それよりも議会対応が優先されることが問題です。

第2に公平性への誤解です。地方自治体はよく「公平性」と言いますが、事業は差異化が重要であり、皆公平で他と同じことをやったら競争には勝てないのです。地方自治体は、公平性を重んじるばかりに、関係者全員が満足する計画を作ろうとしますが、そこに課題があるといえるでしょう。

第3は単年度主義です。例えば1年目は委員会、2年目が基本構想、3年目に基本計画と、事業主体の選定となると相当時間がかかります。これを同時並行で一体的に進めるようなスピード感が重要です。

松田　株式会社コミュニティネットと三菱総合研究所は、2016年6月に日本版CCRCの全国展開について業務・資本提携を締結しました。この提携への期待をお聞かせください。

髙橋　いろんなコンサルと会ってきましたが、三菱総合研究所だけは構想から実現に向けた思いが明確であり、そこに共鳴しました。今後はコンサルだけでなく、主体的に事業の一翼を担うプロデューサー的な役割が連携で広がることを期待しています。

私たちは、100年続くコミュニティを目指しています。事業展開はマーケティングと商品開発を繰り返すことです。当社の全国10カ所の拠点は、立地、規模、価格、サービスも全て異なっていて、それは今後の事業展開のための研究開発という位置づけです。ここで得られた成果を活かして、今後は国内500カ所、アジア500カ所で事業拡大する予定です。これからは総力戦になりますね。

ゆいま~るシリーズCCRCのポイント

- 供給者の論理から居住者の論理へ
- 関心のあるシニアがコミュニティ作りに参加
- 議会対応、公平性への誤解、単年度主義など地方自治体に求められる改革
- マーケティングと商品開発を繰り返し100年続くコミュニティづくりへ

有識者が語る日本版CCRCへの期待

ここでは大学、金融機関、メディアの有識者から日本版CCRCへの評価、課題、期待を伺います。構想策定を行う地方自治体や開発や運営を担う事業主体とは異なった客観的な視点から、有識者としての専門的な切り口で語っていただきます。

高知大学　副学長・地域連携推進センター長
日本版CCRC構想有識者会議委員

受《うけ》田《だ》浩之《ひろゆき》さん

課題解決先進県・高知の切り札は大学連携型CCRC

〈高知版CCRCで、課題先進県から課題解決先進県へ〉

松田　受田先生とは2011年にお会いして以来のお付き合いで、政府の日本版CCRC構想有識者会議の委員でもご一緒させていただきました。

受田　2011年に初めて松田さんからCCRCの話を伺い、2013年に米国のCCRCを視察して、大学連携型というモデルは大学の地域貢献という意味で面白いと思いました。これまでに高知大学は、県の産業振興計画や移住促進政策に積極的に関わり、高知大学インサイド・コミュニティ・システム（KICS：Kochi university Inside Community System）として、地域の課題解決のために、県内4地域にコーディネーターを配置しています。さらに生涯学習のニーズがある地域に講師を派遣する「出前公開講座」も全県で実施すると共に、土佐フードビジネスクリエーター人材創出事業では、県の食品産業中核人材を育成しており、他の大学と比べて地域との関わりが深い大学なのです。

受田浩之さん

高知県は高齢化、人口減少、雇用不足など多くの点で課題先進県です。大学連携型ＣＣＲＣは課題先進県・高知を課題解決先進県・高知に変える切り札になり得ます。アクティブシニアが大学の近隣に住み、再び大学で学び、学生のキャリアアドバイザーや地域特産品の販路開拓、ブランディングなどで活躍する姿もイメージできます。

〈地域協働学部とシニアとの相乗効果に期待〉

松田　シニアが大学で学び、地域の担い手になるモデルですね。高知大学は２０１５年に地域協働学部を新設しました。

受田　狙いは県の地域課題を解決する担い手を育成することです。学生が限界集落や耕作放棄地などの地域課題に対して、地域住民と協働しながら自ら企画を練り上げます。国立大学では全国初の学部で、日本の高等教育の新たなモデルとなります。松田さんにも本学で客員教授としてサポートしていただいていますね。ここにアクティブシニアの知見や人脈を活かせば学生と良い化学反応が生まれるはずです。

松田　地域の悩みは、地元大学の卒業生が県外に就職してしまうことですね。

受田　だから地域協働学部で地域の担い手を育てるのです。そのためには彼らが働く雇用の場が必要です。大学連携型ＣＣＲＣにおいては、介護人材だけでなく、予防医療、ウェアラブル端末を活かした健康のビッグデータ解析、生涯学習、観光活性化など多くの分野で卒業生の雇用が期待できます。アクティブシニアの移住が雇用を創出し、それが若年層の県外流出を抑制していきます。さらに、魅力ある仕事があればＵターンやＩターンも増えるのです。

松田　先生の考える高知版ＣＣＲＣはどのようなものでしょうか？

受田　大学連携をベースに、立地は中心市街地型も田園地域型もあります。中心市街地型のイメージは高知城や「ひろめ市場」の近く、郊外型は高知大学の朝倉キャンパスや自然豊かな嶺北地域でもよいでしょう。高知で検討している特色としてサテライト型ＣＣＲＣがあります。それは普段は街なかに住み、週末や季節に応じて山や海や川の近くを別荘として利用できるモデルです。これは県内にある廃校や空き家のストックを活用すれば実現可能でしょう。

松田　多様なライフスタイルの選択肢があることが重要ですね。

受田　ユーザー視点が重要ですね。松田さんの話で一番印象深いのは「逆・木綿のハンカチーフ」という例え話ですね。歌の「木綿のハンカチーフ」に出てくるような１９７０年代に地方から都会に移った若者が、シニアになったこの時代に、逆に都会から地方に戻ってくるという光景が浮かび、想像力をかき立てられました。以前から松田さんの例え話は絶品だと思っています（笑）。

松田　やはり「ワクワク」したり、「ホロリ」とするようなストーリー性が求められていると思うのです。受田先生の高知版ＣＣＲＣへのご期待をお聞かせください。

〈大学の２０１８年問題の解決へ〉

受田　日本版ＣＣＲＣが地方の大学のあり方を劇的に変化させていくことを期待しています。大学は間もなく「２０１８年問題」に直面します。この年から18歳人口が減少し始め、２０２５年までに10万人減ることが予想されています。進学率が50％程度で推移するとして、全国で大学入学者が５万人減少することになります。

各大学においては学生確保が現状よりも難しくなり、その傾向は若者が少ない地方で顕著になるのはいうまでもありません。予想される厳しい淘汰の時代に対して、各大学は18歳人口に依存した経営体質から、幅広い年齢層の方々を多様に、そして積極的に受け入れる体制へと、ギアチェンジを図らなければなりません。大学連携型ＣＣＲＣは、生涯学習をはじめ、第二の人生をスタートするために必要とされる人材育成メニューを豊富に用意することで、自己実現を目指すシニア、ならびにアクティブシニアのニーズに確実にお応えすることができるものと考えます。

高知版ＣＣＲＣのポイント

- 高知大学は地域協働学部をはじめ地域の課題解決や人材育成に注力
- 大学はシニアの学び、多世代の交流、地域の担い手育成の拠点
- 「大学の２０１８年問題」の解決に大学連携型ＣＣＲＣは有効

ヘルスケアファイナンスが日本版ＣＣＲＣのエンジン

ジャパン・シニアリビング・パートナーズ株式会社
代表取締役社長
藤村隆《ふじむらたかし》さん（当時）

〈ヘルスケアＲＥＩＴ（不動産投資信託）で社会インフラを整備〉

松田　藤村さんとは２０１１年に東京大学公共政策大学院主催の医療・介護と住まいのシンポジウムでご一緒しました。その時の藤村さんのヘルスケアファイナンスの有望性に関する報告がとても

藤村隆さん

印象に残りました。

藤村　私は松田さんが話した米国のＣＣＲＣが印象に残りましたね。米国のＣＣＲＣ的なシニア住宅が今後日本でも有望だと感じた出会いでした。

松田　その後藤村さんは、新生銀行のヘルスケアファイナンス部長から、ヘルスケアＲＥＩＴの資産運用会社であるジャパン・シニアリビング・パートナーズ株式会社を立ち上げました。会社創設の思いと今の業務活動についてお話しください。

藤村　通常ＲＥＩＴはオフィスビル、マンション、商業施設等が投資の中心ですが、ヘルスケアＲＥＩＴは主に有料老人ホームやサービス付高齢者住宅や病院などヘルスケア施設を対象とします。ヘルスケアＲＥＩＴはそれらを保有し、施設のオペレーターから家賃収入を得て、投資家に配当を行います。ジャパン・シニアリビング投資法人は２０１５年７月に東京証券取引所に上場し、

約300億円の資金を調達し、現在約5000人の投資主がいます。その95%が個人投資家でその半分以上が高齢者です。「高齢者の運用資金による、高齢者のための社会インフラの整備」という社会的な資金循環が実現されました。

松田　藤村さんが考える日本版CCRC成功のポイントは何でしょうか？

藤村　施設型、エリア型、タウン型と多様な形態がありますが、ヘルスケアREITが投資するのは、施設型CCRCおよびエリア型・タウン型の中核施設です。施設型CCRC成功の秘訣は、以下の5点といえます。①住み替えたくなる魅力、②アクティブシニアを中心とした終の棲家、③スケールメリット、④アッパーミドル向け、⑤事業継続性のあるオペレーターです。

特に事業採算性や投資採算性の観点からは、効率性の高いフロア構成と運営コストを実現するため「スケールメリット」は重要な要素です。また、国や自治体の財政の重荷にならないことを前提に、住み替えたくなる魅力的な施設やコミュニティを創造するためには、「アッパーミドル層のアクティブシニア」がメインターゲットになると思われます。

〈現在抱える課題は何か〉

松田　地方創生の切り札として日本版CCRCが注目されていますが、現在抱える課題はどういったものになりますか？

藤村　地方創生にとってファイナンスは極めて重要な役割で地域から大いに期待されているのですが、人口減少を背景とする経済環境要因から、地方のリスクを取ってファイナンスをしようとする投資家や、施設運営を行おうとするオペレーターが少ないことが最大の課題です。また、実際にプロジェクトを動かし始めると既得権益を守ろうとする地元の壁に阻まれることもあります。

松田　ヨソモノに対して排他的な「古狸症候群」ですね（笑）。実はこういう人々が地方衰退の原因かもしれません。

藤村　「古狸症候群」とは面白い表現ですね（笑）。

松田さんとは多くの講演やシンポジウムでご一緒するのですが、いつも感じるのは、聴衆の「掴みが上手いな」ということですね。例えば、松田さんが「日本版CCRCで大切なのは生きがいです。私が今日講演で話すなかで共感する点があったら大きく頷いてください。そうすると日本版CCRCの居住者だけでなく、私の今日の生きがいも生まれます」と話す語り口は共感しますよ。

松田　ありがとうございます。生きがいは日本版CCRCの推進者にも必要ですね（笑）。

藤村　日本版CCRCの課題ですが、施設型CCRCは、ヘルスケアREITが求めるスケールメリットを満たすものがまだ少ないのが実情です。しかし全国各地で中小規模ながらも有望な案件も見られます。

〈ヘルスケアREITは日本版CCRCのエンジン〉

松田　最後に藤村さんの日本版CCRCやシニア住宅市場への期待を教えてください。

藤村　ヘルスケアファイナンスは日本版CCRCやシニア住宅のエンジンです。ヘルスケアREITは、地方移住、コンパクトシティ、地域包括ケア、地域交流・多世代交流、介護難民対策といった社会のニーズや国の政策に応えながら成長を図っていきたいと考えています。

また、中小規模施設案件、開発型案件、地方案件等ヘルスケアREITでは対応が難しいため、こういった案件を支えるためには「ご当地ヘルスケアファンド」的な地域の関係者を中心としたファイナンスの仕組みを創設する必要性があり、ヘルスケアファイナンスは新たなステージに差し掛かっていると感じています。

ヘルスケアファイナンスのポイント

- 高齢者の運用資金による、高齢者のための社会インフラの整備
- ヘルスケアファイナンスは日本版CCRCやシニア住宅のエンジン
- アッパーミドル層のアクティブシニアがメインターゲット

「SUUMO」編集長
日本版CCRC構想有識者会議委員

池本洋一《いけもとよういち》さん

「30代デザイン」「がやがや」「人プロモーション」が成功のカギ

池本洋一さん

〈シニア住宅のトレンドは実は30代デザイン〉

松田　池本さんが日本版CCRCに関心を持たれたきっかけを教えてください。

池本　2013年に弊社の社員総会で「超高齢社会を考える」というトークセッションを行いました。ご登壇いただいたおひとりが松田さん。「若いころは教養・教育→シニアは今日用・今日いく」「ママの公園デビュー→シニアの地域社会デビュー」など研究者ではなく噺家（笑）を思わせるキャッチーな言葉は鮮明に覚えています。興味をもった私は三菱総研さんと一緒に米国のCCRC視察にも行きまして、「介護施設に入れられる」→「新しい生活を始める」、これを「未来の当たり前」にしなければならないと強く感じました。

松田　池本さんは「SUUMO」の編集長として住宅市場を見られていますが、シニア住宅のトレンドを教えてください。

池本　ひとつは「30代デザイン」です。30代のシングル女性を徹底的に調査して作った都心部のマンションが60代以上にウケています。白基調で機能性に優れたモデルルームを見た60代女性が「あら、私たちの好みをよくわかっているわね」と（笑）。シニア向けというとパステルカラーや重厚感あるダークな色調と決めつけるのは危険。30代の感覚で作ると「若々しいデザイン」として受け入れられるようです。

もうひとつは「がやがや」。首都圏のみならず広島や長崎でも元気シニアには平地にある商業地のマンションが人気です。「閑静な住宅地」から「賑やかな商業地」へ。地方都市ではアーケードのある商店街のなかにマンションが建ち始めていますね。3つめは「縁居《えんきょ》」。商業地は便利なだけでなく人も集まりやすく立ち寄ってくれやすい。それは年とともに「疎遠」になる「人との縁」を補完します。60代以上にほしい共用施設を聞くと1位は新聞・雑誌コーナーですが、続くのはレストラン、大浴場、カフェ。出会いや会話を生み出す「縁居」装置が人気です。

〈事業参入の意欲を高めよ〉

松田 若々しさと賑やかさがポイントですね。また「縁居」とは面白い表現ですね。日本版CCRCの実現に向けての課題とすべきことをお聞かせください。

池本 事業参入の意欲が高められていません。魅力的な日本版CCRC型住居を作るためには「デザイン」「魅力的な共用部」などの建築コストに加え、「コミュニティ支援」「夢の実現支援」といったソフトサービスの運営コストも必要です。イニシャル／ランニングともに多額のコストが伴い、これが事業主体の参入を躊躇させています。「魅力的な共用部」に大きな面積を割くと事業収支はきつくなりますが、ケチると魅力的な住居にならない。これを補助金ではなく、次のような規制緩和で対応し、入居者コスト低減を実現してはどうかと思います。

①入居者同士のコミュニティ醸成のための共用部面積は容積率要件から一定割合除ける

②その共用部分については、固定資産税評価から除外する

③一定の条件をクリアした場合には、株式会社でも市街化調整区域内で建築ができる

悪用されても困るので、規制緩和を受けるためには一定のCCRC認証規格をクリアしてもらう。規制緩和と認証規格＝アメとムチによって、魅力的かつ安心できる住居が提供できると考えます。

〈生涯活躍のまちのヒーロー、ヒロインが必要〉

松田　プロモーションはどう展開したらよいでしょうか？

池本　「人プロモーション」ですね。若者移住で成功している街には必ず発信力に長けた「モデル居住者」がいます。その人の暮らしに憧れ、吸い寄せられる形で移住する、その移住者がまた次の人を呼ぶという人循環が回っています。これはシニアでも同じだと思うのです。弊社調査によると、団塊世代がその上の戦前世代より実現欲求が高い要素に「学び」「趣味」「報酬」「仕事」があります。特に注目したいのは「仕事」です。

仕事というと9時から5時の週5日という常識がありますね。この働き方・暮らし方変革提案が有効だと感じています。例えば週3日働き、2日は地域のために活動し、2日は自分の趣味に没頭する。働き手が不足する中、自治体と地域の企業が連携して働き方改革ができれば話題を呼ぶでしょう。その環境での暮らしは、先進的で創造性に富み魅力的に映ります。そこで生まれる「生涯活躍のまちのヒーロー・ヒロイン」を基軸にプロモーションしてみてはいかがでしょうか。

日本版CCRC実現のポイント

- シニアに好まれる30代感覚のデザイン
- 商店街やまちなかの賑わいが人を引きつける「がやがや」
- 図書室、カフェ、大浴場が出会いや会話を生み出す「縁居」
- 発信力や影響力のあるシニアのヒーロー、ヒロインを基軸とした「人プロモーション」

◇補足　アンケート結果から見るトレンド

「SUUMO」の池本編集長がインタビューで語ったポイントを示す興味深い資料があります。リクルート住まいカンパニーが行った「団塊世代の住み替え意向に関するアンケート」で「住み替え、リフォームをする際にどんなことを実現したいか」という設問に対して、「ぜひ実現したい」「出来れば実現したい」のスコアを合計したものです（次ページの図）。団塊世代のゾーンである63～67歳と、その10歳上の70代の住まいに求める要素に

◆住み替え、リフォームをする際に、どんなことを実現したいか

※「ぜひ実現したい」と「できれば実現したい」のスコアを合計

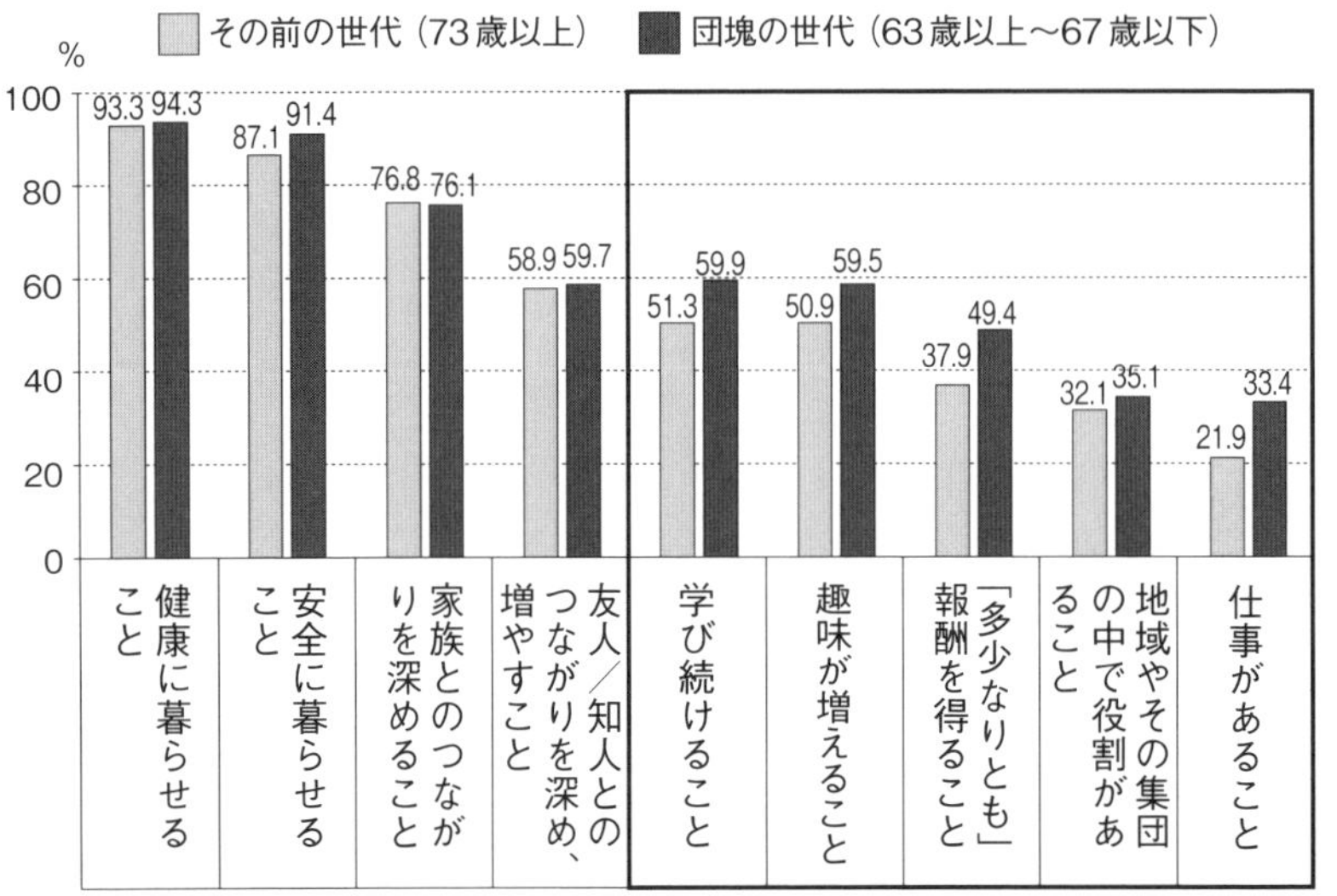

（「団塊世代の住み替え意向に関するアンケート」リクルート住まいカンパニー　2013年11月）

ついて、「健康」「安全」「家族」「つながり」は両方の世代ともに同じニーズですが、団塊世代の方がより高いニーズとして差がある項目として、「学び続ける」「趣味が増える」「多少なりとも報酬を得る」「地域やその集団の中で役割がある」「仕事がある」といった住まい方でした。

　つまり団塊世代は、健康や安全に加えて、学び、趣味、報酬、役割、仕事が重視されており、こうした要素を盛り込むことが、日本版ＣＣＲＣのソフト面において比較優位性を出す切り口といえそうです。

　次に、リクルート住まいカンパニーが２０１５年に実施した「シニアの移住に関する調査・追加調査」での「住み替える際に、追加コストを払ってでもほしい共用施設」という設問です（次ページ上の図）。「図書館」が最も多く、次いで「レストラン・食堂」「大浴場」「カフェ」「フィットネス」となっていますが、こうした施設は居住者同士が触れ合い、仲良くなるきっかけを与えることになります。池本編集長の「縁居」というコメントは、

どんな共用施設があると嬉しいか？

欲しい共用施設　「図書館」が 24.9％で最も多い。
「レストラン・食堂」「大浴場」「カフェ」「フィットネス」が続く。

◆住み替える際に、追加コストを払ってでもほしい共用施設（全体／複数回答）

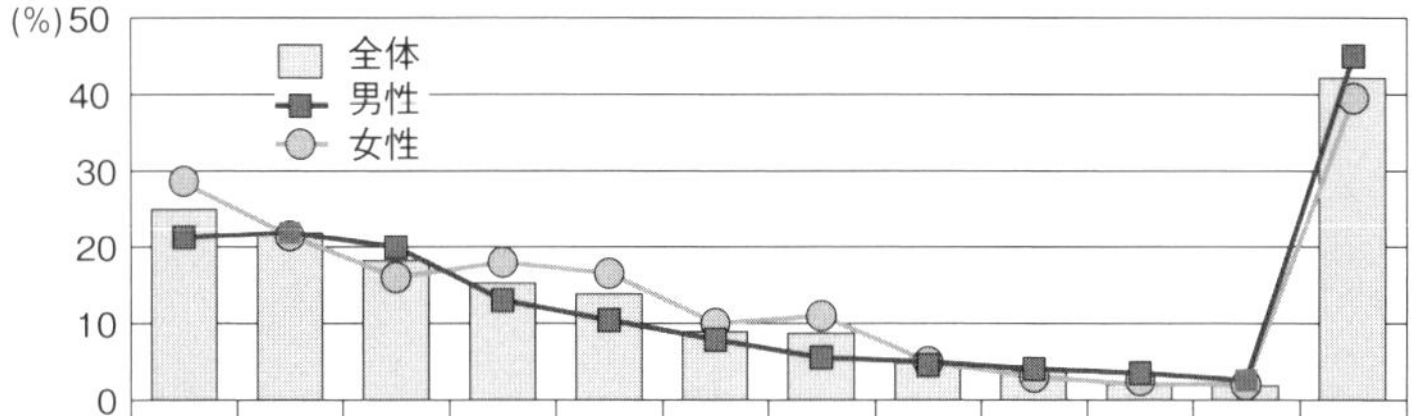

		図書館（新聞、雑誌、書籍）	レストラン・食堂	大浴場	カフェ	フィットネス	岩盤浴・サウナ	工房、焼き物、木工、絵画などの趣味スペース	ラウンジ	カラオケルーム	音楽スタジオ	麻雀ルーム	いずれも欲しくない
	全体（n=1992）	24.9	21.6	18.1	15.1	13.6	9.0	18.6	4.9	3.6	2.9	1.6	42.0
男女別	男性（n=996）	21.4	21.6	20.0	12.6	10.4	80.	5.7	4.7	4.0	3.5	2.3	45.1
	女性（n=996）	28.5	21.7	16.2	17.7	16.7	9.9	11.4	5.1	3.1	2.3	0.9	38.9

（「シニアの居住に関する調査・追加調査」リクルート住まいカンパニー 2015 年６月）

住まい形態は、多世代マンション、シニアマンション

◆住み替え先の希望住居形態（全体／３つまでの限定回答）

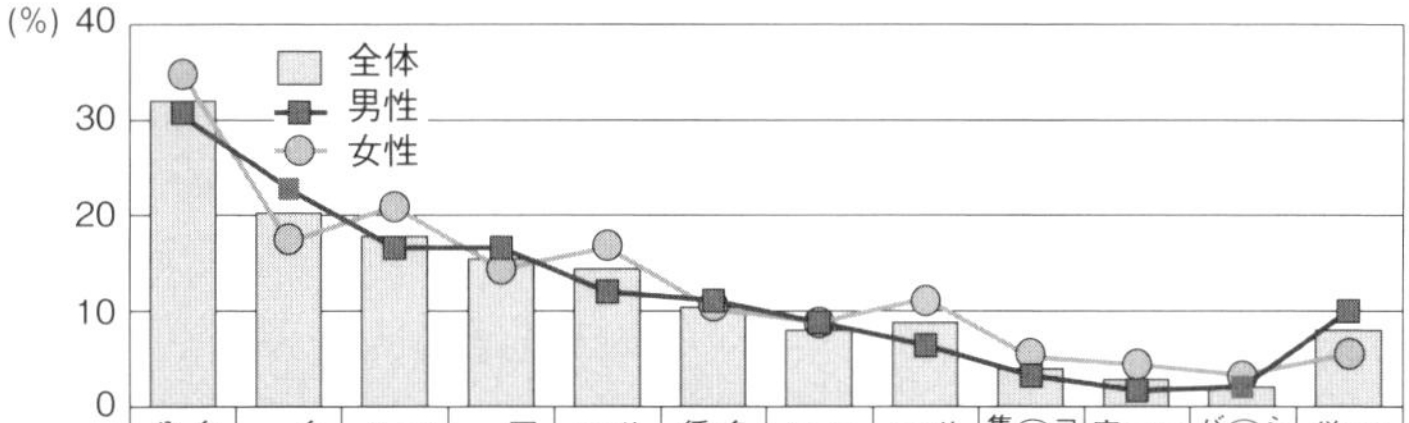

		多世代同居型の分譲マンション	多世代同居型の一戸建て（分譲地）	同世代中心の分譲マンション	同世代同居型の一戸建て分譲地）	サービス付き高齢者住宅（食事・介護サービス付）	多世代同居型の賃貸マンション	同世代中心の賃貸マンション	サービス付高齢者住宅（食事／介護サービス分離型）	コーポラティブハウス（意思決定した人たちで集合住宅を自由設計でつくる）	コレクティブハウス（血は繋がっていないが、家族のように一緒に暮らす）	シェアハウス（共同のキッチン、リビング、バスがある下宿や寮の現代版）	いずれも欲しくない
	全体（n=1992）	32.3	20.4	18.5	15.4	14.2	10.4	8.9	8.8	4.1	2.9	2.3	7.7
男女別	男性（n=996）	30.2	22.8	16.5	16.6	11.8	10.7	8.6	6.4	2.8	1.5	1.6	9.8
	女性（n=996）	34.4	18.0	20.6	14.2	16.6	10.0	9.1	11.1	5.3	4.2	2.9	5.5

（「シニアの居住に関する調査・追加調査」リクルート住まいカンパニー 2015 年６月）

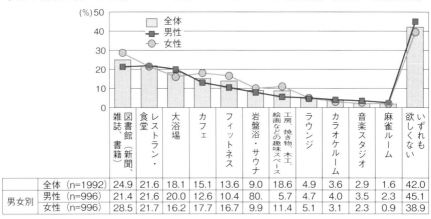

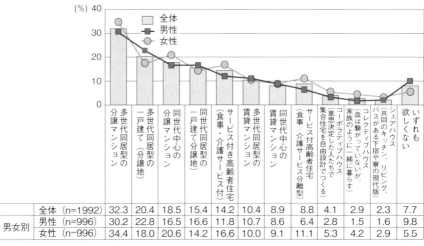

コミュニティには人と人との縁を結ぶ存在となる趣味や癒しの拠点が必要だということです。

　日本版ＣＣＲＣを考える時に、分譲か賃貸か利用権方式かは常々議論になるところです。「シニアの移住に関する調査・追加調査」での設問、「住み替え先の希望居住形態」では興味深い結果が出ています。最も多いのが、「多世代同居型の分譲マンション」で、次いで「多世代同居型の一戸建て（分譲地）」「同世代中心の分譲マンション」「同世代同居型の一戸建て（分譲地）」「サービス付高齢者住宅（食事／介護サービス付）」となっています（前ページ下の図）。同世代より多世代が上位にきたのは、シニアだけの同質性よりも多世代のコミュニティへのニーズの高さを示しています。

　また「分譲」か「賃貸」かという視点では、このアンケート結果からは「分譲」ニーズの高さがわかります。シニアからすれば賃貸で月々の負担をリタイア後に何年も重ねるよりも、一定期間で支払いが済む分譲の方が安心感があり、資産として子供に残すことが可能であり、死亡時に何もなくなる利用権よりも潜在ニーズがあるようです。

　日本版ＣＣＲＣは現状サービス付高齢者住宅の賃貸モデルがベースになっていますが、分譲という選択肢を広げることも必要ではないでしょうか。

ＱＯＬ（生活の質）を上げる住まい方が日本版ＣＣＲＣのゴール

日本大学　経済学部教授
中川《なかがわ》雅之《まさゆき》さん

〈日本版ＣＣＲＣの評価点〉

松田　中川先生には、２０１４年以来、日米不動産協力機構と三菱総合研究所が共同で設置した「サステナブル・プラチナ・コミュニティ政策研究会」や「日本版ＣＣＲＣ推進会議」を通じて、日本版ＣＣＲＣのあるべき姿について多面的なアドバイスをいただいております。

　２年にわたり多くの研究会やシンポジウムでご一緒しましたが、先生は今の日本版ＣＣＲＣの状

中川雅之さん

況についてどう評価されていますでしょうか？

中川　前向きに評価すべき点は、まずは、「生涯活躍のまち」構想ということで、国、地方自治体、民間企業等が連携する形で取り組みが始まったことではないでしょうか。

　高齢者の移住というテーマは、移住を行う高齢者自体がこれまでのコミュニティから隔離されるという恐れなどから、抵抗を感じることも多かったように思います。また、受け入れる地域側としても、地域活性化につながるかどうかという観点から、やや躊躇していた側面も大きかったように思います。

　そのようなか、移住すること自体を積極的にとらえる方が一定割合以上いること、またシェア金沢などの事例に関する情報が共有される形で、地域の活力につながるという意識が広がったことが評価されるべき点だと考えます。

〈日本版CCRCの課題〉

松田　逆に課題はどのような点でしょうか？

中川　課題として挙げられるのは、地方自治体も事業主体も、地方創生という地域活性化を図るための、国からの補助金や交付金を前提としたプロジェクトとして受け止めているきらいがあるように思えます。

　CCRC自体は高齢者の方々のQOL（生活の質、Quality of Life）を高めるために、高齢者の方々自身、地方自治体、事業主体が継続的に取り組むべきもので、施設の管理、持続的なサービス提供等が最も重要です。しかし、「始める」ことに意識が行きすぎているきらいはないだろうかという懸念があります。

　また、高齢者の移住をしやすくする中古住宅市場の活性化など、トータルな政策との関係があまり意識されていないように感じられます。

松田　確かに供給者視点でなくユーザー視点が重

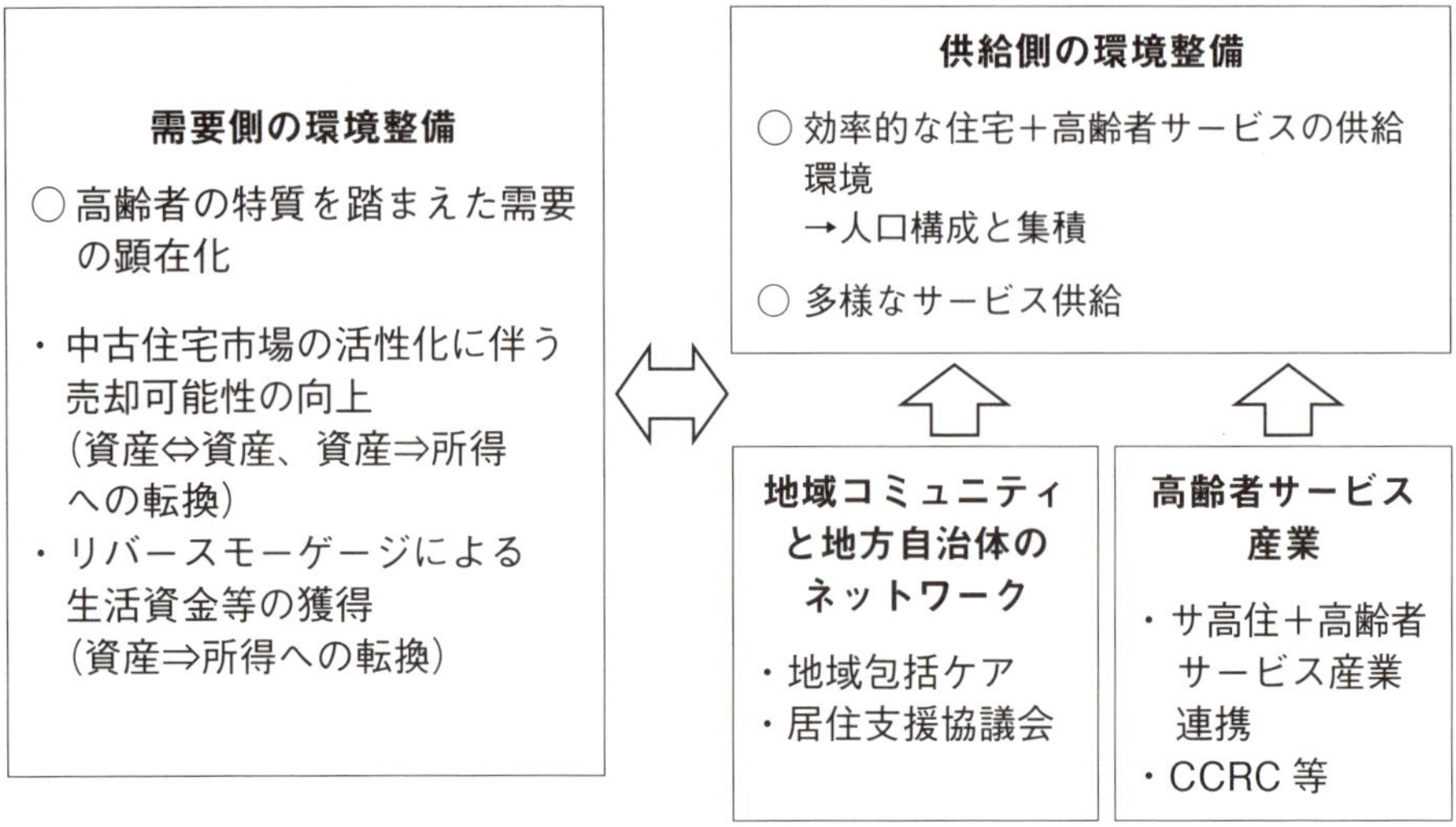
需要側の環境整備
○ 高齢者の特質を踏まえた需要の顕在化
・中古住宅市場の活性化に伴う売却可能性の向上
（資産⇔資産、資産⇒所得への転換）
・リバースモーゲージによる生活資金等の獲得
（資産⇒所得への転換）
供給側の環境整備
○ 効率的な住宅＋高齢者サービスの供給環境
→人口構成と集積
○ 多様なサービス供給
地域コミュニティと地方自治体のネットワーク
・地域包括ケア
・居住支援協議会
高齢者サービス産業
・サ高住＋高齢者サービス産業連携
・CCRC 等

要ですね。また住み替えは都市の中古住宅市場をどう動かすかということと表裏一体だと思います。今後、日本版ＣＣＲＣの実現のためには何が必要でしょうか？

〈高齢者のＱＯＬを高めるには〉

中川　先ほども申し上げましたように、日本版ＣＣＲＣ自体は、高齢者の方のＱＯＬを高めるための一連の取り組みの、ひとつのパッケージとして考えられるべきものだと思います。需要側の取り組みとして、高齢者の移動を円滑にするための、中古住宅市場の活性化が必要です。また、供給側の取り組みとしては、効率的な住宅＋高齢者サービスを提供できる環境整備として、地域包括ケアや居住支援等のトータルな取り組みが必要です。

　また、高齢者側のニーズに応えるためには、事業主体が他の地域にはない個性的なコンセプトやアイディアに基づくサービスを提供することが必要でしょう。今回の検討過程で様々な事例の情報が共有されたことは非常に価値のあることですが、過去の成功事例にしばられ、新たな取り組みが出てこない場合は、本格的な普及が困難になってしまうのではないでしょうか。社会関係資本も含めた地域資源を活かした、個性的な日本版ＣＣＲＣの取組みの出現を期待します。

住まい方のポイント

・「生涯活躍のまち構想」として官民連携や好事例共有が進んだことは評価点
・居住者のＱＯＬ（生活の質）を向上させるためのひとつのパッケージが日本版ＣＣＲＣ
・日本版ＣＣＲＣは地方創生の補助金を得るためのプロジェクトではない
・中古住宅市場の活性化など、トータルな政策と一体化して進めるべき

コーヒーブレイクコラム

日本版ＣＣＲＣを阻む不条理症候群

⑸居酒屋弁士症候群

私は多くの職場や団体の飲み会に参加する機会があるのですが、そこで感じるのは、職場の特徴が明確に表れるのは「酒の席」ということです。

居酒屋弁士症候群とは、酒の席では雄弁ですが、職場に来ると沈黙を続け、行動が伴わないという現象です。ＣＣＲＣの講演での質疑応答の時間では何も言わないのに、終了後の居酒屋では「何だよ、今日の松田の話は！」と盛り上がるような人々です。居酒屋弁士には、いくつか種類があり、熱く語るが行動が伴わない「口だけ弁士」、過去の自慢話ばかりの「武勇伝弁士」、愚痴をこぼしてばかりの「たそがれ弁士」などがいるようです。

私は居酒屋弁士が一概に悪いと言っているわ

けではありません。リラックスして打ち解けた雰囲気になると、会議室とは違った柔軟な発想や遊び心のある企画が生まれますし、会議ではおとなしいと思っていた人が、実は熱い志の持ち主であることを何度か発見しました。

私たちは1年間にどのくらいの時間を飲み会に使っているでしょうか。1回3時間の飲み会に月3回参加していると、1年間で約100時間にもなります。この時間を愚痴や批判、自慢話で不毛な時間にするのか、それとも建設的な意見で有意義な時間にするのかで、同じ100時間の価値は全く異なってくるでしょう。

飲んで吠えるだけの居酒屋弁士か、前向きな意見で行動に移す居酒屋弁士か、さて、あなたはどちらでしょうか。

(6)職場通訳不足症候群

異なる部門の主張をわかりやすく理解させて、合意形成させる人材が足りないのが「職場通訳不足症候群」です。日本版CCRCを検討する会議に同席すると、例えば地方自治体では、地方創生、都市計画、産業振興、健康福祉など多くの部門が集まります。最初の会議では盛り上がるものの、2回目以降は自分の部門の主張ばかりで縦割りの弊害が出てくることもあります。また、「言葉のキャッチボールが大切だ」と言いながら、実際は自分が言いたいことをドッジボールのように思いっきり相手にぶつけるだけの「ドッジボール症候群」もあるようで、職場の意思疎通はむずかしいものです。

日本版CCRCは単なるシニア住宅ではなく、産業、健康福祉、社会参加の組み合わせ型政策です。「職場通訳」が各部門の主張を横通しで合意形成させることが重要で、それは企業も同じでしょう。今後日本版CCRCの構想が進めば、職場だけでなく地域社会の多様な関係者を巻き込んだ合意形成が必要になってくるので、職場通訳の人材育成が急務です。

第７章

「全国で動き出した「あなたが輝く」日本版CCRC」

現在、全国で約230の地方自治体が日本版CCRCの推進意向を示し、それぞれの地域の特徴を活かしたご当地版CCRCが検討されています。ここでは、都心から90分の近郊、地方都市の中心市街地、大自然に囲まれた場所、大学の近隣など、検討が進んでいるいくつかの事例を紹介します。あなたが将来住みたくなるような街のイメージが浮かぶでしょうか。

都心から90分の近郊で「あなたが輝く」モデル

茨城県笠間市

笠間焼の陶芸・アートの街が目指す「街まるごとCCRC」

茨城県笠間市は都心から約90分という好立地で、人口約7・7万人、県内12位の都市で、笠間焼で知られる陶芸の街です。ゴールデンウィークに開催される笠間の陶炎祭《ひまつり》には200軒以上の陶芸家、窯元、地元販売店が集結し、約52万人もの観光客が訪れる陶器の一大祭りです。市内には茨城県立笠間陶芸大学校があり、ここで陶芸家としてセカンドキャリアを極めるも良し、ここで学ぶ若手陶芸家のサポート役になるも良し、アクティブシニアが輝く機会があります。笠間の陶炎祭だけでなく、新潟の大地の芸術祭や瀬戸内国際芸術祭のようにアートを核とした地域は、人を引き付ける魅力があります。

また笠間クラインガルテンと呼ばれる宿泊施設付きの市民農園がありますが、週末に市民農園を楽しんできたシニアがそのまま移住するケースが増えてきました。

さらに笠間市は総務省の「地域経営型包括支援クラウドモデル構築事業開発実証」に選ばれ、クラウド型の介護・健診ネットワークの運営を始めており、将来は健康支援や買い物支援、家事支援を実現するITのインフラが整いつつあります。

現在笠間市では、駅を中心に公共施設を集約するコンパクトシティを目指しており、病院、児童

笠間暮らし（笠間版CCRC）の提案～実践型で学び、ちょっと働き、大いに楽しむ～

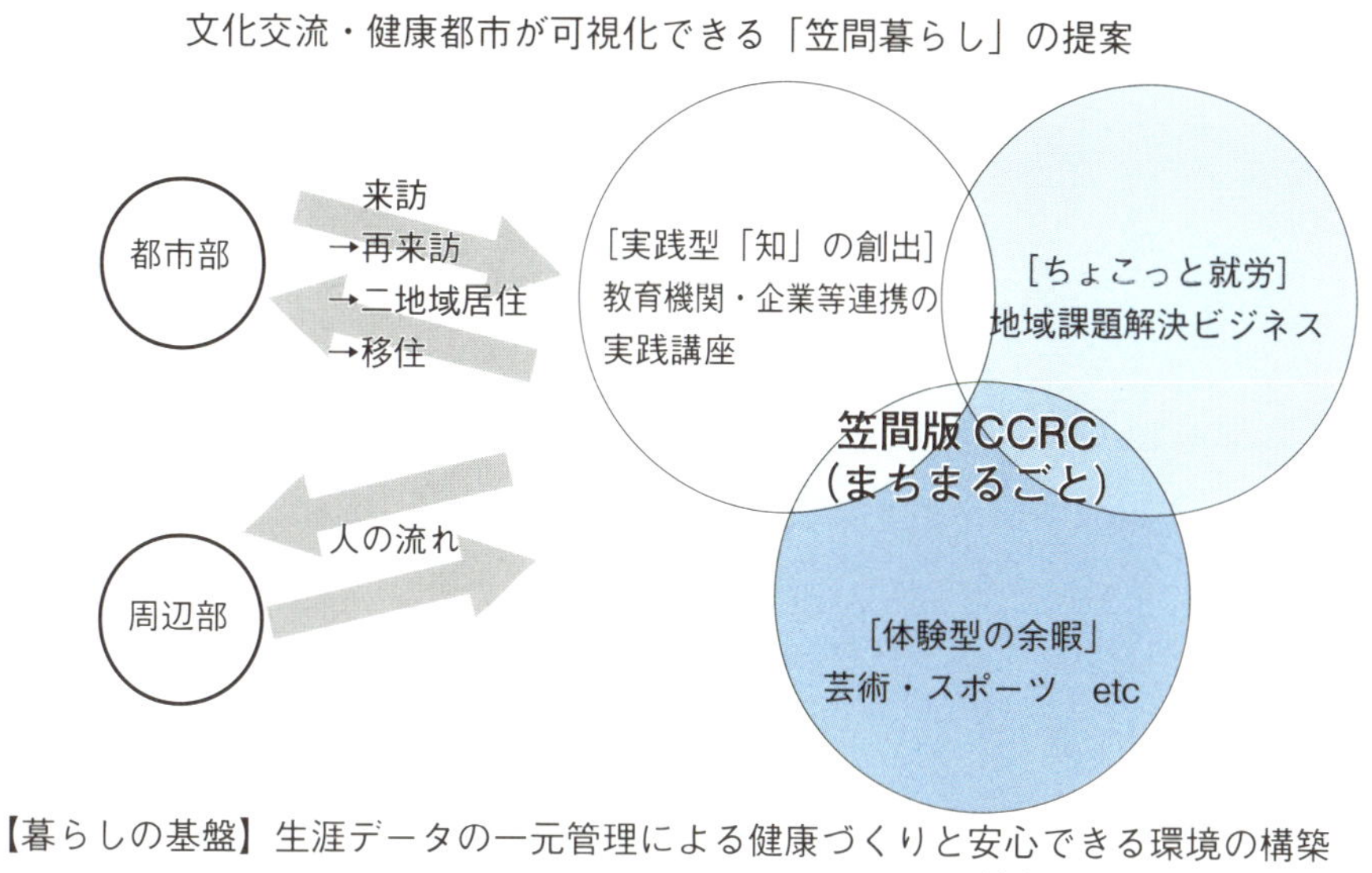

（資料：笠間市役所より、改変）

館、特別養護老人ホーム、交流センター等が駅近くに集まり、そこに笠間版ＣＣＲＣが立地すれば、シニアにとって徒歩と公共交通機関を利用して暮らせる「街まるごとＣＣＲＣ」ができるのです。

さらに慶應義塾大学ＳＦＣ研究所シェアタウン・コンソーシアムに参画して社会システムの研究開発などを行い、淑徳大学とは包括的な連携協定を締結するなど、大学とのつながりも深めています。

都心から90分のアクセスに、陶芸の街としての魅力、多くのゴルフ場、市民農園といったソフトの魅力に加えて、駅周辺でのコンパクトシティの

笠間焼

笠間クラインガルテン・市民農園
（写真提供：笠間市）

ハード整備とクラウド型の介護・健診ネットワークのITインフラ整備が相乗効果を生むことで、アクティブシニアに魅力ある笠間版CCRCに挑戦しているのです。

神奈川県三浦市
豊かな自然と温暖な気候の三浦市が挑戦する「健康半島モデル」

三崎マグロと三浦大根で有名な三浦市は、東京から約90分で人口約4・5万人、年間を通じて温暖な気候で、三崎の魚市場や油壺マリンパークなどの観光施設も充実しています。三浦市立病院は、予防医療、健康支援にも積極的に取り組んでおり、また神奈川県立保健福祉大学など関係団体で市内の生活支援サービスを開発中など、未病の改善で健康長寿の三浦半島を目指しています。未病とは、「病気ではないが健康でもない、病気になりつつある状態」のことで、三浦市では近隣の市町村と「未病を治す半島宣言」を行っています。

三浦版CCRCのイメージとしては、以下の3点が掲げられています（平成27年度三浦版CCRC構想検討調査結果）。

・「予防医療重視の健康づくり」として、三浦市立病院をはじめとする地域の病院、診療所、企業、県立保健福祉大学と連携した未病対応、健康増進。

・「地域社会との交流・協働」として、アクティブシニアが地域に溶け込み、地元のシニア、若者、子育て世代と交流し、地域の担い手として活躍する仕組み。

三崎マグロの海鮮丼（筆者撮影）

三浦の海と三浦大根

（写真：三浦市ホームページより）

三浦版CCRCの概要（三浦市）

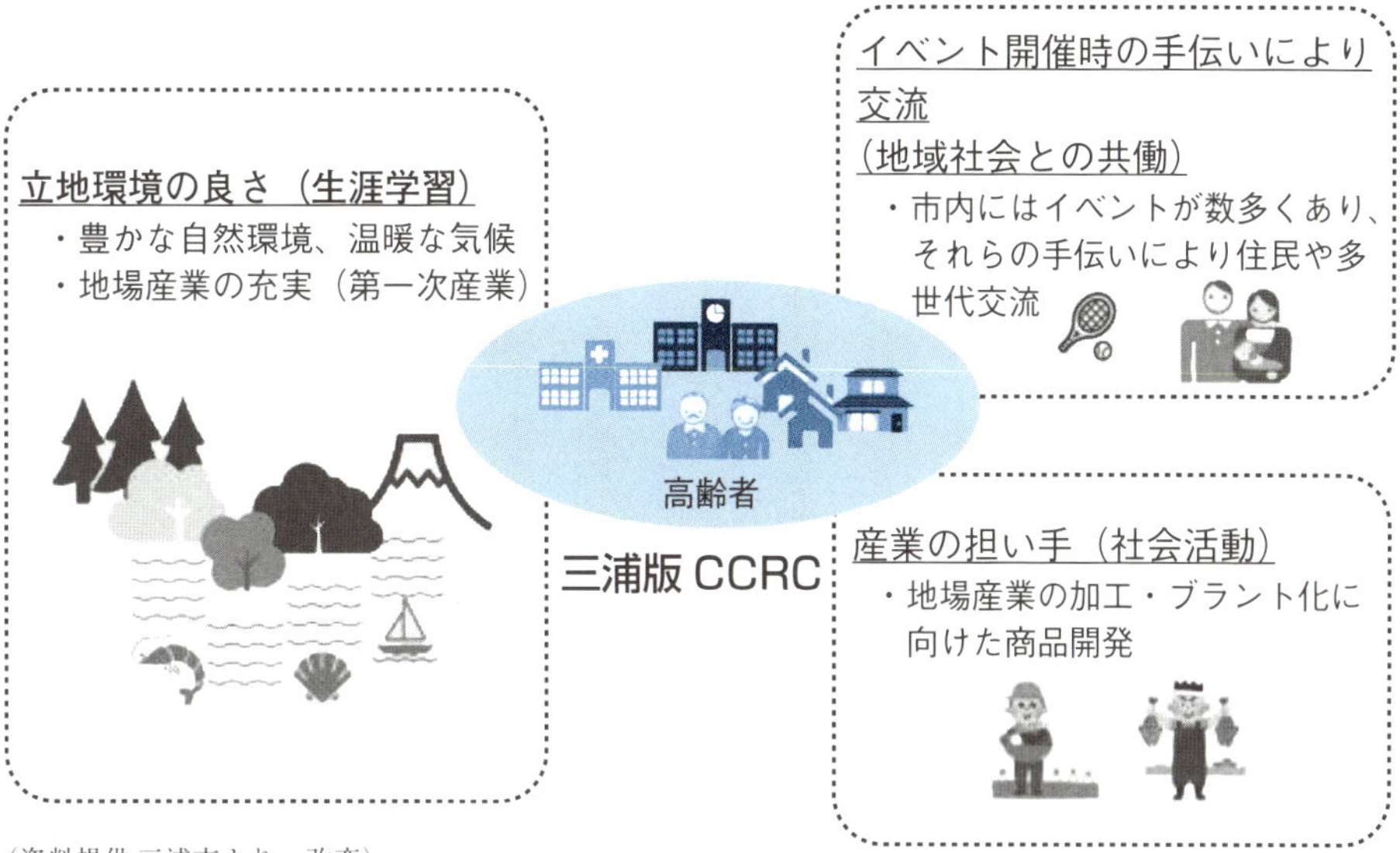

（資料提供:三浦市より、改変）

・「安心した継続的なケア」として、シニアが要介護になっても安心して継続的なケアを受けることができる仕組み。健常者と要介護者がお互いに助け合うコミュニティづくり。

この三浦版ＣＣＲＣでは2種類のモデルが示されています。一つは施設型で、首都圏のアクティブシニアを対象として、市内の大規模な遊休地を活用し、新規に集合住宅やクラブハウスを作ってリゾートのような暮らしができるモデルです。もう一つは、エリア型で、市街地の遊休施設や空き家をリノベーションした住まいや交流拠点を核に、アクティブシニアが三崎マグロや三浦大根をはじめとする地場産業のブランド化や観光活性化を通じて、地域の担い手になるモデルです。

東京から90分の立地と温暖な気候のもと健康半島の三浦では、元営業マンであれば地元特産品の販路開拓で活躍するように、シニアが多方面で人生の二毛作・二期作で輝くことができるでしょう。

山梨県都留市
3つの大学を市内に有する学都が目指す「都留まちごとＣＣＲＣ」

山梨県都留市は山梨県東部に位置し、人口は約3・2万人、清冽な水や恵まれた自然環境に囲まれながら、東京新宿から約90㎞で電車での所要時間は約80分、高速道路を利用すれば約1時間と恵まれた立地にあります。都留市の最大の特徴は、市内に都留文科大学、健康科学大学看護学部、県立産業技術短期大学校の3つの大学があり、市民の約10人に1人が都留文科大学の学生という学都ということです。都留文科大学は歴史ある教員養成大学で、約3000人が学び、卒業生や教員などOB・OGは全国で約3万人にものぼります。こうした都留文科大学にゆかりのあるシニアが、リタイア後に青春を過ごした街に戻り、再び学び、学生と交流したい、そして地域に貢献したいという「卒業生の恩返し移住」は有望だと思います。

一方で都留市は人口減少と高齢化、地場産業の衰退、富士山観光の通過点になっているという課題を抱えており、人口増と雇用創出、地域経済の活性化の視点から日本版ＣＣＲＣが注目されています。立地優位性を活かし、東京圏のアクティブシニアを対象に大学連携型の「生涯活躍のまち・つる」が推進されています。

主なターゲットは50代以上ですが、居住者が特定の年齢に偏らずに幅広い年齢構成とすることで、ある時期にケアが一斉に必要となる事態を避けることができ、コミュニティの持続的安定性の点でも望ましいことから、比較的若い世代のお試

都留文科大学

富士山と都留市

（写真提供：都留市役所）

「生涯活躍のまち・つる」構想のコンセプト

①まちの**「強み」**を活かした大学連携型「生涯活躍のまち・つる」
②**民間**による高齢者居住空間・支援サービスの提供

住み替え形態	大都市移住型 or 近隣転居型
立地	まちなか型 or 田園地域型
地域的ひろがり	タウン型 or エリア型

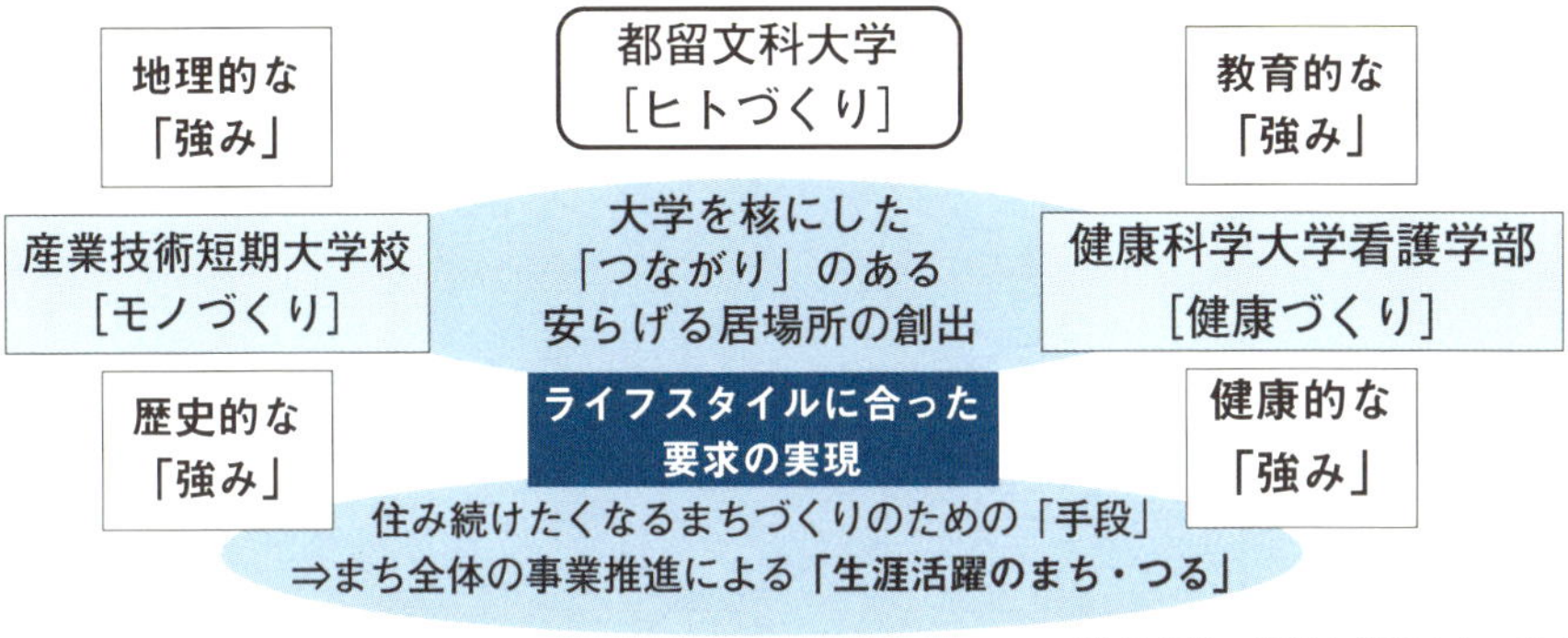

（資料提供：都留市役所より、改変）

し居住や二地域居住も実施する予定です。

都留市の特徴として、市内に立地する３つの大学がそれぞれ学問や研究だけでなく、積極的に地域に根差した活動を行っており、市民対象の生涯学習講座や地域活動等が展開されています。市民も大学は学生だけでなく市民の学びの場という認識を強く持っていることが学都の表れでしょう。これまでの大学の地域連携活動の経験やノウハウを活かし、これまで大学ごとに行ってきた取り組みを一元化して、移住してくる高齢者だけでなく地域住民もサービスを享受できる環境整備を進めることで、大学連携型の「生涯活躍のまち・つる」の実現を目指しています。

想定される住宅は、都留文科大学に隣接した広大な土地にサービス付高齢者住宅を新設するモデルと、既存の公営住宅をリノベーションして比較的安価なコストで居住できるモデルが検討されています。今後はハードの整備だけでなく、魅力的な生涯学習や多世代交流、地域に貢献する就労、さらにそれを支援するコーディネーターなどソフトの充実を進めることで、この地に住むすべての住民が、いつまでも住み続け、輝く人生を送れるまちを実現していく予定です。都留市版ＣＣＲＣとは、学都の「都留まちごとＣＣＲＣ」です。それは都留市が第６次長期総合計画に掲げる「ひと集い　学びあふれる　生涯きらめきのまち　つる」というまちの将来像が象徴しています。

地方都市で「あなたが輝く」モデル

福岡県北九州市
課題先進政令市が目指すアクティブシニアと多世代が輝く街

大都市すぎず、田舎すぎず、物価が安く、文化に溢れ、人情味のある街。福岡県北九州市でも日本版ＣＣＲＣに向けた挑戦が始まっています。

北九州市は人口約96万人、政令指定都市のなかで最も高い高齢化率29％、若者の人口流出、人口減少問題を抱えた課題先進都市です。一方で新日鐵住金、ＴＯＴＯ、安川電機といった企業が集積する産業の街でもあります。市内の旦過《たんが》市場では活気ある店の雰囲気と物価の安さに驚くでしょう。北九州芸術劇場では東京より安価に音楽、舞台を楽しめます。公共交通網も充実しており、どこに行くにもアクセスが良いので、毎日の暮らしに時間的な余裕が生まれます。

日本版ＣＣＲＣでは区域の広がりに応じて、施設型、エリア型、タウン型と分けられますが、北九州市が目指すのは市全体を対象とする「タウン型」です。実は北九州市には、すでにＣＣＲＣ的な要素があります。健康づくりや介護予防、年長者研修大学校などの生涯学習、空き家や既存の不動産のストックを活かして、在宅ベースで近隣の健康・介護支援拠点を活用するモデルです。

さらに国家戦略特区を活用してＣＣＲＣを加速させます。特にアクティブシニアが移住後にも元気に働き続けることは、本人にも市にも大切なことです。２０１６年８月には「シニア・ハローワーク戸畑」が設置され、おおむね50歳以上のシニアが自分に合った仕事を見つけやすくする取り組みが始まっています。また市内にある安川電機、ＴＯＴＯ、富士ソフトなどと連携して介護ロボットを活用した健康生活支援ビジネスを推進する予定です。

　北九州市には新日鐵住金をはじめ企業の転勤族、単身赴任者が数多くいます。一度北九州市に住んだ彼らは、この地の暮らしやすさをわかっていて、人とのつながりやお世話になった地域に何か恩返しをしたいという思いもあります。こうし

北九州市中心部

活気溢れる旦過市場

（写真提供：北九州市）

北九州市版生涯活躍のまちの基本的な考え方

これまでの取り組みから判明したこと（アクティブシニアの移住ニーズは根強い）

- 様々な移住形態ニーズ（完全・二地域居住・シーズンステイ）
- 多様な住宅ニーズ（戸建・マンション・空家等）（購入・賃貸・施設入居等）
- 多様な就労ニーズ（短時間・週４日以下等）

現役世代～リタイア層まで、幅広いニーズに対応することが必要

政令市ならではの「多様な強み」を活かすという視点

- 住宅ストック（比較的安価で多様）
- 多様な雇用の場
- 充実した医療・介護
- 盛んな健康づくり活動
- 充実した社会参画支援
- 多様な事業者との連携

北九州市版生涯活躍のまち　基本コンセプト

- 既存ストックの有効活用
- 官民連携の推進 → 大都市型モデルの構築を目指す

（資料提供：北九州市より、改変）

たゆかりのある転勤族の恩返し型移住は、北九州市のような産業の街には有望なモデルではないでしょうか。

同市は2016年2月より首都圏等のアクティブシニアのお試し居住を始めました。参加者からは、「北九州市民の優しい人柄に感動した」「政令市でありながらコンパクトな街並みで住みやすさを感じた」「医療や介護も充実しており安心して暮らせると感じた」などの意見があり、インターネットや雑誌等では得にくい貴重な情報を肌で感じることができたようです。

お試し居住は、移住希望者のニーズの把握、メディア掲載でのPRなど成果がありました。

都会すぎず田舎でもない。ほどよいコンパクトシティで仕事、食、文化、安心感に満たされて暮らす北九州市版生涯活躍のまち（CCRC）では、アクティブシニアと地元の多世代が輝く社会づくりを目指しています。

山口県山口市
維新の街から始まるライフスタイル維新

山口市は人口約19万人、山口県のほぼ中央に位置し、温泉と豊かな自然、歴史が共存する文化都市として発展してきました。高速道路、山陽新幹線などの広域交通網が東西南北に走り、福岡と広島のちょうど中心に位置し、大都市圏へのアクセスも容易です。こうした便利な交通アクセスを強みに、周辺自治体からのシニアの移住も毎年増えています。こうしたなかで、山口市では「東京圏等からのアクティブシニアの移住を年間50人促進」という目標を掲げています。移住を促進するために、山口・湯田温泉、小郡、阿知須エリアという3地域を重点エリアに設定し、温泉や豊かな自然環境、室町時代の大内文化や維新策源地としての歴史・文化など、地域の魅力を活用した山口らしいアクティブライフを提案しています。

山口市版CCRCではどのようなライフスタイ

山口市生涯活躍のまち構想

地域的広がり：市内外の重層的なネットワークによる全市域「タウン型」

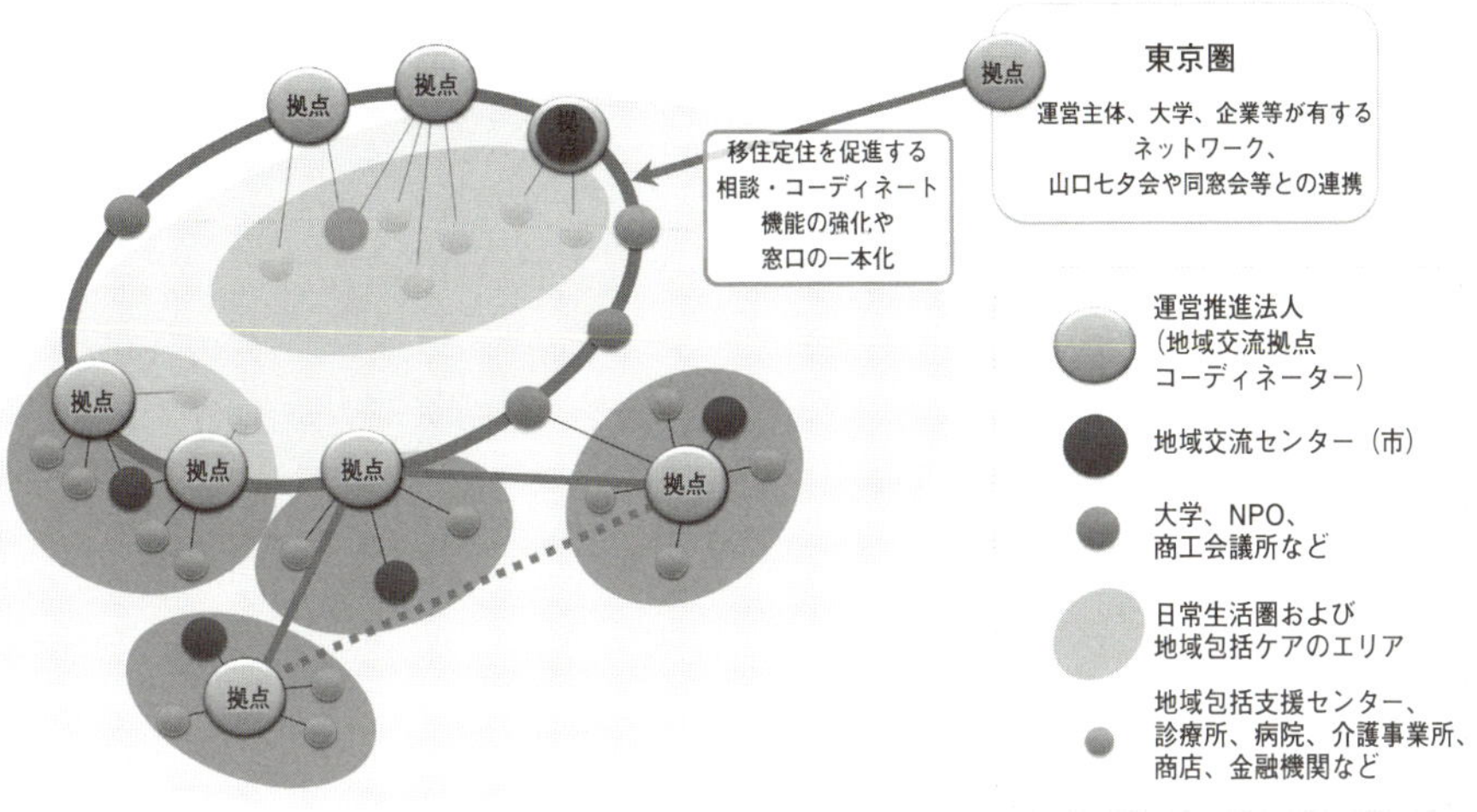

（資料提供：山口市より、改変）

ルが提案されているのでしょうか？　ここでは2つほど事例を見てみましょう。

1つ目の例は、室町時代から受け継いできた豊かな歴史資源を活用した「学都・山口ならではの生涯学習ライフ」です。山口市には、アクティブシニアの知的好奇心を満たす場として、山口大学や山口県立大学などで開かれる公開講座があります。これらの講座は市民にも人気が高く、今後移住してくるアクティブシニアにとっても魅力的な学びの場になります。さらに、山口市ではＣＣＲＣの取り組みとして、大学などと連携し、

豊かな自然と都市機能が
共存する山口市

湯田温泉。
市内には足湯が点在する

（写真提供：山口市）

大学や企業を退職した後も引き続き研究活動に取り組めるような支援制度の創設や、シニアボランティアとの協働による歴史的集落の文化財調査など、アクティブシニアの受け入れに向けた検討を進めています。このように、シニアになっても学び続けられる環境が整えられつつあることは、知的好奇心の強い移住者にとっても大きな魅力になると考えられます。

2つ目の例は、広い市域を活用した「利便性の高い都会と自然環境豊かな田舎を行き来する二地域活躍ライフ」です。山口市は旧1市5町が合併した経緯から、新幹線駅を中心に業務機能が立地する利便性の高い都会的な地域や、山に囲まれた自然環境豊かな中山間地域、瀬戸内海に面し気候も穏やかな集落など、一つの市の中に多様な魅力を持つ地域が存在しています。都会的な地域には、先進医療設備を整えた質の高い医療施設や介護施設が多数立地しており、もしもの時も安心して医療・介護サービスを受けることができます。こうした山口市の地域性を生かせば、都会的な地域に夫婦で居を構え、郊外部で古民家を活用したコミュニティづくりに取り組んだり、都市部では山口情報芸術センター（ＹＣＡＭ）で開催される芸術イベントの運営に参画したり、地元のサッカーチーム「レノファ山口」の運営ボランティアに参加したりするといった二地域活躍ライフが実現できます。様々な活躍の場があるので、夫婦それぞれが独自の活躍の場を見つけることもできるでしょう。また、都会的な地域で質の高い生活サービスが確保されていることで、移住者本人だけでなく、高齢の両親や子供も含めて安心して暮らすことができます。

山口市では、こうした強みを内外に発信していくため、東京等に在住する山口市出身者の会、「山口七夕会」や東京都内に支店を持つ山口銀行との連携を進めています。山口七夕会では、同郷の多世代が集まり、将来のＵターンの可能性や移住者に訴求するプログラムについて討議を重ねています。さらに地元の山口銀行では都内の支店を活用したセミナーの開催や地域イベントへの出展で、東京圏での情報発信を力強くバックアップしています。ＣＣＲＣの取り組みを通じ、市内外の多主体と連携したシニアの活躍プログラムづくりがより強力に動き出そうとしています。

山口市は適度に都会であり自然も豊かです。そして市内には質の高い医療や福祉拠点が多数あり、健康や介護の安心も備わっています。明治維新の策源地である山口でライフスタイルの維新が動き始めているのです。

群馬県前橋市
健康医療都市が目指す民公産学の四方一両得のＣＣＲＣ

健康や医療が強みということは、シニアにとって魅力がある街です。群馬県前橋市は、東京から約90分、日本百名山にも名を連ねる雄大な赤城山の麓に広がる人口34万人の街で、人口10万人当たりの医師数が全国平均の２倍近くあるほか、市内には高齢者向けの先進医療が受けられる大型の医療機関が充実しており、救急車の出動要請から医療機関に収容するまでの平均所要時間も29分台（東京は50数分台）を誇っています（東京都の数値は総務省消防庁「平成28年版 救急救助の現況」、前橋市の数値は市役所提供）。

前橋市は、健康医療都市を政策に掲げていて、豊富な医療資源を背景に中学校卒業までの医療費無料化、すべての５歳児を対象とした就学前健診の実施、各種成人検診の無料化に取り組んでいるほか、活動量計やマイナンバーカードなどＩＣＴ（Information Communication Technology）を活用した健康づくり事業にも取り組んでいます。

また、地元商工会議所が中心となり市内に数多く存在する大学や専門学校との連携のもと、中心市街地において生涯学習講座の「まちなかキャンパス」が開催されています。ここでは「歴史・文化」「健康づくり」「音楽」「食」「人材育成」などの多様な分野での講座が興味を引きつけます。

前橋市では、健康医療都市の強みを活かしたシンボル事業のひとつとして「前橋版ＣＣＲＣ構想」

を位置づけ、全市域を対象に「市民の誰もが、住み慣れた場所で、生きがいを持って、生涯活躍できるまち」の実現を目指すこととしています。そのなかで市内の前橋赤十字病院の移転後の跡地を前橋版ＣＣＲＣの先駆的拠点とし、中心市街地、郊外、全市域を含めてシニアだけでなく多世代の移住も含めた検討が進んでいます。

前橋市が行ったアンケート調査では、ＣＣＲＣに求められるコンセプトのうち最も関心が高いのは「いざという時でも安心な医療・介護」でした。次に「ライフステージ・価値観にあわせて選択できる住まい」「希望するライフスタイルの実現」が挙げられました。私は、シニアには「カラダの安心」「オカネの安心」「ココロの安心」の3つの安心が必要と考えているのですが、その基盤になるのが、健康を維持し何かあった時の医療・介護が充実しているという「カラダの安心」です。次に生活コストからみた「オカネの安心」で、次に生きがいの「ココロの安心」につながります。

前橋版ＣＣＲＣの特徴として第1に「多世代」があります。それはシニアだけでなく子育て層を呼び込むことです。第2に「今の市民の視点」です。移住者だけでなく、今の市民にも前橋版ＣＣＲＣを拠点として健康、快適、安心のメリットがあることです。市内の地域包括支援センターを中心に、子育て、教育、生活支援、地域交流機能を担うＣＣＲＣ的な拠点になり、これが次世代型地域包括ケアとなるでしょう。第3が新産業創出です。ＣＣＲＣには、予防医療、ＩＣＴによる見守り、居住者の健康ビッグデータの解析など付加価値の高い新産業創出のビジネスチャンスが多数ありま

前橋市

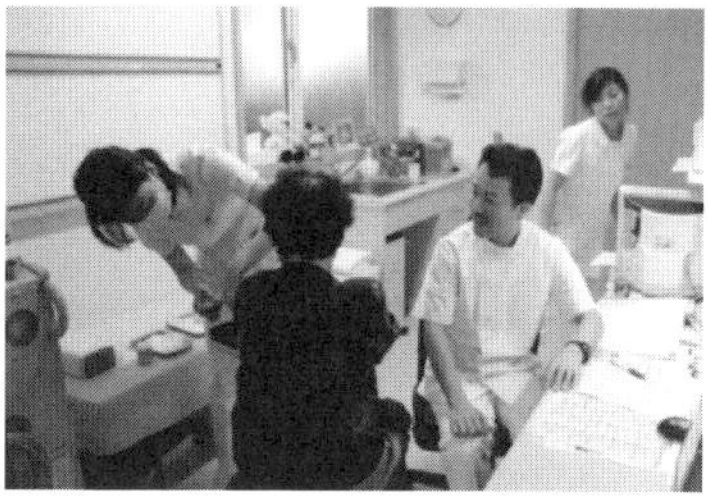

シニアの診療

（写真：第六次前橋市総合計画より、前橋市役所）

す。これが地域に雇用を生み出し、ベンチャーや大手企業が参入し、街に経済活性化をもたらします。

日本版ＣＣＲＣを考える時に、シニアを呼べば将来は医療・介護費が増えるので街の負担になるという声をよく聞きます。しかし実際は医療・介護費を上回る経済波及効果が期待できるのです。前橋版ＣＣＲＣの構想では、移住者の受け入れに伴って生じる市の財政への影響を把握するために、３つの移住シナリオとして、①多世代まちなか型、②多世代全市型、③単身高齢者型を設定し、シミュレーションを実施したところ、全てのシナリオで医療・介護費負担累計額を上回る経済波及効果が見込まれました。また雇用誘発数や社会保険料収入、市民税収入の視点からも、プラスの効果が予測されました（下の図）。

前橋版ＣＣＲＣは、移住者と今の市民、税収や雇用の公共面、新産業創造、地元の大学や教育機関の民公産学の四方一両得をもたらします。

経済波及効果と医療・介護費の負担額（前橋市）

【経済波及効果と市負担額の差】※政策実施期間：5 年間、政策効果計算期間 :50 年間

	① 多世代まちなか型（270 人、25 ～ 69 歳）	② 多世代全市型（560 人、25 ～ 69 歳）	③ 単身高齢者型（160 人、50 ～ 79 歳）
経済波及効果 (A)	73.2 億円	154.7 億円	22.0 億円
市の医療・介護費負担累計額 (B)	4.2 億円	8.8 億円	6.6 億円
(A) － (B)	69.0 億円	145.9 億円	15.4 億円

【その他の効果】

	① 多世代まちなか型（270 人、25 ～ 69 歳）	② 多世代全市型（560 人、25 ～ 69 歳）	③ 単身高齢者型（160 人、50 ～ 79 歳）
雇用誘発数	2,872 人	6,080 人	1,356 人
社会保険料収入	42.8 億円	89.8 億円	6.4 億円
市民税収入	19.6 億円	41.5 億円	3.1 億円

（「前橋版CCRC構想に係る基礎調査業務報告書　平成28年4月」より）

高知県
高知はひとつの家族。手厚いサポートが支える高知版ＣＣＲＣの挑戦

私は２０１２年に土佐経済同友会で高知版ＣＣＲＣの講演を行ったことをきっかけに、その後に高知県の産官学メンバーと米国のＣＣＲＣ視察に行き、高知県の移住推進協議会の委員になりました。さらに高知版ＣＣＲＣ研究会のアドバイザーを務め、高知大学の客員教授を兼務しながら高知と深く関わってきました。

高知では、「飲んだら誰とでも仲良くなる」「ご近所も初対面の人も大事にする」といった、都会では失われかけている人とのつながりが息づいています。それは開放的で受容性の高い県民性であり、「高知県はひとつの大家族やき。高知家」との言葉に表されるようなコミュニティ性といえます。高知は移住について先駆的に取り組んでおり、２０１２年度１２１組２２５人だった県外からの移住者が、２０１５年度には５１８組８６４人と大幅に増えています（左ページの図）。こうした追い風を受けて高知県では検討組織を設置し、２０１６年７月に高知版ＣＣＲＣ構想を策定しました。この構想は、高知県内でのＣＣＲＣ推進の機運を醸成するとともに、市町村に対しては計画策定のガイドラインとして、事業者に対しては事業化検討の判断材料として、県が策定したものです。

この構想の基本コンセプトは、「移住者と地域住民がともに健康でアクティブに暮らせるコミュニティ」であり、移住者が県内の担い手になるこ

日曜市

よさこい祭り

（写真上：よさこいネットより、写真下：VISIT KOCHI JAPAN　高知県観光コンベンション協会提供）

高知県の移住者数と移住相談者数

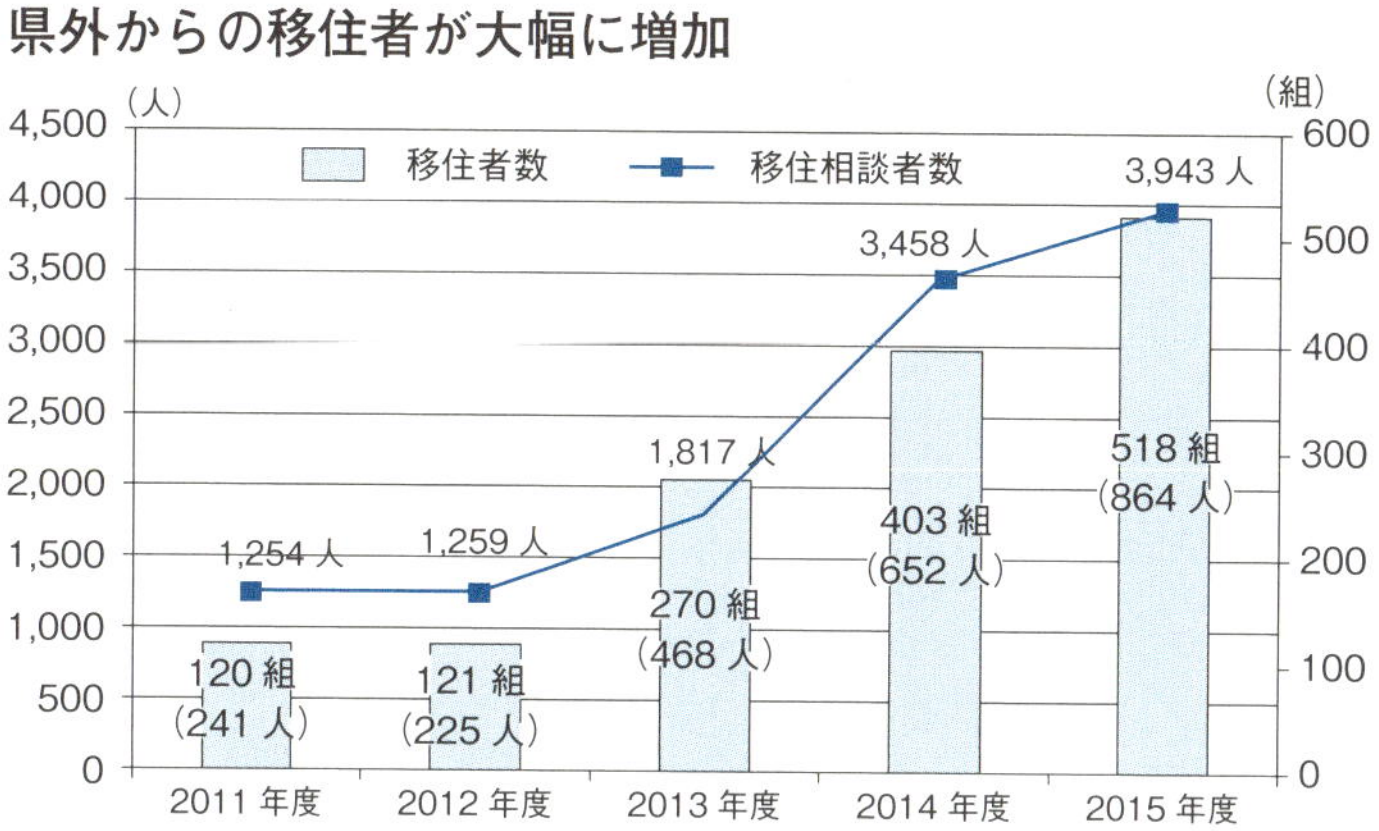

（出典：高知県調べ）

高知版 CCRC のイメージ

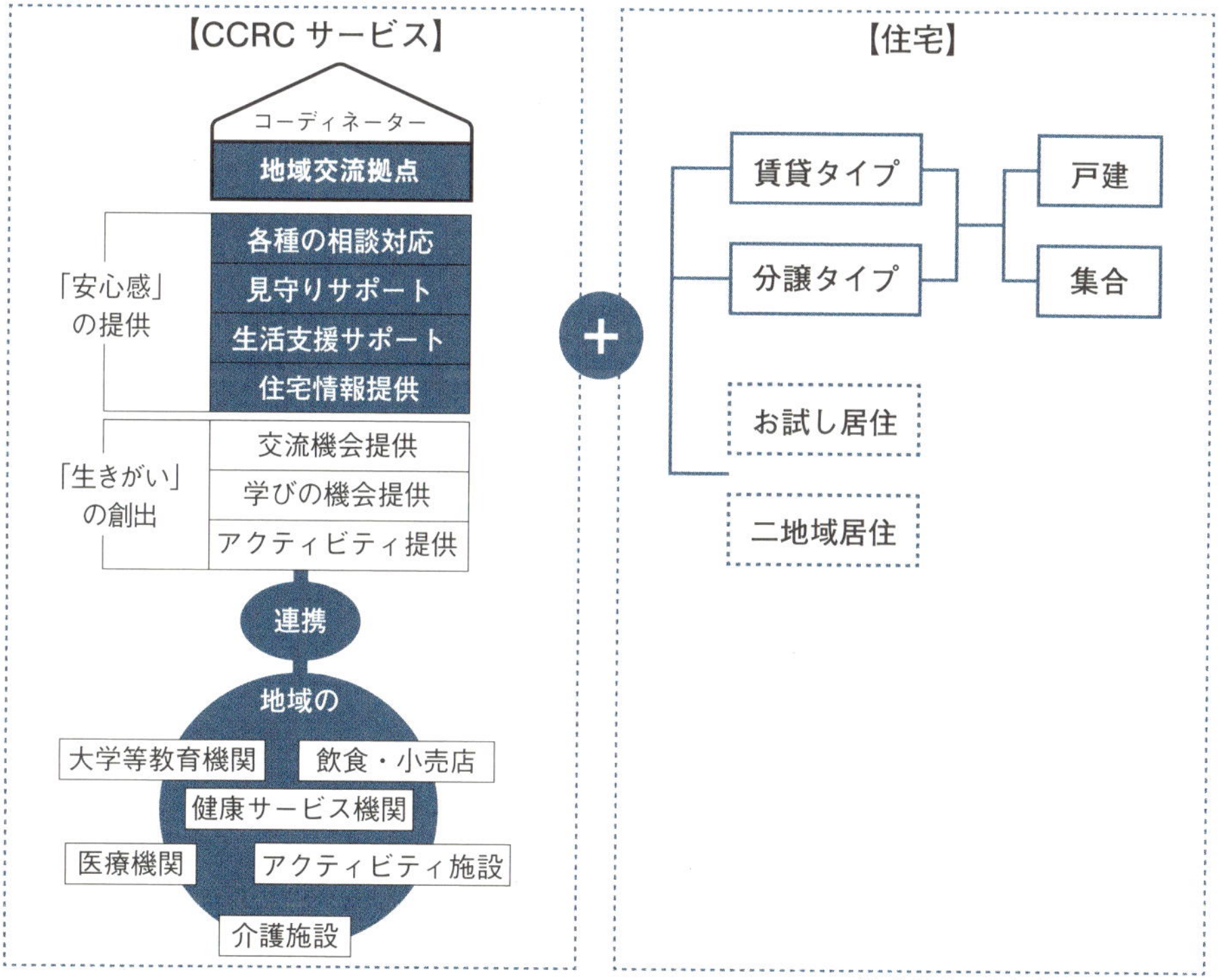

（資料提供：高知県より、改変）

とが狙いです。そのために移住直後から高知での生活に慣れ、定着するまでの一貫したサポートを会員制度的に用意して、地域のシニア世代も含めた、「安心」と「生きがい」を提供し「生涯活躍」できるコミュニティづくりを目指しています。具体的には、シニアに就労や趣味、学び等を選択して活躍の場を提供すること、さらに医療や介護が必要になった時でも、地域内で安心して継続的にサービスを受けることができる環境を提供するものです。高知版ＣＣＲＣの立地は、賑やかな中心市街地や自然豊かな場所を含め県内の様々なタイプのＣＣＲＣをネットワーク化し、相互利用や移動を円滑に行える仕組を構築することで、県内のＣＣＲＣの魅力をさらに向上させることを目指しています。

高知版ＣＣＲＣに集う人のイメージは、これまでに積み上げた経験や知識を活かして、地域の持続的な発展や課題解決に取り組む意欲を持ったシニア世代です。そうした人々を呼び込むために、以下の６つの視点で高知版ＣＣＲＣの独自性を打ち出しています。

①地域に溶け込むＣＣＲＣ
・移住者、地域住民が一体となって地域活動に参画

②助走期間の充実サポート
・高知県での暮らしに慣れ親しむためのサポートを積極的に実施

③大学等との連携
・県内の大学等と連携し、学びの場、学生や地域住民等との多世代間交流を創出

④人財誘致
・具体的な「役割」や「仕事」を詳細に提示し、地域が必要とする人材を確保

⑤ＩｏＴの活用（Internet of things）
・ＩｏＴを活用した脈拍や血圧等のバイタルデータのモニタリングや見守りサービス等を提供し、ＣＣＲＣの運営に活用

⑥県内ＣＣＲＣのネットワーク化
・県内の様々なＣＣＲＣをネットワーク化し、相互利用や二段階移住で相乗効果を発揮

事業モデルとしては、住宅、医療・介護、アクティビティ関係施設等、高知版CCRCで提供するサービスは県内の既存のストックを活用することを想定しています。また必要なサービスを提供する核となる「地域交流拠点」を設けて、住宅については、CCRCへの加入希望者が、コーディネーター等に相談しながら、地域内の物件から賃貸か分譲か、あるいは一軒家か集合住宅かなど自らのニーズに合わせて自由に住まいを選びます。高知版CCRCサービスとは、「各種相談対応」「見守りサポート」「生活支援サポート」「住宅情報提供」等、加入者に安心感を支えるサービスや、「交流機会提供」「学びの機会提供」「アクティビティ提供」等、加入者の安心感の提供や生きがいを創出するサービスで構成されます。移住者にとって、移住の初期段階は頼れる人も少ないことから、このコーディネーターによる生活サポートは有益です。移住者には2年間程度、地域に馴染んでもらうための手厚いサービスがあり、その後は地域住民を対象とした緩やかな見守りサービスへと移行していただくことを目指しています。

高知版CCRCは、高知家の一員となるための助走期間を県が多面的にサポートするモデルで、移住者には大きな安心を与え高知への道を広げるゲートウェイ戦略といえそうです。

大自然のなかで「あなたが輝く」モデル

岩手県八幡平市
彩り豊かな自然を舞台に「じぶんを生きるまち、はちまんたい」

岩手県八幡平《はちまんたい》市は盛岡から車で約45分、豊かな自然に囲まれたオールシーズンリゾートです。安比高原スキー場や十和田八幡平国立公園で当地を思い出す方も多いでしょう。八幡平市は人口約2・7万人で、他の市町村と同じように高齢化と人口減少が課題となっていますが、この地でピンチをチャンスに変える高原リゾート型のＣＣＲＣが動き始めました。

　私と八幡平市とのきっかけは、２０１３年に東京での私の講演に関心を持っていただいた地元の事業者の方、そして２０１４年に盛岡で講演した時に「自分はこんなコミュニティが作りたかったんだ」と賛同していただいた地元の社会福祉法人の理事長との縁によるものでした。

　２０１５年に同市での日本版ＣＣＲＣ構想の勉強会、２０１６年は八幡平ＣＣＲＣシンポジウム

八幡平の空と山

安比高原スキー場

（写真提供：八幡平市役所）

八幡平版 CCRC の構想エリア

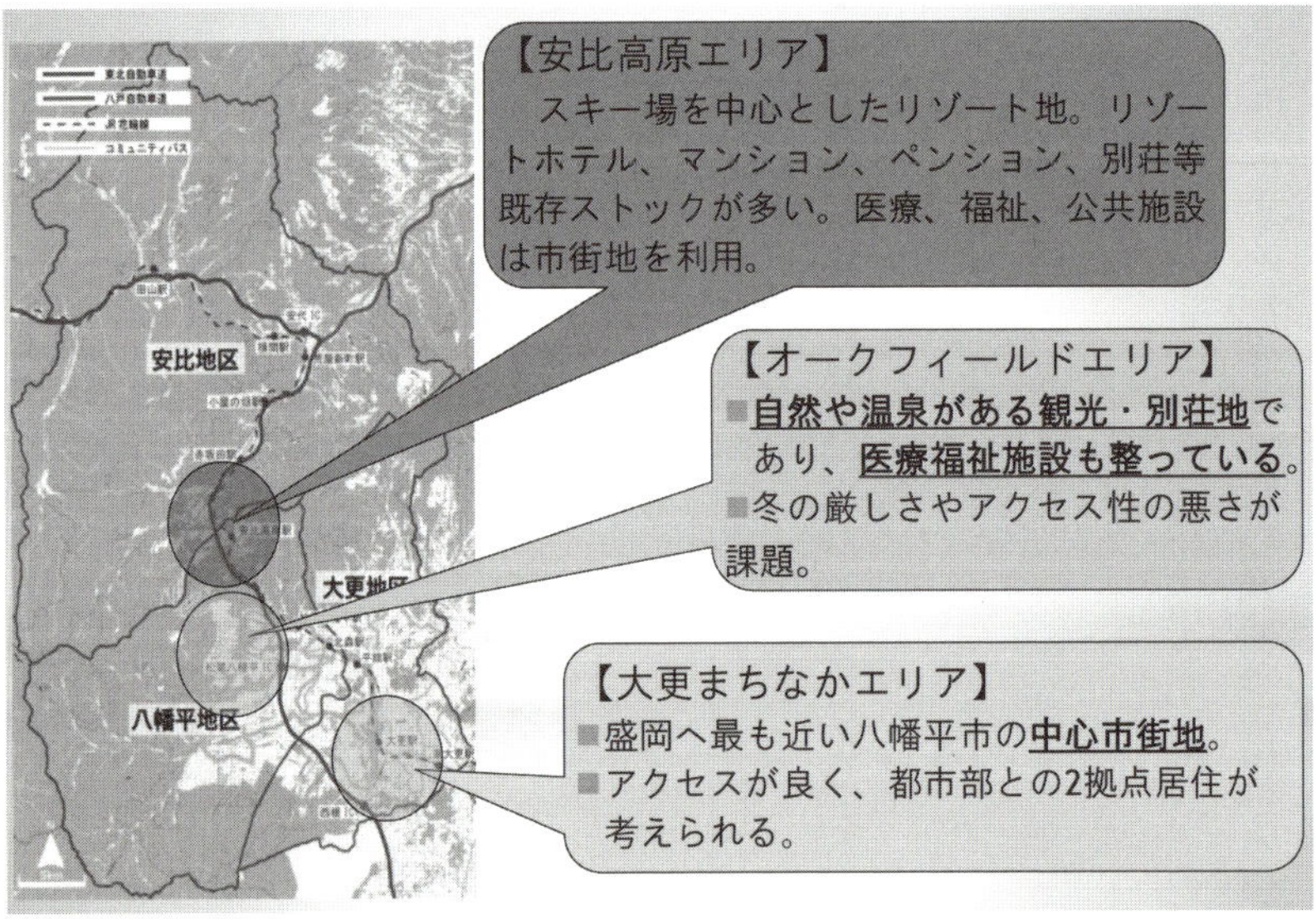
【安比高原エリア】
スキー場を中心としたリゾート地。リゾートホテル、マンション、ペンション、別荘等既存ストックが多い。医療、福祉、公共施設は市街地を利用。
【オークフィールドエリア】
■自然や温泉がある観光・別荘地であり、医療福祉施設も整っている。
■冬の厳しさやアクセス性の悪さが課題。
【大更まちなかエリア】
■盛岡へ最も近い八幡平市の中心市街地。
■アクセスが良く、都市部との2拠点居住が考えられる。
安比地区
大更地区
八幡平地区

（資料提供：八幡平市役所）

で講演をしましたが、訪れる時期によって変わる季節の美しさに目を奪われ、また市役所、地元の方々の日本版ＣＣＲＣへの関心や熱意を訪問するたびに感じます。

八幡平市は、「まち・ひと・しごと創生総合戦略」のなかで、①生きがいを感じる働く場の創造、②自然の絆で、新しい人の流入を促進、③八幡平で縁を結び、次世代を育む、④コンパクトなまちづくりで持続性向上、の４つの基本目標を示しており、八幡平版ＣＣＲＣ構想はこれを具現化するための主要施策になっています。

八幡平版ＣＣＲＣ構想で検討された立地は３地域で、第１に安比高原エリアはスキー場を中心としたリゾート地で、リゾートホテルやペンション、別荘が多く存在していることから、観光客やリピート客に対する情報発信の拠点になります。第２にオークフィールドエリアは、当地で開業した日本版ＣＣＲＣのモデルである「オークフィールド八幡平」の周辺地です。日本版ＣＣＲＣ構想を掲げる地方自治体は多数ありますが、オークフィールド八幡平のように、すでにそのモデルが開業しているところはわずかです。この周辺は自然や温泉地に恵まれた観光・別荘地であり、医療福祉施設も充実していることから移住者と地域住民が趣味を通じて交流を深めるサロン的な役割になります。第３に大更《おおぶけ》まちなかエリアは、盛岡に最も近い中心市街地でアクセスが良いことから都市部との二地域居住の候補地になります。

八幡平版ＣＣＲＣ構想は、コミュニティ＆ネットワークで地域住民と移住者との連携を継続し、コーチング＆コミュニティで移住者と地域住民がコーチングを通じて教え学び合い、サークル＆サイクル・ライフでライフステージに応じた暮らしの場を提供します。観光で初めて訪問し、リピートで訪れ、長期滞在、二地域居住、本格移住のサイクルを生み出します。八幡平版ＣＣＲＣは、人と人が触れ合いながら、彩り豊かな自然を舞台に生きる「じぶんを生きるまち、はちまんたい」の暮らしを叶える高原リゾート型モデルといえそうです。

新潟県南魚沼市

ローカルとグローバルが共創する「グローカル型ＣＣＲＣ」

新潟県南魚沼市は、人口約6万人、魚沼産コシヒカリと日本酒の八海山で知られ、東京から新幹線で約90分という好立地にあります。２０１４年の夏に私は井口一郎市長（当時）と面談する機会があり、ＣＣＲＣとは何かという説明をさせていただきました。その時に私が強調した「ＣＣＲＣは単なる高齢者住宅ではなく、健康分野の新産業創造と雇用創出がゴール」という点に、井口前市長は大いに賛同され、直ちに強力なリーダーシップを発揮して同年の秋には産官学による勉強会を開催して市内関係者での情報共有を進め、２０１５年夏には「南魚沼版ＣＣＲＣ推進協議会」を設置し、現在も検討を重ねています。

南魚沼市の特徴として、市内に立地する国際大学があります。国際大学は１９８２年に創立された日本で初めての大学院大学で、約40の国と地域から３５０人の学生が集まり、うち留学生の占める割合は約8割にもなります。南魚沼市は自然豊かなローカルな街ではありますが、国際大学の留学生の存在感から圧倒的なグローバル性を持った「グローカル」な街なのです。ここに大学連携型ＣＣＲＣができたらどうでしょうか？

大学の生涯学習講座に通いながら、留学生と英語で会話し、その家族に日本語や日本文化を教え、彼らのホスト・ファミリーになるようなライフスタイルは、海外駐在経験のあるシニアであれば魅力的なはずでしょう。さらに同市ではインドやス

魚沼産コシヒカリ

地元のスキー場

（写真提供：南魚沼市役所）

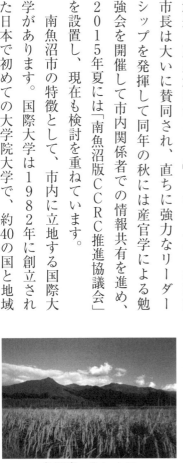

南魚沼版CCRCの姿

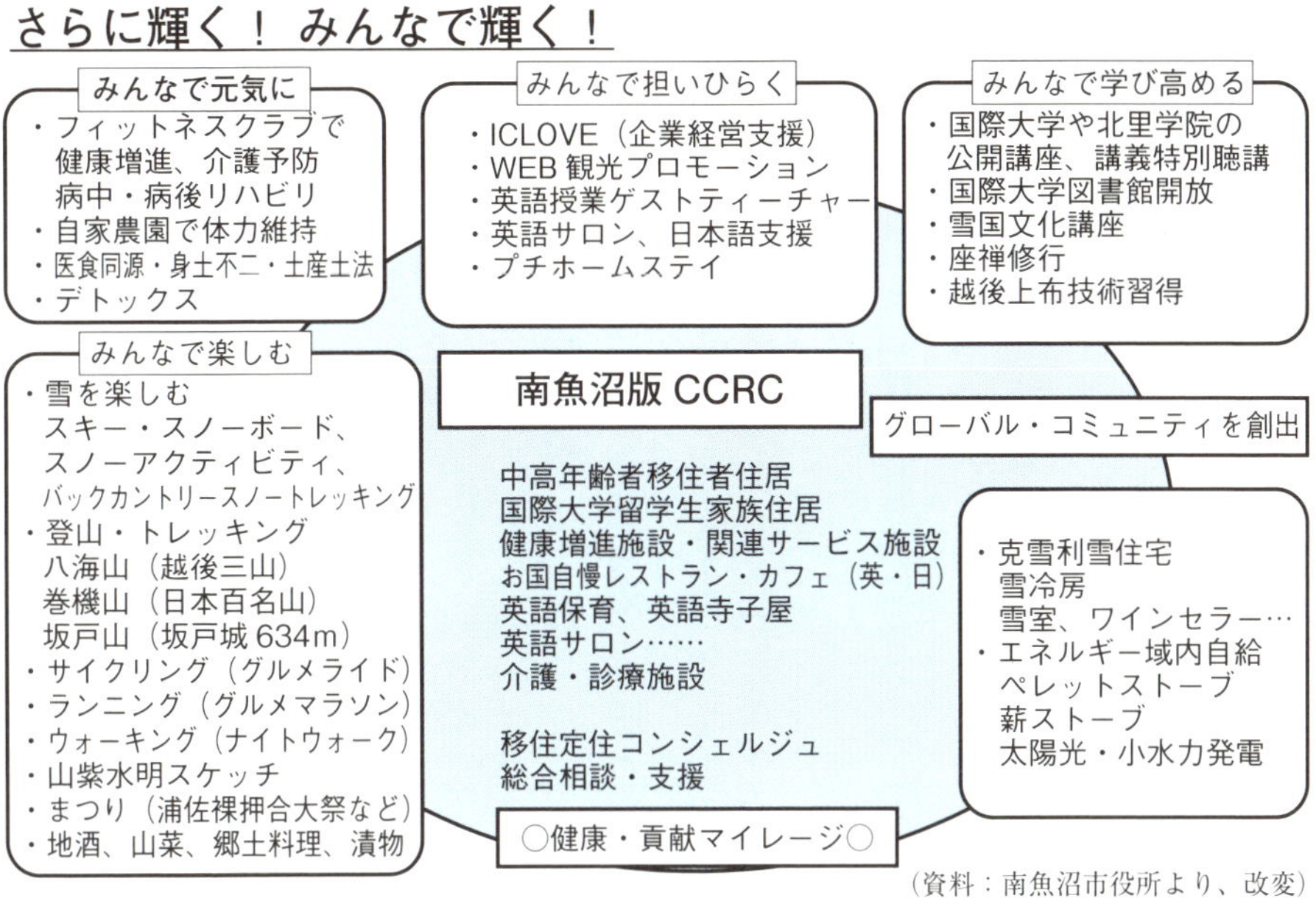

（資料：南魚沼市役所より、改変）

リランカからのＩＴ企業を誘致するＩＴパーク構想も同時に進めています。こうした海外企業でアクティブシニアが経験や人脈を生かして活躍すれば、自然豊かな土地でのスローライフとは一味違う「グローカル」な「きょうよう（今日用）」と「きょういく（今日行く）」のライフスタイルが生まれるでしょう。

また市内には新潟県の高度医療を担う魚沼基幹病院の開設により地域医療連携体制が確立し、健康で何かあった時の「カラダの安心」も担保されています。南魚沼版ＣＣＲＣは、新幹線の浦佐駅、高速道路のインターチェンジ、国際大学、魚沼基幹病院が半径２㎞のエリアに集まるコンパクトシティに立地し、利便性に優れ、近隣の公園ではジョギングにサイクリングなど健康関連のイベントが盛んです。今後も、地域包括ケアシステムの中で疾病・介護の予防プログラムも充実されます。

南魚沼市では、当面２００戸４００人のアクティブシニアの移住を目指し、将来的には全市に拡大する構想を持っています。南魚沼市は、美味しい米と食と名酒に恵まれ、国際大学と海外IT企業のグローバルと自然豊かな地方性を合わせた「グローカル」な土地であり、さらに基幹病院の安心感で相乗効果を発揮する「グローカル型CCRC」モデルといえます。

鹿児島県徳之島伊仙町
子宝と長寿の町が挑戦する離島版ＣＣＲＣ

鹿児島県伊仙《いせん》町は鹿児島市から約500㎞、奄美群島、徳之島にある人口約6600人の町ですが、東京から遥かに離れた離島の小さな町でもCCRCが動き始めました。

伊仙町が全国に知られるようになったのは全国1位の2・81という合計特殊出生率で、これは全国平均1・4の約2倍になります。ちなみに徳之島空港の名称は「徳之島子宝空港」です。さらに長寿でも、人口1万人あたりの100歳以上の高齢者数を示す「百寿率」は24・6人（2017年1月現在）でこちらも全国トップクラスです。ちなみに県レベルで長寿率が全国1位の島根県が約9人なので、伊仙町はこれを大幅に上回ります。

出生率が高い理由として、子育て支援金があるのは他の市町村と同じですが、シニアが「自分たちより子供たちのために」と敬老祝い金を減額して子育て支援を拡充したことは注目に値します。ま

伊仙町の位置

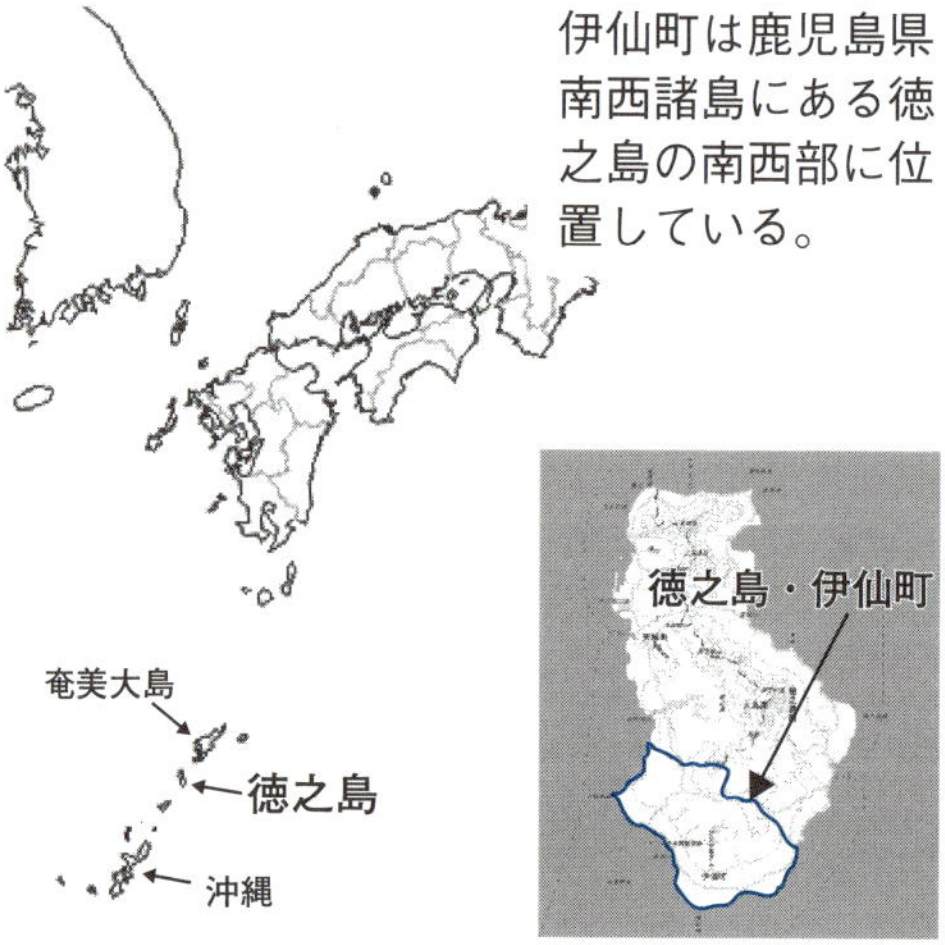

伊仙町は鹿児島県南西諸島にある徳之島の南西部に位置している。

た親族が近くにいて子育て支援をしてくれるだけでなく、近所の知り合いが身内以外の子供たちも自分の子供のように接して面倒を見てくれるという地域全体での共助のコミュニティになっていることです。

長寿の理由としては、水がカルシウムを豊富に含んだ硬水で骨が丈夫になりやすいことや、長命草と呼ばれるボタンボウフウをはじめとするビタミンやミネラルを豊富に含んでいる野草を長寿の方々が食してきたことなどがあります。また何歳になっても畑仕事に勤しみ、体に適度な負荷をかけることで、健康体での暮らしを維持しています。さらに島の名物の闘牛は、地域の誇りをかけて老若男女が一心同体になって夢中に応援することが生きがいそのもので長寿の秘訣ともいわれています。

犬田布岬（伊仙町）

ほーらい館（伊仙町）

（写真提供；伊仙町役場）

移住者からすると生活コストも重要です。東京から移住者した方が住む家は、７ＬＤＫで庭には「樹齢１００年越えのがじゅまるの木」に心地よさそうなハンモックがかけてあります。家賃は何と１・５万円です。

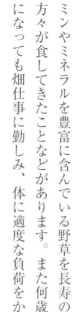

では、この子宝と長寿の町で動き始めた離島版ＣＣＲＣとはどのようなものでしょうか？

「徳之島交流ひろば　ほーらい館」は、プールやトレーニングジムを完備した健康増進施設です。「ほーらい」は島の言葉で「うれしい、喜ばしい」という意味で、かつ古代中国で仙人が住む不老不死の地と信じられた蓬莱山からのネーミングです。このほーらい館を核として健康づくりやＩＴを活用した健康データの収集・分析を行い、近隣にコミュニティを作る狙いです。検討は始まったばかりですが、シニアは地元の小中学校で食育授業に参加したり、子供の家庭教師になったり、農業や子育て支援に参加したり、闘牛を活かした観光戦略を考えるなどして生きがいを見つけることができます。

離島は地理的なハンディキャップがあるかもしれませんが、人を惹きつける独特の魅力がありまず。温暖な気候、健康な食材、安価な生活コスト、共助の精神などピンチをチャンスに変えるヒントの宝庫かもしれません。離島版ＣＣＲＣはアクティブシニアの新たなライフスタイルのひとつの選択肢といえそうです。

大学で「あなたが輝く」モデル

大学のキャンパスの敷地やその近隣でＣＣＲＣを作る大学連携型ＣＣＲＣは、知的好奇心の高いシニアや学んだことを活かしたいシニアに魅力的です。ここでは地域社会との連携のなかで、大学連携型ＣＣＲＣに関心の高い大学の取り組みを紹介します。

中部大学（愛知県春日井市）
アクティブ・アゲイン・カレッジの挑戦

中部大学が隣接する高蔵寺ニュータウンは７００ヘクタールに約４・８万人が住み、東京の多摩、大阪の千里と同じように、独居老人や孤立死など「オールドタウン」問題が顕在化してきました。中部大学は文部科学省の「地（知）の拠点整備事業」に選定され、「世代間交流による地域活性化・学生共育事業」で課題解決を進めています。シニア大学の「中部大学アクティブ・アゲイン・カレッジ（ＣＡＡＣ）」を２０１４年に開講し、入学資格は50歳からで定員は20名、２年課程で授業料は年間12万円です。講座内容が多様で興味を引きつけます。例えば語学は英語だけでなくポルトガル語もあるのは、周辺に居住するブラジル系移民との交流の必要性からです。健康増進実習では参加者の体力が実際に向上しました。健康福祉コースでは転倒予防学、国際・地域・文化コースでは街づくりと地域生活など、シニアにとって身近で知的好奇心に訴える内容です。ここで学んだシニアが課題解決の担い手となることが期待されています。

また学生が近隣のシニア宅に短期滞在し、シニアの孤立を防ぎ学生の学びの機会を広げる「ラーニングホームステイ」も進めています。大学では多世代の交流会が頻繁に開催され、私が参加した

中部大学

中部大学
アクティブ・アゲイン・カレッジ

（写真提供：中部大学）

高蔵寺ニュータウンCCRC化構想

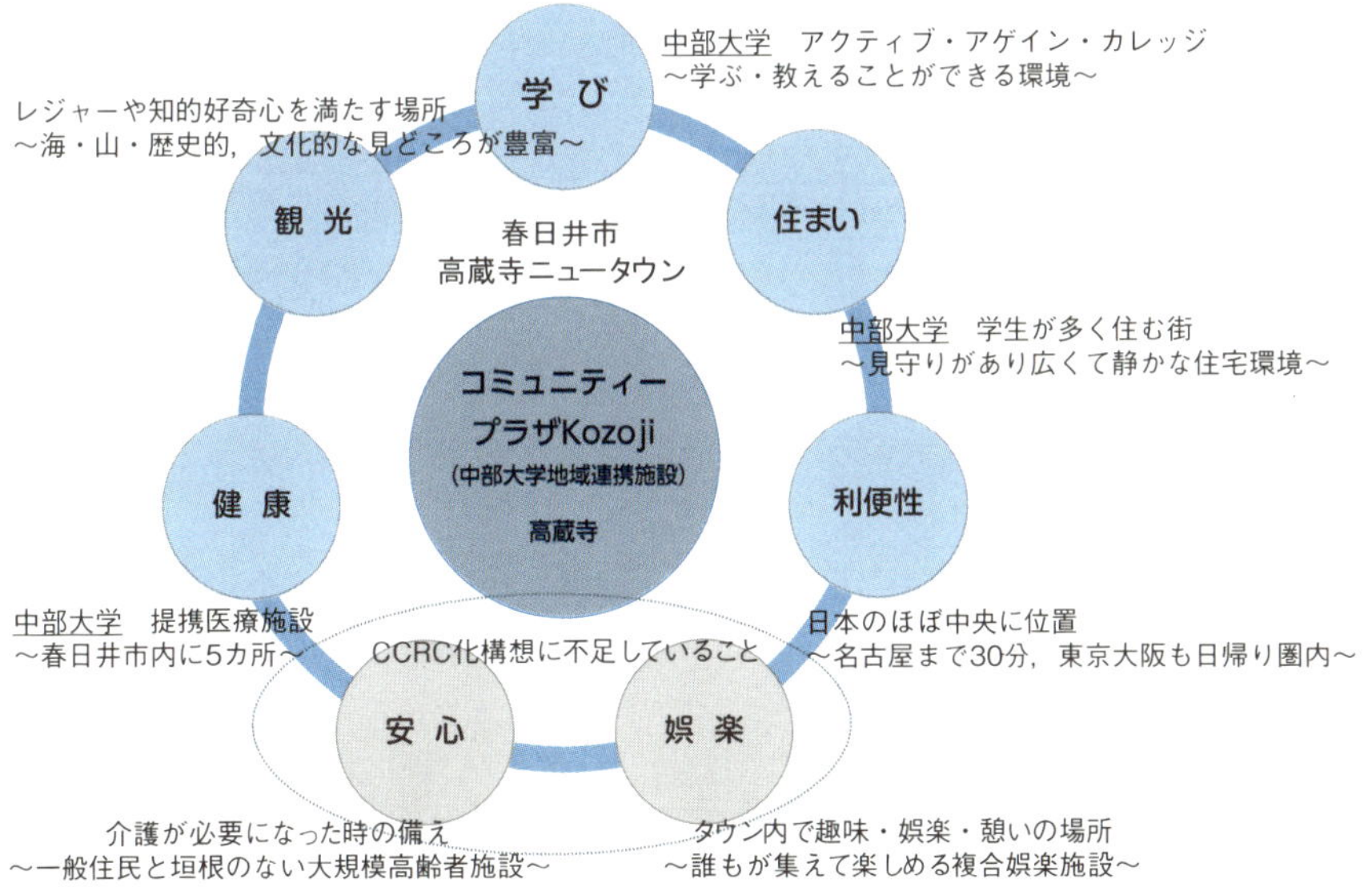

（資料提供：中部大学、改変）

時は、体力測定と健康診断を行うシニアを学生が丁寧にサポートし、教員が健康指導を担当します。最初はどこかぎこちなかった学生とシニアも次第に笑顔が出始めて、交流会ではシニアが学生の就職相談に乗り、学生がシニアにパソコンを教えるような交流が見られます。シニアが大学で再び学び、多世代交流で若返り、地域の担い手になります。ニュータウンのオールドタウン化の解決に向けて、中部大学の挑戦は多くの示唆を与えています。「中部大学が取り組むシニア大学や多世代交流は、健康で頼りになるシニアが住む街、地域からあてにされる大学生が住む街づくりとなり、地方創生のモデルとなることを確信しています」と、生命健康科学部の對馬《つしま》明教授は目を輝かせます。

杏林大学（東京都三鷹市）
杏林版ＣＣＲＣで都市の高齢化問題の解決へ

杏林大学は、医学部、保健学部、総合政策学部、外国語学部、医学部付属病院を擁する総合大学です。杏林大学の立地する三鷹市、八王子市は首都圏の都市型少子高齢社会のなかにあり、今後続々とリタイアする団塊の世代が活躍する場が求められています。

杏林 CCRC 研究所での
地域住民との交流
（写真提供：杏林CCRC研究所）

地方創生というと、得てして地方に目が行きがちですが、今後急激に高齢化が進むのは都市であり、高齢化は都市の問題でもあります。それゆえ杏林大学の立地する都市が元気を維持することが重要です。

杏林大学は２０１３年に文部科学省の「地（知）の拠点整備事業」に、「新しい都市型高齢社会における地域と大学の統合知の拠点」をテーマとして三鷹市、八王子市に加え、羽村市と連携して採択されました。ここでは大学が教育や研究資

杏林 CCRC の全体像

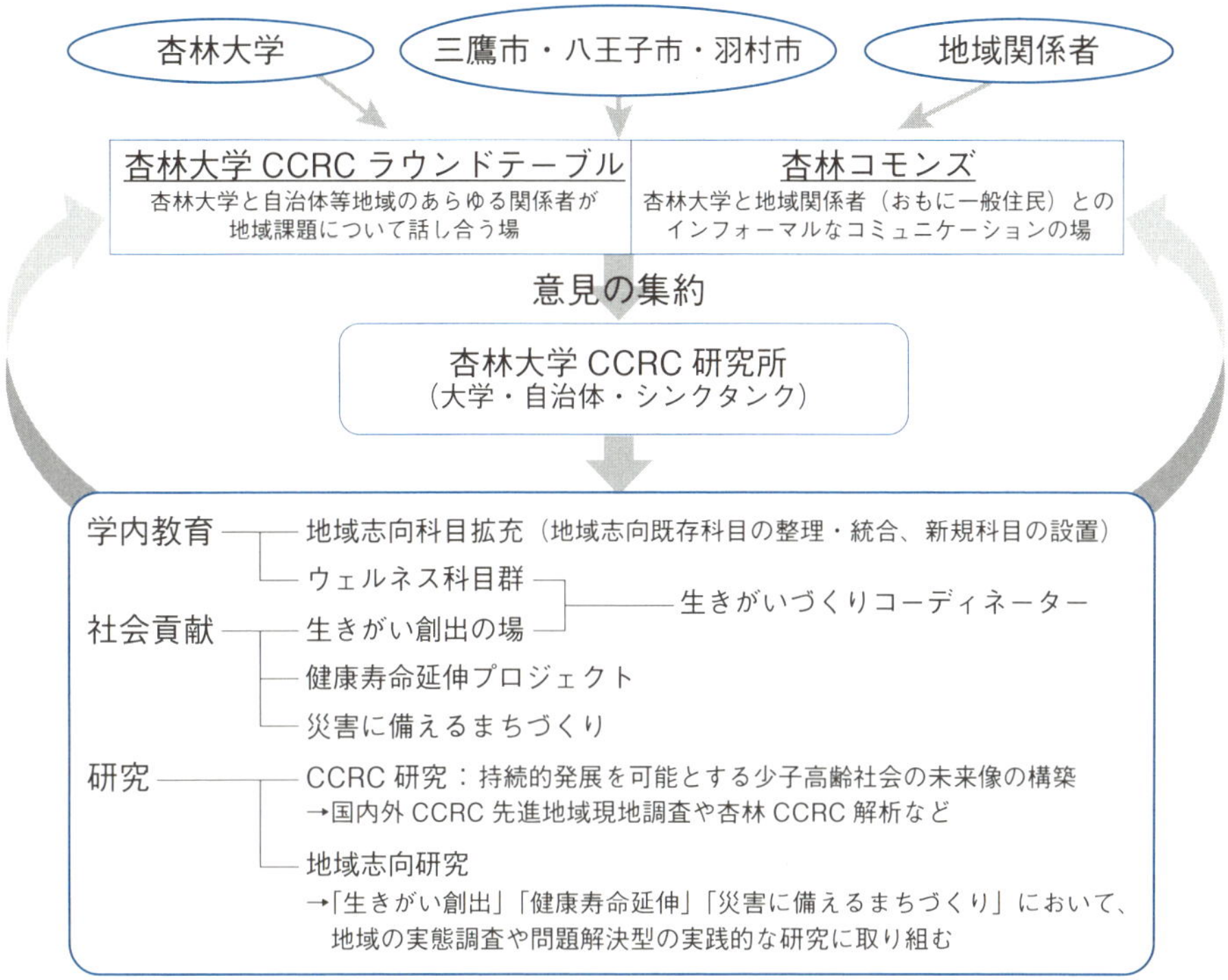

（資料提供：杏林CCRC研究所より、改変）

源を動員して、地域連携を推進する杏林版ＣＣＲＣを目指しています。普通ＣＣＲＣは、Continuing Care Retirement Community を意味しますが、杏林版ＣＣＲＣは、Center for Comprehensive Regional Collaboration、すなわち「包括的な地域連携の中心」を大学が担うことであり、まさに地と知の拠点ということです。この中核として「杏林ＣＣＲＣ研究所」が設置され、私もこの客員研究員として地域連携活動のお手伝いをしています。さらに大学と市役所など地域の関係者が地域課題について話し合う杏林ＣＣＲＣラウンドテーブルと、一般住民と大学とのコミュニケーションの場として杏林コモンズも設置されました。

具体的な活動として「教育」で

は、大学の強みである「ウェルネス科目群」を学生だけでなく地域住民にも開放して学び合いの場を創っています。「地域貢献」では、地域住民に向けた公開講演会で、例えば「文明論から見た西欧」「マイナス金利の金融政策」などシニアの知的好奇心に訴えています。

三鷹市や八王子は大学が数多く立地する学都です。住み慣れた地元の大学で学び、大学の強みの健康支援、さらに大学病院の安心感があります。城下町や寺社町のように、大学や大学病院が核となるヘルスケアタウンとして杏林版ＣＣＲＣの魅力があります。

第8章

日本版CCRC構想を実現させるために

日本版CCRCを政策視点で考えよう

政府が推進する「生涯活躍のまち」構想

日本版CCRCは、シニアの生きがい創出、地方の高齢化や人口減少を解消する切り札として「生涯活躍のまち」という名称で政府の地方創生の主要施策になっています。

私は2010年からCCRCの有望性を提言してきましたが、2013年から2014年にかけて多くの中央官庁と討議を重ねてきました。ちょうど政府が掲げた地方創生政策が追い風となり2015年の2月に地方創生担当大臣（当時）の石破茂氏のもとに「日本版CCRC構想有識者会議」が設置され、私もこの委員として就任しました。

日本版CCRC構想有識者会議（下の表）は2015年2月から同年12月にかけて開催されました。政府には様々な分野の有識者会議がありますが、その多くは数回の開催にとどまっているなかで、日本版CCRC構想有識者会議は約10カ月の間に毎月1回の頻度で計10回開催と、これだけ会合を重ねた会議はなかなかありません。そして石破茂地方創生担当大臣（当時）はほぼ毎回出席し、会議の最後まで熱心に耳を傾けていました。そこには副大臣、政務官、大臣補佐官、さらに各省庁の局長、課長も毎回出席し、真剣に建設的に取り組んだ会議でした。

日本版 CCRC 構想有識者会議委員一覧

	池本 洋一	SUUMO 編集長
	受田 浩之	高知大学副学長
	河合 雅司	産経新聞論説委員
	神野 正博	社会医療法人財団董仙会恵寿総合病院理事長
	袖井 孝子	お茶の水女子大学名誉教授
	園田 真理子	明治大学理工学部建築学科教授
	辻 一郎	東北大学大学院医学系研究科公衆衛生学分野教授
	南 砂	読売新聞東京本社取締役調査研究本部長
◎	増田 寛也	東京大学公共政策大学院客員教授
	松田 智生	三菱総合研究所プラチナ社会研究センター主席研究員
	森田 朗	国立社会保障・人口問題研究所所長

◎：座長（敬称略・五十音順）

（肩書きは当時）

私は第1回の会議で委員報告のトップバッターを務め、「日本版CCRC実現への視点」というテーマで、米国のCCRCの状況と、米国の受け売りではなく日本の社会特性にあったモデルが必要であることを報告しました。会議終了後に石破大臣から「良い報告でした」とねぎらいの言葉をいただいたことを覚えています。また第4回会議では「日本版CCRC実現に向けた政策の視点」として、求められる補助、減税、規制緩和など政策の必要性を報告しました。そして第9回会議では「生涯活躍のまちはユーザー視点のストーリーから」として、政策立案者や供給者視点ではなく、ユーザー視点で居住者が生き生きと暮らすライフスタイルを物語性（ストーリー）として示すことが国民の理解を得るということを強調しました。十数人いる委員のなかで計3回報告したのは私だけであり、私自身この会議への思い入れは人一倍強かったと思います。

なお、この会議の資料や議事要旨などは、「まち・ひと・しごと創生本部」のホームページ（http://www.kantei.go.jp/jp/singi/sousei/meeting/）で、公開されていますので、ぜひ一度ご覧ください。

では、この有識者会議で示された「生涯活躍のまち」構想の最終報告から、目指すべき指針を紹介します。

「生涯活躍のまち」構想の基本的な考え方

「生涯活躍のまち」構想は、「東京圏をはじめとする地域の高齢者が、希望に応じ地方や『まちなか』に移り住み、多世代と交流しながら健康でアクティブな生活を送り、必要に応じて医療・介護を受けることができるような地域づくり」を目指すものとされています（次ページの図）。

「生涯活躍のまち」構想の意義

構想の意義としては以下の3点が示されています。

①高齢者の地方移住の希望実現

内閣官房による東京在住者の意向調査によると、地方への移住希望者は、50代では男性は50・8%、女性は34・2%。

②地方へのひとの流れの推進

「生涯活躍のまち」構想－基本的な考え方－

◎「生涯活躍のまち」構想は、「東京圏をはじめとする地域の高齢者が、希望に応じ地方や「まちなか」に移り住み、多世代と交流しながら健康でアクティブな生活を送り、必要に応じて医療・介護を受けることができるような地域づくり」を目指すもの。

構想の意義

①高齢者の地方移住の希望実現

・東京在住者の意向調査によると、地方の移住希望者は、50代では男性は50.8%、女性は34.2%となっている

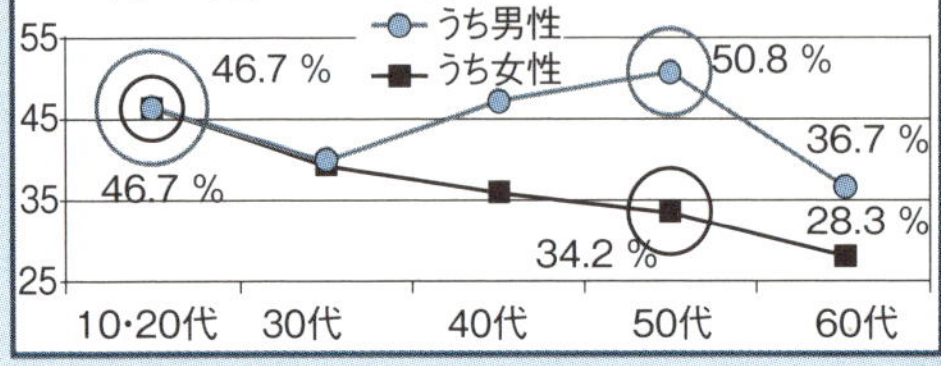

②地方へのひとの流れの推進

・年齢階級別の東京圏からの移住状況は、ほとんどの年齢階級で東京圏へ転入超過となっている中、50～60代は、東京圏からの転出超過になっている

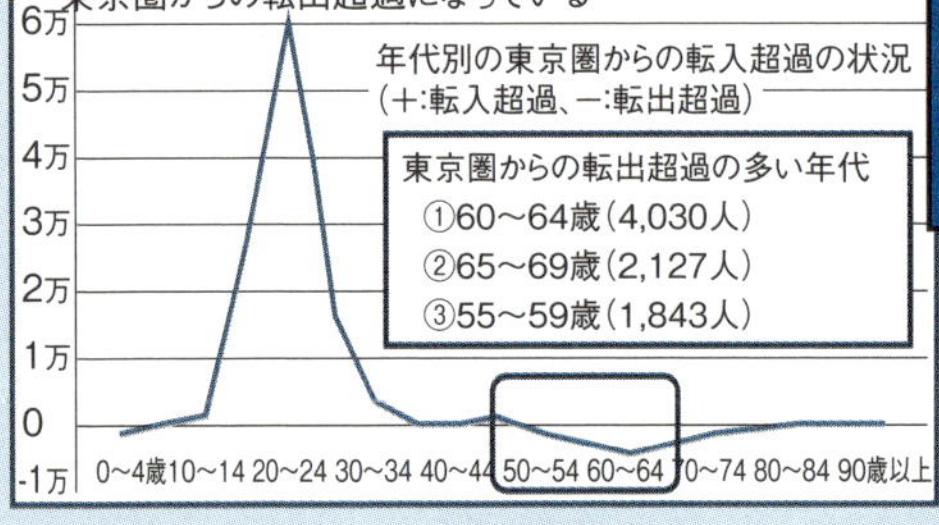

③東京圏の高齢化問題への対応

・東京圏では今後急速に高齢化が進む。特に75歳以上の後期高齢者は2025年までの10年間で約175万人増大し、医療介護の確保が大きな課題となる

	75歳以上人口(万人)		増加数(万人)
	2015年	2025年	
東京都	147.3	197.7	50.5
神奈川県	101.6	148.5	47.0
埼玉県	76.5	117.7	41.2
千葉県	71.7	108.2	36.6
一都三県	397.0	572.1	175.2

構想が目指す基本方向

①東京圏をはじめ地域の高齢者の希望に応じた地方や「まちなか」などへの移住支援

・移住希望者に対してきめ細かな支援を行う。東京圏等から地方へといった広域的な移動を伴う移住のみならず、「まちなか」への転居など地域内での移動を伴う取組も想定

②健康でアクティブな生活の実現

・健康な段階からの入居を基本とし、目標志向型の「生涯活躍プラン」に基づき、健康づくりや就労、生涯学習など社会活動に主体的に参加することを目指す

③地域社会(多世代)との協働

・入居者が地域社会に積極的に溶け込み、子どもや若者など多世代との協働や地域貢献できる環境を実現する。ソフト面全般にわたる「運営推進機能」の整備や、地域包括ケア関連施策との連携も重要

④「継続的なケア」の確保

・医療介護が必要となった時に、人生の最終段階まで尊厳ある生活が送れる「継続的なケア」の体制を確保。重度になっても地域に居住しつつ介護サービスを受けることを基本とする

⑤IT活用などによる効率的なサービス提供

・医療介護人材の不足に対応し、ITや多様な人材の活用、高齢者などの積極的な参加により、効率的なサービス提供を行う

⑥入居者の参画・情報公開等による透明性の高い事業運営

・入居者自身がコミュニティの運営に参画するという視点を重視

⑦構想の実現に向けた多様な支援

・情報支援、人的支援、政策支援により構想の具体化を後押し

平成27年12月11日日本版CCRC構想有識者会議「『生涯活躍のまち』構想（最終報告）」**【概要】**

（資料）内閣官房「東京在住者の今後の移住に関する意向調査」（2014年８月）、総務省「住民基本台帳人口移動報告（2014年）」、国立社会保障・人口問題研究所「日本の将来推計人口（平成24年1月推計）」

年齢階級別の東京圏からの移住は、ほとんどの年齢階級で東京圏への転入超過となっているなか、50～60代は、東京圏からの転出超過。

③東京圏の高齢化問題への対応

東京圏では、今後急速に高齢化が進む。特に75歳以上の後期高齢者は２０２５年までの10年間で約１７５万人増大し、医療・介護の確保が大きな問題。

「生涯活躍のまち」構想が目指す基本方向

構想が目指す基本方向として、以下の項目が示されています（右の図）。

①東京圏をはじめ地域の高齢者の希望に応じた地方や「まちなか」などへの移住支援
②健康でアクティブな生活の実現
③地域社会（多世代）との協働
④「継続的なケア」の確保
⑤ＩＴ活用などによる効率的なサービス提供
⑥入居者の参画・情報公開等による透明性の高い事業運営
⑦構想の実現に向けた多様な支援

区域の広がりに関しては、単体施設の施設型、地区レベルのエリア型、市町村レベルのタウン型と分けられ、健康で生きがいのある生活を送ることができる環境の提供として、ソフト面、ハード面、事業運営面ですべきことが示されています（次ページ図）。

この「生涯活躍のまち」構想の具体像は、「入居者」「立地・居住環境」「サービスの提供」「事業運営」の各観点から提示されています。一定水準を確保する一方で、地域の特性やニーズに即した多様性を尊重することが必要とされています。求められる要件は、①入居者の安心・安全の確保などの視点から、地域の事情に関わりなく遵守しなければならない「共通必須項目」と、②地域の特性や希望する地域づくりに応じた「選択項目」に区分されます。

入居者の共通必須項目は、シニアの入居意思を明確にすることで、強制的な居住ではありません。そして健康な時からの入居を基本とします。一方選択項目では、住み替え形態は、東京圏から地方

日本版CCRCの制度イメージ（案）

タウン型 市町村レベル	エリア型 地区レベル	施設型 単体施設

区域広い ←→ 区域狭い

高齢者が健康で生きがいのある生活を送ることができる環境の提供	
【ソフト面】	1.「健康でアクティブな生活」を支援するためのプログラムの提供 2. 医療・介護が必要な場合の「継続的なケア」の確保 3. 地域社会（多世代）との共働推進のためのきめ細かな支援
【ハード面】	1. 自立した生活を送ることができる居住環境の提供 2. 地域資源や既存ストックの活用
【事業運営面】	1. 居住者の参画・情報公開等による透明性・安定性の高い事業運営 2. 多様な事業主体、事業の継続性の確保

（日本版CCRC構想有識者会議（第1回）資料6　日本版CCRC構想の基本コンセプト（案）を改変）

への広域移住型もあれば、自宅の近くや同じ都道府県内での住み替えによる近隣転居型もあります。

立地・居住環境を見ると、共通必須項目では、地域社会（多世代）交流・協働で地域交流拠点を整備し、生活全般を支えるコーディネーターの配置が示されています。

一方選択項目として、立地は中心市街地の「まちなか型」、自然豊かな「田園地域型」があり、地域的な広がりでは、まち全体で取り組む「タウン型」と特定の街区での「エリア型」があります。また既存施設や空き家など地域資源の活用とともに、既存の福祉拠点の活用といった地域包括ケアとの連携が示されています。

サービスの提供の共通必須項目では、お試し居住支援や地域で活躍するためのプログラムの提供、そして医療機関と連携した継続的ケアの確保があり、選択項目では、現在の持ち家の売却や賃貸の住み替え支援サービス、地域での就労、社会参加、生涯学習などのプログラムの提供があります。

「生涯活躍のまち」構想ー各主体の役割分担と連携ー

1. 国:構想に関する基本方針を策定するとともに、地方自治体や事業主体を支援するため、情報支援、人的支援、政策支援のあらゆる側面から支援。
2. 地方自治体：地域の特性や強みを活かして具体的な構想を検討し、地域の関係事業者等と協力しながら、基本計画の策定、運営推進機能を担う事業主体の選定、事業計画の策定等を行う。
3. 事業主体（運営推進法人）：地方自治体の基本コンセプトを踏まえ、地域交流拠点の設置やコーディネーターの配置、関係事業者との連携により、入居者に対するサービス提供やコミュニティの運営を行う。

≪イメージ図≫

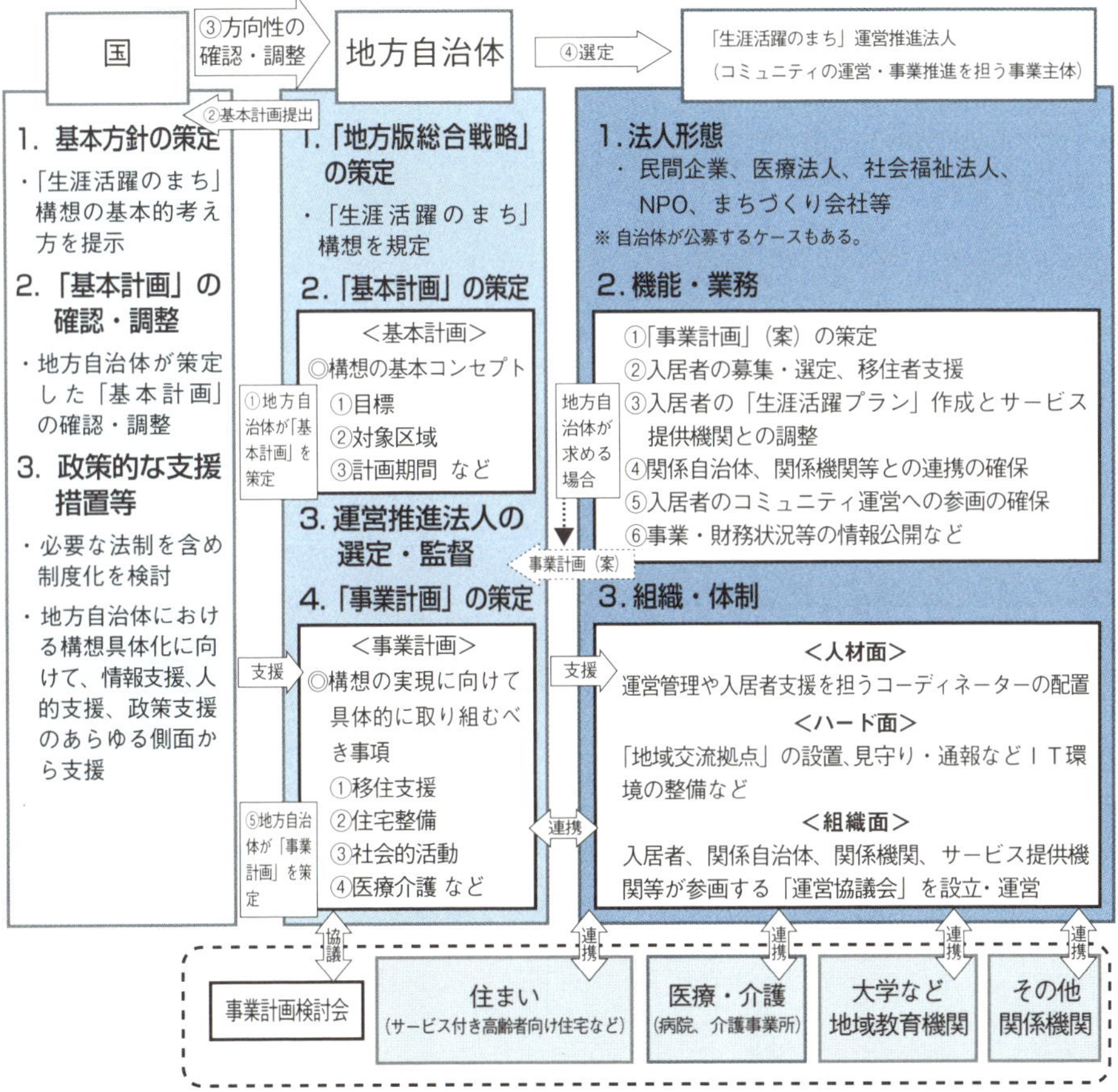

（2015年12月　日本版CCRC構想有識者会議最終報告
「生涯活躍のまち」構想（最終報告）（案）概要）

最後に事業運営では、共通必須項目として入居者の事業への参画、事業運営やケア関係の情報公開が示され、選択項目として企業や社会福祉法人、医療法人など多様な事業主体の参画、経営の工夫や費用の抑制、コミュニティの人口構成維持などが求められています。

「生涯活躍のまち」は、国、地方自治体、事業主体の三位一体で進められることになります。国は、構想に関する基本方針を策定して地方自治体や事業主体への情報支援、人的支援、政策支援を行います。地方自治体は、地域の特性を活かした構想を検討し、地域の関係者等と協力しながら、基本計画の策定、事業主体の選定、事業計画の策定を行います。そして事業主体は、地方自治体の計画を踏まえて、地域交流拠点の設置やコーディネーターの配置、入居者に対するサービス提供やコミュニティの運営を行います（前ページの図）。

政府で検討された「生涯活躍のまち」構想の大きな成果は、制度化まで進んだことといえます。大臣が変わったら消えた、あるいは政権が変わったら消えたという政策は枚挙に暇《いとま》がありません。今回の日本版ＣＣＲＣ構想有識者会議の最終報告を受けて、地域再生法が改正され「生涯活躍のまち形成事業」として制度化されました。今後、地方創生推進交付金での支援が進むとともに、老人福祉法、介護保険法、旅館業法など各法律で、特例や規制緩和が進むことになります。

内閣官房まち・ひと・しごと創生本部が全国の地方自治体に行った意向調査では、３６６の地方自治体が生涯活躍のまちに「推進意向あり」と回答しています（左ページの表、２０２０年2月現在）。それは北海道から沖縄まで、人口は数千の街から数十万の大都市まであり、想定する立地も中心市街地型、郊外型、中山間地型と多様な広がりを見せています。

なぜ、これほど関心が高まっているのでしょうか。それは、日本版ＣＣＲＣ（生涯活躍のまち）が、ピンチをチャンスに変える切り札になる可能性があるからです。昔は地域活性化といえば工場誘致がでしたが、これからはアクティブシニアの誘致が

【参考】「生涯活躍のまち」の推進意向がある地方公共団体一覧（令和２年２月１日現在）

北海道	**北海道**、**函館市**、**室蘭市**、**江別市**、三笠市、砂川市、**登別市**、**伊達市**、**当別町**、鹿部町、厚沢部町、寿都町、**黒松内町**、余市町、奈井江町、栗山町、雨竜町、**沼田町**、鷹栖町、**東川町**、中川町、幌加内町、増毛町、**苫前町**、**遠別町**、**猿払村**、利尻町、遠軽町、**豊浦町**、**壮瞥町**、**洞爺湖町**、**上士幌町**、鹿追町、**更別村**、大樹町、浦幌町
青森県	**弘前市**、十和田市、今別町、六ヶ所村、五戸町
岩手県	岩手県、大船渡市、**遠野市**、**陸前高田市**、釜石市、八幡平市、**雫石町**
宮城県	岩沼市
秋田県	**秋田県**、**大館市**、鹿角市、にかほ市
山形県	**山形県**、山形市、**酒田市**、**長井市**、山辺町、**中山町**、河北町、大石田町、**金山町**、最上町、**川西町**、白鷹町、三川町
福島県	福島市、いわき市、須賀川市、喜多方市、南相馬市、**伊達市**、本宮市、檜枝岐村、西会津町、会津坂下町、三島町、棚倉町、三春町、富岡町、大熊町
茨城県	日立市、石岡市、**笠間市**、常陸大宮市、行方市、大洗町、**阿見町**
栃木県	小山市、**大田原市**、益子町、市貝町、芳賀町、高根沢町、**那須町**
群馬県	**前橋市**、渋川市、東吾妻町、**玉村町**
埼玉県	埼玉県、熊谷市、**秩父市**、川島町、**鳩山町**、横瀬町、美里町、上里町
千葉県	千葉市、館山市、木更津市、**旭市**、市原市、**鴨川市**、印西市、**匝瑳市**、大網白里市、多古町、**長柄町**、**御宿町**、鋸南町
東京都	江東区、世田谷区、北区、青梅市、小金井市、**日野市**、清瀬市、武蔵村山市、**稲城市**、西東京市、**大島町**
神奈川県	横須賀市、**平塚市**、鎌倉市、**小田原市**、**三浦市**、海老名市
新潟県	長岡市、小千谷市、十日町市、見附市、燕市、**妙高市**、**南魚沼市**、**聖籠町**、関川村
富山県	射水市、入善町、朝日町
石川県	小松市、**輪島市**、**加賀市**、**白山市**、津幡町、志賀町、中能登町
福井県	福井県、福井市、小浜市、越前町、おおい町
山梨県	**都留市**、山梨市、韮崎市、北杜市、甲斐市、富士河口湖町
長野県	松本市、小諸市、伊那市、**駒ケ根市**、**佐久市**、千曲市、東御市、佐久穂町、下諏訪町、箕輪町、南箕輪町、松川町、喬木村、南木曽町、生坂村、小谷村、木島平村、**飯綱町**
岐阜県	岐阜県、関市 、土岐市 、飛騨市
静岡県	**静岡市**、焼津市、掛川市、藤枝市、御殿場市、袋井市、下田市、牧之原市、**南伊豆町**、清水町
愛知県	愛知県、瀬戸市、春日井市、蒲郡市、犬山市、小牧市、新城市、大府市、知多市、豊明市、長久手市、**美浜町**、東栄町
三重県	名張市、鳥羽市、**いなべ市**、南伊勢町
滋賀県	長浜市、**近江八幡市**、守山市、甲賀市、高島市、米原市
京都府	**京都府**、舞鶴市、宇治市、城陽市、木津川市、久御山町、**笠置町**
大阪府	**吹田市**、茨木市、河内長野市、羽曳野市、高石市
兵庫県	伊丹市、**宝塚市**、**三木市**、川西市、三田市、南あわじ市、上郡町、香美町
奈良県	三郷町、田原本町、高取町、広陵町、吉野町、黒滝村、**十津川村**、東吉野村
和歌山県	有田市、紀の川市、すさみ町
鳥取県	**鳥取県**、若桜町、八頭町、三朝町、**湯梨浜町**、**南部町**、**日南町**、日野町
島根県	島根県、松江市、江津市、雲南市、飯南町、川本町、隠岐の島町
岡山県	岡山市、津山市、**玉野市**、高梁市、真庭市、勝央町、**奈義町**
広島県	**三原市**、尾道市、**安芸太田町**
山口県	山口県、**宇部市**、**山口市**、**美祢市**、山陽小野田市、**周防大島町**、田布施町
徳島県	徳島県、阿波市、**美馬市**、**三好市**、藍住町
香川県	**高松市**、三豊市、小豆島町、三木町、綾川町
愛媛県	松山市、**宇和島市**、八幡浜市、**新居浜市**、久万高原町
高知県	**高知県**、**高知市**、南国市、**奈半利市**、田野町、**本山町**、**土佐町**、仁淀川町、中土佐町
福岡県	**北九州市**、飯塚市、豊前市、筑紫野市、須恵町、新宮町、水巻町、大刀洗町、大木町、川崎町、みやこ町
佐賀県	佐賀県、武雄市、**嬉野市**、基山町、江北町、白石町
長崎県	**長崎県**、松浦市、**壱岐市**
熊本県	人吉市、荒尾市、天草市、玉東町、長洲町、高森町、益城町、あさぎり町
大分県	大分県、**別府市**、臼杵市、竹田市、宇佐市、由布市、日出町
宮崎県	国富町、綾町、新富町、**西米良村**、川南町、美郷町、高千穂町
鹿児島県	**鹿児島市**、指宿市、いちき串木野市、さつま町、瀬戸内町、徳之島町、**伊仙町**
沖縄県	**石垣市**、宮古島市、南城市、読谷村、嘉手納町、南大東村、八重瀬町、竹富町
合計	推進意向あり：366

※**太字**は、「生涯活躍のまち」に関する構想等（「構想」「基本計画」「地域再生計画」）を既に策定している地方公共団体（102団体）

取り組みの推進に当たり、見直しが必要と思われる主な規制

- サービス付高齢者向け住宅の入居者年齢要件の緩和
- 空き家活用・容積率、建蔽率等の建物に対する規制緩和、既存住宅のリノベーションによる優遇措置
- シルバー人材センターの働き方に関する規制（週20時間、月10日以内）の見直し
- 大学の事業参画を促す取り組み（地域貢献として非収益事業化へのインセンティブ、大学キャンパス内への居住に関するグレーゾーンの解消）
- 国庫補助等を受けて整備した施設（学校等）を転用する場合における財産処分制限の緩和

（第2回「生涯活躍のまち」構想に関する各地域の意向等調査　内閣官房2015年11月）

雇用を生み、人口減少に歯止めをかけ、地域を元気にするという可能性を地方自治体も感じているのではないでしょうか。

地方自治体向けの調査（２０１５年第四回日本版ＣＣＲＣ構想有識者会議　資料７　日本版ＣＣＲＣに関する各地域の意向等調査結果（概要））では、「取組の推進に当たっての課題や必要となる支援策」として、「コーディネート人材の育成に関する財政支援」「居住環境の整備や既存ストックの活用にかかる整備への財政支援」「高齢者への医療・介護サービス提供による地方負担増への支援」「既存公共施設等の利活用の促進」が挙げられています。

要は「ヒト、モノ、カネ」で見ると、コーディネート能力のある人材育成、建物の整備や利用、推進するための財政支援といえるでしょう。

また取り組みの推進にあたり見直しが必要と思われる規制については、上の表のような分野が挙げられており、こうした規制緩和を進めることも重要になってきます。

日本版CCRCを実現させる政策アイディアはこれだ！

日本版ＣＣＲＣの実現のためには、事業主体となる企業、社会福祉法人、医療法人などが努力すべき分野と併せて、政府、中央官庁、地方自治体

による補助、減税、規制緩和といった政策や制度設計が極めて重要です。ここでは実現の突破口となり得る政策アイディアを示したいと思います。

①居住者への健康インセンティブ制度

日本版ＣＣＲＣの居住者は、同世代と比べて健康を維持していると考えられます。彼らの健康データを蓄積して証明することが前提ですが、もし居住者が健康を維持して医療・介護費の負担が少なければ、彼らの健康保険料を一部減額するインセンティブはどうでしょうか。居住者は健康であり続けるほど得になる制度です。またシニアが日本版ＣＣＲＣに住み替える時のインセンティブとして、例えば家賃の数カ月分を割引き、入居金の一部を税控除可能にしたり、分譲方式では不動産取得税を軽減するような制度も有効でしょう。

②事業主体へのインセンティブ制度

インセンティブは事業者にも必要です。今の高齢者住宅では、もし居住者の介護度が改善されると介護保険の給付が減り、収益が下がってしまうということが起こり得ます。

だから一部の心ない事業主体は、なるべく介護度を上げて介護保険給付で収入を確保しようとするのです。しかし国の財政状況を見れば、介護保険給付への過度な依存はリスクがあります。

むしろ必要なのは、居住者の自立度や介護度が改善されたら、事業主体に対して国や地方自治体が表彰して奨励金を支給したり、法人税や事業所税、固定資産税を減税するような政策ではないでしょうか。

日本版ＣＣＲＣは、居住者の健康を高め、地域に雇用を創出する公共性の高い事業なので、事業主体の持続可能な経営を支援する政策支援が必要です。例えば用地取得は、事業主体にとっては大きな負担なので、市有地など公有地を無償や低額で賃貸したり、容積率や土地利用の緩和も必要です。さらに食堂や交流施設など共用部の建設費については、補助金の支援や固定資産税の減税もインセンティブとして考えられます。

③シニア向け金融商品開発支援制度

今は超低金利時代でシニアには常にオカネの不安があるので、健康に関連して金利の優遇があるような金融商品にチャンスがあるといえそうです。好事例として挙げたいのが、長野県の松本信用金庫の「健康寿命延伸特別金利定期積金」です。これは健康診断を毎年受診することを条件に、通常の金利0・02％が10倍の0・2％となる期間3年の積立預金です。金利が約10倍になるので、今まであまり健康診断を受けてこなかった個人事業主や主婦の人気を集め、2014年に販売開始してから7カ月で約12億円を集めたヒット商品となりました。このヒット商品は、松本地域健康産業推進協議会という産官学連携の団体による検討から生まれたもので、松本市からの利子補給などはありません。

松本市は、健康診断の受診率が上がれば、生活習慣病やがんのリスクが軽減し、将来の医療・介護費の抑制も期待できます。こうした官民連携を政策的に支援すべきでしょう。

また、例えば死亡時に5000万円の生命保険の契約に特約をつけて、要介護1になった時は6割の3000万円が支払われ、それを日本版CCRCへの住み替えや生活費用に充当するようなアイディアはどうでしょうか。

保険は事業主体向けにも考えられます。日本には「長生きリスク」という言葉があります。これは、前払金方式（生涯の家賃として15年など一定の想定居住期間分の家賃相当額を入居時に前払いする方式）で入居した居住者が想定期間を超えて長生きすることが、事業主体の経営を圧迫することですが、長生きがリスクとは本来不謹慎な話です。

例えば、事業主体が保険会社と「長生き安心保険」といった契約を結び、居住者が想定された居住期間に達した時から、事業主体には家賃相当額の保険金が支払われるという仕組みです。こうしたシニア向けの金融商品の開発に対して、政策的な支援が求められます。

④居住者参加促進制度

日本版ＣＣＲＣでは、居住者は支えられる人ではなく担い手という理念です。米国のＣＣＲＣでは、居住者が図書委員、財務委員、ダイニング委員、ペット委員などを務めています。またカリフォルニア州では州法で「すべてのＣＣＲＣの事業者は住民自治のための組織を設置することを推奨しなければならない」という義務を定めています（Continuing Care Contract Statutes : State of California Health and Safety Code）。

一方、これまでの日本のシニア住宅では、住民自治の組織が存在することも、居住者が何かの委員で担い手になることも稀です。例えば、地方自治体の条例として、事業主体は、居住者との合意のもとに日本版ＣＣＲＣの自治や運営に参加を促進させるようなアイディアはどうでしょうか。

⑤社会活動ポイント制度

社会活動ポイント制度とは、例えば日本版ＣＣＲＣで誰かのために50時間働いたら、その50時間がポイント化され、将来の自分の介護サービスに使えるようにしたり、あるいは地域通貨として食事や買い物に使えるようなアイディアです。近隣の子育て支援やボランティアでも、誰かのために貢献することができれば、地域社会全体のメリットにもなります。それが社会活動ポイントとして累積されれば、今の生活に役立つばかりでなく将来の安心にもなるでしょう。

⑥第二義務教育制度

第二義務教育制度とは、例えば「わが街では50歳や60歳になったらもう一度学校に行かなければならない」「日本版ＣＣＲＣの入居条件は、近隣の学校に週10時間通うこと」という義務教育のアイディアです。シニアの社会参加の悩みは、例えば公民館を見ると、通うのはいつも同じ顔ぶれの人ばかりということです。本当は参加したいけれど一歩踏み出せない人も多いのです。ゆえに、彼らの背中の後押しをする「ちょっとした強制力」が必要ではないでしょうか。

「自主的に参加してください」とすると、参加者はいつもの顔ぶれになってしまいがちですが、「これは義務です」「参加すれば住民税が安くなります」としたら、「仕方ないな」と文句を言いつつも少し嬉しそうに参加するシニアも増えるのではないでしょうか。

第二義務教育制度では講座も重要です。シニアがせっかく学校に行くのであれば、やらされ感満載の講座ではなく、主体的に取り組める講座づくりが大事です。学校で地域の歴史や課題を学び、自分が何を貢献できるかを討議してはどうでしょうか。そこで給食が出れば独居老人は食事面で大助かりです。また体育の時間では転倒予防体操をします。もしかしたら再び学校で小さい頃の憧れの同級生と再会できるようなことがあれば、第二義務教育もワクワク感が生まれるでしょう。

⑦情報開示の義務化と認証規格制度

日本版ＣＣＲＣはシニアの健康や経済面の安心を担保する重要な存在です。シニアが自分の全財産を預けるような終の棲家を選ぶ際には、綿密な情報収集が必要です。今は、マンションでもホテルでも口コミサイトや比較サイトが充実していますが、シニア住宅については、こうしたサイトや情報開示の状況はまだまだ未整備と言わざるを得ません。消費者保護の点からも日本版ＣＣＲＣの事業主体には情報開示を義務化する政策が必要ではないでしょうか。

情報開示に求められるのは、ハードとソフトと財務です。ハードは建物や設備で、築年数やバリアフリーの状態、居室や共用スペースの広さ、ソフトは健康支援や介護支援の体制、介護スタッフや看護師、理学療法士など専門スタッフの数、彼らの勤続年数や熟練度などの項目が考えられます。居住者の健康状態や平均介護度の経年的な開示も必要です。

財務は、事業主体の貸借対照表や損益計算書、人材や設備への投資状況の開示です。

そして現在、日本版ＣＣＲＣの品質を保証する認証規格の制度は存在しません。私が今一番危惧するのは、低品質の「なんちゃってCCRC」の粗製乱造です。日本版CCRCの実現には規制緩和も必要ですが、良い意味での規制も必要です。

認証規格は、消費者保護や投資家への情報提供、さらにISOのように品質向上への意識を示す証にもなるので、第2章の米国の事例で紹介したCARF-CCACのようなCCRCの認証規格制度を日本でも進めるべきです。

⑧中古住宅流通による住み替え促進

日本版CCRCと都市部の中古住宅問題は、住み替えの視点から表裏一体です。シニアが今の住まいを売る時には、なるべく高く売りたいものですが、今の日本の中古住宅は20年住んだら建物の資産価値がゼロと見なされるなど、適正な価格で評価されているとは言い難いでしょう。都市部では、子供の出ていった戸建住宅が、老夫婦2人から独居老人だけになり、2階の雨戸が閉まったままの家が多数あります。

中古住宅がリノベーションを施して適正な価格で流通されるように、リノベーションへの補助金や買取再販事業への金利優遇措置や不動産売却税の減税など、中古住宅流通市場の整備促進への一層の支援が必要です。

またREIT（不動産投資信託）が有料老人ホームを購入する際の不動産取得税を軽減することも、民間資金の流入を促すことになるでしょう。

⑨逆参勤交代制度

出張で地方に行くと「ああ、ここで1カ月暮らしたら楽しいだろうな」と思うことがあります。現役で働いているうちから、地方の中心都市や中山間地で短期間暮らす機会があれば、将来のセカンドライフを考えるよい経験になります。

日本版CCRCを実現するには、大胆な政策が必要だと思います。逆参勤交代制度とは、例えば「東京の大手企業は、社員の1割を1カ月地方で勤務させねばならない。そうすれば法人税を減税する」というアイディアです。

参勤交代は江戸幕府が地方大名の力を抑制する

ために、江戸への参勤を命じたもので、大名にとっては大きな負担となりましたが、逆にメリットもありました。全国で街道が整備され、宿場町が栄え、江戸では藩邸が作られました。江戸の参勤交代は地方から江戸への流れでしたが、現代の逆参勤交代は東京から地方への流れです。これが進めば、地方にはオフィスや住宅が必要になります。それらは公共施設や廃校、趣味の良い古民家など既存施設を活用します。ＩＴのインフラを整えれば仕事の生産性が落ちることはないでしょう。それどころか、首都圏の満員電車の通勤地獄が緩和され、家族との時間や自分の趣味の時間が増え、創造性も向上するのではないでしょうか。

江戸の参勤交代	現代の逆参勤交代
地方から江戸へ	東京から地方に
江戸に藩邸が整備	地方にオフィス、住宅が整備
全国に街道が整備	全国にITインフラ整備、交通費の割引制度創設
参勤交代せねばおとり潰しの恐怖	参勤交代による多面的なメリット ・法人税減税のインセンティブ ・従業員の生産性・創造性向上

逆参勤交代制度で様々な街に暮らす人が増えれば、日本版ＣＣＲＣの将来の潜在顧客を作ることになります。これを後押しするために、例えば「逆参勤交代割引」のように、電車や飛行機代、車の移動コストを国や地方自治体が一部負担してはどうでしょうか。少しの強制力で新たな人の流れを創るアイディアが逆参勤交代制度なのです。

⑩日本版CCRC特区

これまで述べてきた政策アイディアを全国一律に行うのは容易ではありません。そこで日本版ＣＣＲＣ特区という発想です。特定の地域で規制緩和、減税などを一気に実施し、数年かけて経済面、健康面の効果を検証して他の地域に横展開するアイディアです。

⑪組み合わせ型政策

日本版ＣＣＲＣは、単なる高齢者住宅政策ではなく、都市政策、産業政策、福祉政策の「組み合わせ型政策」です（下の図）。ゆえに政府の日本版ＣＣＲＣ構想有識者会議では、内閣官房の事務局のもとに国交省、厚労省、経産省、文科省が省庁横断で参加しました。地方自治体で考えれば、企画部門だけでなく、都市計画、健康福祉、産業、教育など部門横断型で推進すべき政策です。

日本版ＤＭＯという地方創生の別の主要施策があります。ＤＭＯとは、Destination Management／Marketing Organizationの略で、地域と協同して観光地域作りを行う法人のことですが、私は、日本版ＤＭＯは日本版ＣＣＲＣと組み合わせ型政策になると考えています。例えば、海外駐在経験があり語学堪能な日本版ＣＣＲＣの居住者は、日本版ＤＭＯで海外観光客のガイドができますし、経理など事務仕事では、短時間就労してもらうことも可能でしょう。

日本版ＣＣＲＣをひとつの政策で終わらせずに

日本版CCRCは組み合わせ型政策

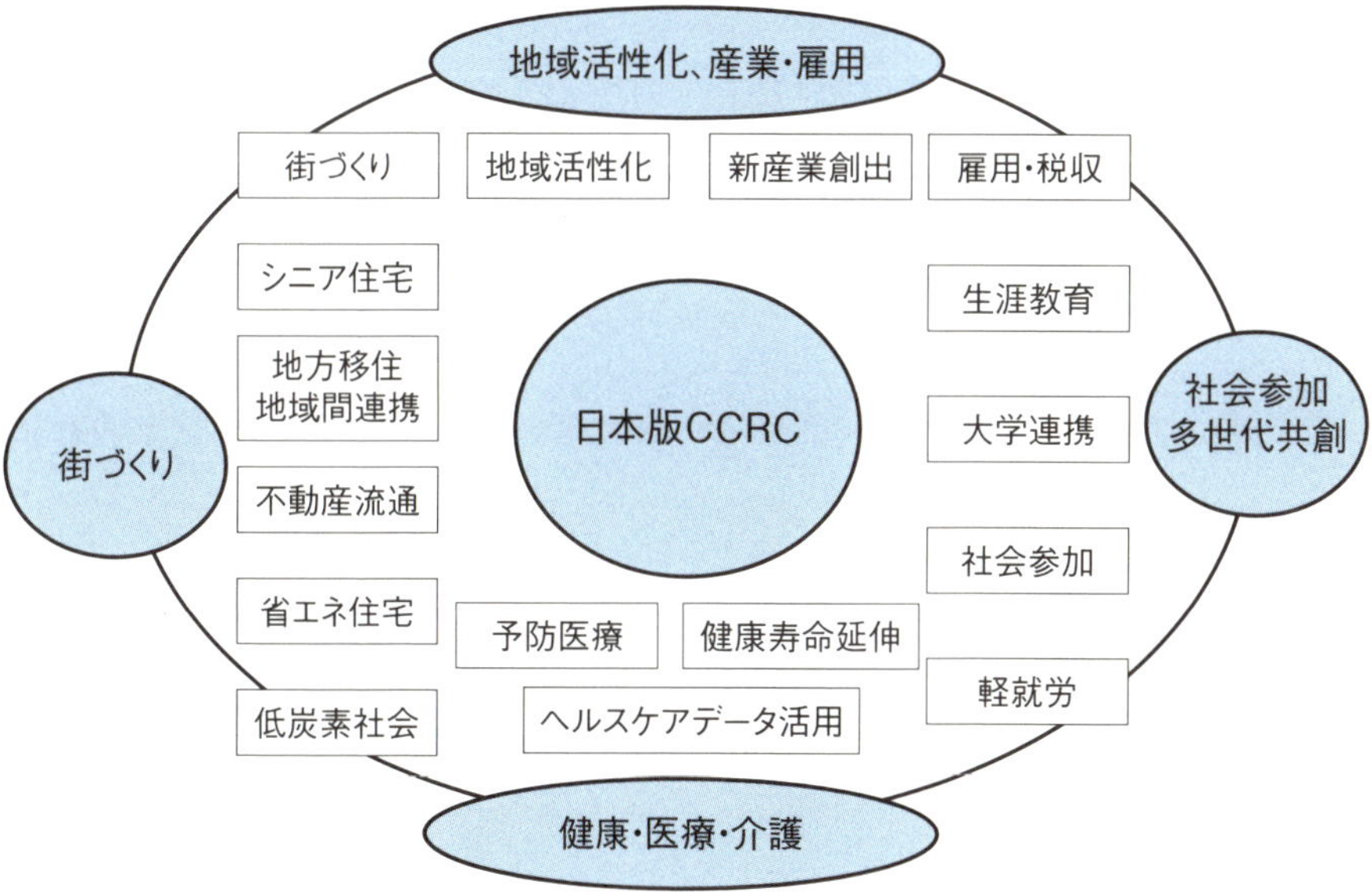

多様な政策と組み合わせることが重要です。その推進に必要なのは市長など首長のリーダーシップになります。

日本版CCRCの政策では、地方自治体が地方交付金を得ることや、計画策定だけで満足してしまうような「手段の目的化」になってはいけません。日本版CCRCをきっかけに、地域社会が活性化することがゴールであり、ここで紹介した政策アイディアが実現への後押しになることを期待します。

日本版CCRCを実現させる政策アイディア

①居住者への健康インセンティブ制度	日本版CCRCの居住者が自立度を維持し、介護度が改善された場合に、医療費や健康保険料が安くなるインセンティブ
②事業主体へのインセンティブ制度	居住者の自立度や介護度が改善された場合、事業主体への奨励金や法人税減税、共用部建設への補助金のインセンティブ
③シニア向け金融商品開発支援制度	健診受診での金利優遇や、要支援・要介護時に生命保険の一部が支払われる特約など新たな金融商品開発の支援制度
④居住者参加促進制度	居住者の日本版CCRCでの自治参加を促す制度
⑤社会活動ポイント制度	社会活動した時間が将来の自分の介護に使えたり、地域通貨として使えるポイント制度
⑥第二義務教育制度	50歳や60歳になったらもう一度学校に行くことを義務化することで一歩踏み出せない層を後押しする制度
⑦情報開示の義務化と認証規格制度	消費者保護の視点から、事業主体の情報開示と、ハード、ソフト、財務面での日本版CCRCの認証規格制度
⑧中古住宅流通による住み替え促進	リノベーション支援による中古住宅の資産価値向上、不動産売却や不動産取得税の軽減による不動産流通活性化制度
⑨逆参勤交代制度	現役時代から都市と地方居住を経験させるため、社員の1割を1カ月地方勤務させれば企業の法人税を減税する制度
⑩日本版CCRC特区	規制緩和と減税を特区で推進し効果を検証したうえで、横展開させる制度
⑪組み合わせ型政策	産業政策、都市政策、福祉政策などの組み合わせが重要。日本版DMOと日本版CCRCの連携も有望

日本版CCRCを実現させるビジネスの視点

日本版CCRCの実現を後押しする政策アイディアを紹介しましたが、実際に日本版CCRCを開発して運営するのは事業主体です。事業主体は、民間企業、医療法人、社会福祉法人、学校法人などが想定されていますが、いずれにせよビジネスとして自律的に回ることが重要です。第6章で石破茂・前地方創生担当大臣がインタビューで語った「商売として成り立つ」ことが基本なのです。ここでは、ビジネスとして必要な視点を示します。

①ユーザー視点のストーリー性

今、日本版CCRCに足りないのは「ユーザー視点のストーリー性」だと思います。「東京の介護が将来大変だから」や「地方の疲弊が問題だから」という地域視点になりがちです。この本の表紙に「あなたが輝く」というメッセージを入れたのは、ユーザー視点を大切にしたい思いからです。既存のシニア住宅の紹介を見てみると、食事やアクティビティを提供しますという供給者視点になりがちですが、主役は居住者で主語は居住者であるべきです。

例えば、「私は独居でさびしく暮らしていたけれど、この日本版CCRCに移って、今は近所の子供に読み聞かせをして、毎日に張り合いが出ました」ですとか、「私は故郷の母校に隣接した日本版CCRCに住み替えました。海外赴任の経験を活かして高校生向けに英語教室を始め、母校への恩返しをしています」といった内容がユーザー視点のストーリー性です。「年賀状に書きたくなる」ようなストーリー性が、最大の集客戦略といえるでしょう。

ストーリー性というと、私が小学生だった1970年代に「木綿のハンカチーフ」という歌が流行して、テレビやラジオから流れてくるメロディーが頭に刷り込まれています。この歌は東へと向かう列車で故郷を出て都会に行った男性が、都会に染まって故郷の彼女を忘れてしまい、彼女は最後の贈り物として涙をふく木綿のハンカチーフを送ってほしいと伝える悲しい歌です。例えば、「逆・木綿のハンカチーフ」というストーリーはどうでしょうか。都会に行った男性が年を重ねて数十年後に西に向かう列車で故郷に戻る。そこで別れた彼女と再会する。こんなドラマや映画ができれば、シニアの関心が高まるのではないでしょうか。

②承認欲求、貢献欲求を充足させよう

日本版CCRCはハコモノのハードではなく、居住者に生きがいを与えるソフトが大事です。特に多世代交流が重要と思います。具体的な事例として、85歳になる私の父親の話をしましょう。私の地元である東京都大田区の公立小学校では、歴史の時間でゲストティーチャーという制度があり、地元のシニアが登壇して町の歴史を教えています。父もここに何回か登壇しました。写真の黒板に「空襲」と書いてありますが、父は東京大空襲の話をしました（写真）。実家に焼夷弾が直撃して家が全焼し、頭から水をかぶって家財道具を運び出した経験を6年生に話したのです。生徒たちは神妙な表情で聞いていたそうですが、翌週に彼らは父を再度教室に呼んで、「おじいちゃんの話を聞いて、私たちはこれからの街をこう考えます」というチームでのプレゼンテーションをしてくれたそうです。そこには小学生の父母も参加したそうです。

ゲストティーチャーとして
小学生に街の歴史を話す

ちなみに今の6年生はパソコンを駆使して発表するそうです。そうすると小学生の母親から「そもそもなぜ戦争が起きたのですか」といった直球の質問が出て白熱授業となったそうです。そして、その場では何よりも私の父親が一番嬉しいのです。年を重ねると少なくなるのが、「ありがとう」とか「おかげさまで」と言われることだそうです。

これは心理学でいうところの「承認欲求」や「貢献欲求」です。

さらにこれらの欲求はシニアの消費につながります。このゲストティーチャーを経験したシニア同士が「街の郷土史を作ろう」ということになるわけです。彼らは街の風景を撮りたいからデジカメを買い替え、原稿を書くためにパソコンを買い替えるのです。よくシニアの消費では、やれ海外旅行だ、やれスポーツカーだといわれますが、それはしょせん放蕩欲求や享楽欲求で、すぐ飽きるものでしょう。日本版ＣＣＲＣは承認欲求や貢献欲求を充足させるソフトが重要なのです。

③1%の視点

新たなライフスタイルを選ぶのは、まず1%の消費者といわれます。この1%はマーケティングの世界でイノベーター（革新者）やアーリーアダプター（初期受容者）といわれる層ですが、この尖った人々の動きに普通の人が追随して次第に大きな市場を形成します。1%の層といわれてもピンとこないかもしれませんが、皆さんの周りで初めてスマートフォンを使った人、最初にＳＮＳを使い始めた人といえば思い当たるでしょう。その人が楽しくスマートフォンを使ったり、ＳＮＳで自分の日々の出来事を生き生きと発信する姿を見て、「それなら自分も」と使うようになったのではないでしょうか。もっと過去を振り返れば、初めて車を買った人、初めて海外旅行に行った人、初めて携帯電話を買った人が思い当たるでしょう。もし1%の先駆者が日本版ＣＣＲＣでの自分のライフスタイルを語り始めれば、追随者が出て市場は広がるはずです。だから最初の1%が過ごす日本版ＣＣＲＣが成功することがとても大切なのです。

今後有望なのは、団塊の世代や今の50代・40代の世代だと思います。特に団塊世代は、戦後に初めて核家族という新たな暮らし方を始め、さらに団地という当時は最先端の住まい方を始め、常に新たなライフスタイルを積極的に取り入れてきた世代です。また子供がいない夫婦は、誰かに老後を頼る志向が少ないでしょう。海外赴任や単身赴任を繰り返した転勤族では、ひとつの土地への執着が少ない方もいます。こうした層に1％の先駆者がいるはずです。

例えば、団塊世代660万人の1％、約7万人が日本版CCRCの住み替えによる自宅売却や新規購入で、さらに関連した消費で一人当たり約2000万円支出すれば1・4兆円、もし3000万円であれば約2・1兆円もの市場が創出されていくでしょう。

④ターゲット戦略の視点

事業主体として、どんなシニアに住んでもらいたいかという「ターゲット戦略」があります。世代は60代中心か、あるいは50代中心なのか、夫婦と単身の割合をどうするか、アクティビティは音楽や文学が中心の「文化系」か、それとも釣りやスポーツが中心の「運動系」か、地元の高校や大学を卒業して首都圏にいるUターンを呼ぶのか、それともIターンなのかというターゲット戦略は極めて重要になってきます。第5章「こんなCCRCなら住んでみたい」で紹介した「転勤族の恩返し型CCRC」や「おひとり様型CCRC」、「宝塚連携型CCRC」のようにターゲット像を明確にすることが成功への近道になってきます。

⑤「選ばれる理由」の先鋭化

現在全国で約230の地方自治体が日本版CCRCの推進意向を示しており、地域活性化は「工場誘致からアクティブシニアの誘致」に変わり、今後はアクティブシニアの誘致合戦になるでしょう。ただし、温泉とゴルフ場はどこにでもあります。数あるライバルからなぜここが居住者に選ばれるのか、その理由を先鋭化させることが重要です。私は米国のCCRCの視察の時に、「数あるライバルのなかで、なぜこのCCRCが居住者に選ばれるのですか？」という質問を必ずしました。経営がいま一歩のCCRCはあでもない、こうでもないと答えは要領を得ませんが、成功しているCCRCは、極めてシンプルで説得力のある言葉で答えます。例えば第2章の米国の事例で紹介したケンダル・アット・ハノーバーは、その強みを「住んでいる人そのものが資産」（Our asset is our people）と称しました。つまり、こんな人と暮らしてみたいという魅力的な居住者が強みだということです。

今、日本版CCRCを計画している事業主体に問いたいのは、「数あるライバルから、なぜここが選ばれるのでしょうか」ということです。「うちはホスピタリティでは負けません」「うちはアクティビティの豊富さが強みです」「うちは大学との連携が強みです」といった言葉がシンプルにかつ明確に出てくるでしょうか。

ただし、アクティブシニアの誘致合戦といっても、パイの奪い合いではなく、パイの創出であるべきです。例えば東日本と西日本の事業主体同士が、広域連携で二地域居住を進めることもひとつのアイディアでしょう。

⑥あえてハードルを上げよ

日本版CCRCの市場でライバルが増えるなかで、どのような集客戦略をとるかがカギになってきます。「ぜひ来てください」というトーンの集客戦略がありますが、これは何か安売り合戦のようで、シニアはなびかないと思うのです。そこで「あえてハードルを上げる」戦略です。例えば、米国のラッセル・ビレッジでは「入居条件は、最低年間450時間以上、生涯学習講座を受けること」と、あえてハードルを上げたことが知的好奇心の高いシニアの心に響いて成功に至りました。例えば日本でも「インバウンド・ビレッジ」を作ったら、「居住者の入居条件はインバウンド戦略の担い手になってもらい、観光客向けの案内係として週10時間働いてもらうことが義務になります。そのために街の歴史や特産品について週10時間、地元の学校で学んでもらいます」といったように、あえてハードルを上げることがシニアの心をくすぐるのではないでしょうか。

また、わが街の「グローバル・ビレッジ」では、地元の大学に通う留学生のホストファミリーになってもらいます。留学生やその家族との交流が必要なので、海外駐在経験のあるシニアを募集します。TOEICは最低800点が必要ですといったアイディアはどうでしょうか。あるいはわが街が進める「テーマパーク・ビレッジ」では、売店やカフェテリアで週10時間働くのが義務です。その代わり親子3代で使える年間パスポートの特典があります、といったようにアクティブシニアが「一肌脱ぎたくなる」仕掛けが「あえてハードルを上げる」戦略です。

⑦既存ストック活用の視点

日本版CCRCは事業主体にとって土地取得、施設建設の初期投資が大きな負担になります。そこで既存ストック活用の視点です。新たに何かを作るのではなく、今ある施設を利用するのです。公共施設、団地、廃校、移転キャンパス、稼働率の悪いホテルや旅館、撤退した大型商業施設など日本はストックの宝庫です。

例えば大学のキャンパスの都心移転に伴い、近郊の大学キャンパスでは、図書館、カフェテリア、体育館、教室、ゲストハウスなど趣味の良いデザインの建物が余っています。

国が作ってきた施設も有望です。例えば「グリーンピア」は、被保険者と年金受給者のための保養施設として、旧年金福祉事業団が全国に十数カ所設置したリゾートホテルですが、経営不振に陥り地方自治体や民間企業への譲渡が進んでいます。温泉、レストラン、スポーツ施設などはストックとして魅力的です。また「かんぽの宿」は北海道から九州まで全国で約70施設あり、こちらも経営不振から閉鎖中や閉鎖予定の施設が少なくありません。こうしたストックを活用すれば、事業主体は初期投資を抑えることが可能です。事業主体が初期投資を減らすことができれば、居住者にとっても入居金や家賃負担が安くなるメリットが生まれることになるでしょう。

⑧ファイナンスの視点

米国ではシニア住宅に特化したヘルスケアREITが十数銘柄あり、平均約5％の利回りになっています。日本でも近年ヘルスケアREITが上場しました。ファイナンスは日本版CCRCを支えるのに極めて重要な要素です。全国各地で良質な日本版CCRCを実現するためには、金融機関が有望と判断したCCRCの事業には積極的に融資を進めるべきです。今後、地域金融機関には大きなチャンスがあるはずです。しかし、彼らのなかには、預金で国債を購入するか、地元の企業への融資ではなく東京を含めた大都市の企業に貸し出しているケースが少なくありません。これでは地域金融機関の役割を果たしているとはいえないのではないでしょうか。

地域金融機関にこの話題を投げかけると、「地元に有望な融資先や有望な産業がないから」と答えるのですが、本来、地域金融機関の役割は地元の市民の預金を集め、地元の企業に融資して地元に産業を育て、それらが成長することで、預金者に利息や配当として還元することです。国債を買ったり、首都圏の企業に向かう資金を地元に向けさせようではありませんか。地域金融機関は、CCRCを応援するミニ私募債的なご当地プラチナファンドといった商品を販売してはどうでしょうか。あるいは地方自治体のCCRC公募債を支援するアイディアもあるでしょう。

地域金融機関の融資姿勢も大切です。ある事業主体は貸し渋りに悩んでいました。当初は融資に前向きだった地域金融機関が、「もっと居住者の介護度を上げる居室構成にしないと融資できない」と言い出したそうです。その理由は、居住者の介護度を高くして介護保険を使っての収益性を高めることだそうですが、日本版CCRCの成功のポイントは「居住者の8割は自立を目指す」「自立度の高い居住者でアクティブなイメージをつくる」ことです。「介護で儲けるのではなく、介護にさせないことで儲ける」という考え方が、まだ実際の融資現場では理解されていないのでしょう。

以前、全国の地方銀行の頭取が集まる会合で日本版ＣＣＲＣの講演をさせていただいた時に、これは地域の新産業創造につながり、ヘルスケアＲＥＩＴや健康に関連した金融商品の開発の可能性があることを話しました。多くの頭取の方々が「これこそ地域経済で有望なビジネス」と前向きな反応を示していただきました。

そしてその後に、地域金融機関が主体的に地元で、ＣＣＲＣの事業主体候補を探したり、日本版ＣＣＲＣの協議会を設置する事例も増えてきました。ファイナンスはＣＣＲＣを支える決定的な要素であり、こうした動きがより広がることが望まれます。

⑨組み合わせ型のビジネスの視点

ＣＣＲＣは単なるシニア住宅ではなく、組み合わせ型ビジネスです。米国のＣＣＲＣの経営者にインタビューした時に、“CCRC is not a real estate business, but a lifestyle business”と称していたのがとても印象的でした。それは単なる不動産事業ではなく、ライフスタイルビジネスということで、住宅、ＩＴ、予防医療、食事、資産運用、移動交通、生涯学習などを含んだ組み合わせ型ビジネスという意味です。住宅の単品プロダクト売りではなく、複数の商品・サービスの組み合わせ型で勝負することが求められます。特に居住者の健康ビッグデータの解析は、健康寿命を延伸するために今後有望でしょう。組み合わせ型ビジネスを進めるためには、特定の分野に強みを持ったパートナーとの提携戦略が一層重要になってきます。

⑩街づくりは人づくり

街づくりは人づくりです。日本版ＣＣＲＣの構想を実現するためには、担い手となる人材育成が必須です。その人材は、企画力、調整力、合意形成力、行動力とあらゆる能力が求められます。

三菱総合研究所では、一般社団法人エコッツェリア協会に協力し一般社団法人ソーシャルビジネス・ネットワークと共催で、具体的な人材育成事業として「丸の内プラチナ大学」を２０１６年７

月からスタートさせました。首都圏で働くビジネスパーソンが20代から60代まで参加しており、学長は第28代東京大学総長で三菱総合研究所の小宮山宏理事長が就任し、私は副学長を務めるとともに、「ヨソモノ街おこしコース」の講師を担当しています。この講座には約40名の受講生が参加しており、「丸の内で学び、地域で輝く」をキーワードに、良い意味での「ヨソモノ」が地域を元気にするために、地方自治体の課題を学び、課題解決に向けて日本版ＣＣＲＣを含めたビジネスプランを討議しています。

２０１６年の講座では、鹿児島県の奄美群島から徳之島伊仙町の「離島版ＣＣＲＣモデル」、岩手県八幡平市の「高原リゾート型ＣＣＲＣモデル」、神奈川県三浦市の「首都圏近郊型ＣＣＲＣモデル」がケーススタディとして検討されました。講座の終了後は、地元の特産品や地酒で懇談会を行うのですが、「食」は人をつなげる重要な存在であり、食をテーマに話が尽きなくなるほどです。

受講者は現地視察にも出向き、地元の市民や高校生とのワークショップも行い、それぞれビジネスプランを発表しました。受講者からはＣＣＲＣのソフトのアイディアとして「多世代交流子育て支援プロジェクト」や、地域での交流人口の増加を狙った「ヘルスケアツーリズム」、居住者同士が５００円硬貨1枚で買い物支援や移動交通を助け合う「ワンコインサービス」などが示されました。また60代のシニア受講生は「私は当地のＣＣＲＣ居住者になるだけでなく、宣伝部長もやりたい」と頼もしい存在になっています。

丸の内プラチナ大学では、仕事も年齢も異なる多様な受講者が所属や肩書も関係なく同じ目線で議論をするので、思わぬ化学反応が起こります。例えば議論を積み重ねると、金融機関の方が「収益性より社会性が大事だ」と訴えたり、一方でＮＰＯ法人のメンバーが「事業性がないと持続しない」と語り始めるように、受講者同士が自ら驚くような意外性を発見することが魅力になっています。街づくりを担う人づくりとしての人材育成ビジネスは、今後大切な役割を果たすことになるでしょう。

⑪共有することの重要性

日本版CCRCは全国で大きな注目を集めていますが、これを一過性のブームにしないためにも、今大切なのは、日本版CCRCに関わる中央官庁、地方自治体、事業主体候補、教育機関、金融機関、メディアなどが好事例や直面する課題や悩みを分かち合い、解決策を一緒に考える「共有」というキーワードだと思うのです。

三菱総合研究所では、日本版CCRCを産官学が一体になり検討する共有の場として、2014年に一般社団法人日米不動産協力機構と協力して「サステナブル・プラチナ・コミュニティ政策研究会」を設置し、日本大学中川雅之教授、慶應義塾

人材育成の拠点
丸の内プラチナ大学

ヨソモノ街おこしコースを
担当する筆者

双方向型で進める授業

気づきやアイディアを発表

グループディスカッション

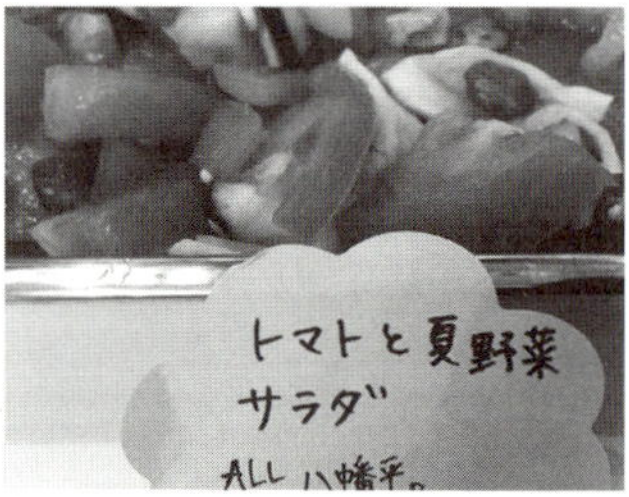

懇親会では地方自治体の夏野菜を

大学小林光特任教授のアドバイスをいただきながら産官学の研究を進めてきました。さらにその発展版として2015年より「日本版CCRC推進会議」を開催して、より具体化に近づけるために多くの会議を重ねています。

奄美の黒糖焼酎

徳之島視察ツアーで地元高校生とのキャリアワークショップ

講座終了後の懇談会

八幡平視察ツアーで地元の方とのワークショップ

（写真提供：丸の内プラチナ大学）

ここでは中央官庁、地方自治体、大学、民間企業、社会福祉法人など多様な団体から先駆的な取り組みや現状の課題が報告されるとともに、パネルディスカッションでは課題解決の討議を重ねています。日本版CCRCは新たな政策であり、新たなビジネスモデルであり、新たな市場を創造する挑戦です。そのために事業主体と中央官庁と地方自治体が一堂に会するラウンドテーブル的な会合は、今後ますます重要になると思われます。このなかで、中央官庁や地方自治体は事業主体等から得た知見を吸収して体系化し、具体的な政策や制度設計に反映する契機にもなりますし、事業主体同士が先駆的な好事例を共有し、切磋琢磨する機会にもなるでしょう。

この日本版CCRC推進会議には、これまで延べ約2000人が産官学から参加しました。私はまだこれでも足りないと思います。今後はオープン型でのシンポジウムだけでなく、クローズド型での会合を含めて、多様な形態で共有の場を広げていく予定です。

⑫事業主体が一歩踏み出すには

現在全国で検討されている日本版ＣＣＲＣ構想ですが、共通した悩みのひとつに「地方自治体が計画を作っても、事業主体候補がなかなか現れない」ことがあります。事業主体候補にその理由を聞くと以下の声が聞かれます。

第1に「市場が見えない」という声です。日本版ＣＣＲＣのような新しい市場の顧客がどの程度いるか予測できない、米国では70万人居住、市場規模3兆円といっても、日本ではどの程度の市場か見えてこないということです。

ここで示したいのが、「顕在型市場」と「創造型市場」という考え方です。顕在型市場とは、アンケートやインタビューで明確なニーズに基づいた顕在化された市場です。一方創造型市場とは、今は存在しない新たな製品やサービスについて、それがもたらす価値観に共感する人が創造する市場です。日本版ＣＣＲＣはこの創造型市場に属するものです。

例えばニーズ調査では、聞き方がポイントになります。間取りや価格を示すのでなく、そこでの居住者のワクワクするようなライフスタイルを紹介することで、シニアの反応が前向きになってきます。価格についても、ＣＣＲＣのライフスタイルに共感した人であれば、通常より何割か高くても購入意向を示す。これが創造型市場です。

第2に聞かれるのは「事業主体に課せられた役割が大きい」という声です。政府の日本版ＣＣＲＣ構想有識者会議の最終報告書では、事業主体に課された役割は、①事業計画の策定、②入居者の募集、③生涯活躍プランの作成、④関係自治体等との連携、⑤入居者のコミュニティ運営への参画の確保、⑥事業・財務状況等の情報公開など、実に多岐にわたります。さらに、人材面ではコーディネーターの配置、ハード面では地域交流拠点の設置、組織面では関係者が参画する運営協議会の設立などがあり、これらをひとつの事業主体が担うことは大変です。その負担を軽減するために、国や地方自治体は政策、財政、人材面での支援を一層進めるべきでしょう。

第3に聞かれるのが「役割に見合ったインセンティブが見えない」という声です。例えば、ある企業の社長は、「やることが多い割に儲かる気がしない」と語りました。日本版CCRCは有望と思うが、赤字では困るということです。政策アイディアで紹介したような、補助、減税、規制緩和が一層必要だということを、事業主体側がもっと国や地方自治体に要望すべきでしょう。

また「介護にさせないことで儲けることがわからない」という声もあります。米国のCCRCでは居住者の適正な構成は、自立8割とされています。重介護や認知症の方ばかりのコミュニティは活力が失われ、新規居住者にアピールする魅力が薄れるからです。

しかし、いくつかの企業や社会福祉法人の経営者は、従来型のシニア住宅の経営は持続可能でないと感じ始めて、私が主張してきた「介護で儲けるのでなく、介護にさせないことで儲ける」という逆転の発想に大いに賛同してくれます。予防医療、リハビリ、認知症予防、地域社会との協働など、先駆的な取り組みをしている経営者が全国で連携することが大きなうねりを起こすのではないでしょうか。

⑬事業主体形成の視点

日本版CCRCの要素を持つ事例として紹介した事業主体を見ると、シェア金沢は社会福祉法人、スマートコミュニティ稲毛やゆいま～るシリーズは企業で、単独の事業主体です。しかし、ひとつの事業主体が全てを担うのは大きなリスクを背負うことにもなります。

このリスクを解決する視点として、事業主体の形成に共同出資方式があります（次ページの図）。今、私がサポートしている地域では、地元の住宅会社と社会福祉法人が事業主体として手を挙げているのですが、これに併せて首都圏の介護事業者や政府系の公的なファンドからの出資を受けて、共同出資法人を新設する予定です。共同出資方式や有限事業責任組合方式であれば、ひとつの事業主体が全てリスクを負うことなく、事業を推進することが可能です。また別の地域では、民間の事業主体に加えて地元の地方自治体も出資する街づくり会社が事業主体になる予定です。新しい街づくり

事業主体：単体モデルと共同出資モデル

単体モデル

企業 または 社会福祉法人

共同出資モデル

地元企業	地元社会 福祉法人	首都圏 大手企業
公的ファンド、地域金融機関		

地方自治体も出資するケース

地元企業	首都圏 大手企業	地元 地方自治体

日本版 CCRC を実現させるビジネスの視点

①ユーザー視点のストーリー性	供給者視点でなく、年賀状に書きたくなるようなユーザー視点のストーリー性
②承認欲求、貢献欲求を充足させよう	「ありがとう」「おかげさまで」と言われることで、シニアの承認欲求、貢献欲求を充足させるソフトづくり
③ 1% の視点	初期の 1% の先駆的ユーザーが満足すれば追随者が市場を広げる
④ターゲット戦略の視点	どんな居住者を呼びたいか、単身、夫婦、趣味嗜好などターゲット像の明確化
⑤「選ばれる理由」の先鋭化	数あるライバルと比べて、ここが選ばれる理由を明確にシンプルに言えること
⑥あえてハードルを上げよ	条件や義務などハードルを上げることが逆にシニアの心をくすぐり訴求力を高める
⑦既存ストック活用の視点	公共施設、廃校、撤退大型商業施設、旅館、ホテル、移転キャンパスなどの利用で初期投資コスト抑制
⑧ファイナンスの視点	地域金融機関の日本版 CCRC への理解促進、ヘルスケア REIT やご当地ファンドで資金調達を支援
⑨組み合わせ型のビジネスの視点	ハードとソフト、複数の商品やサービスを組み合わせたビジネスでパートナー戦略が重要
⑩街づくりは人づくり	日本版 CCRC を担う人材育成を推進
⑪共有することの重要性	先駆的事例、直面する課題や解決策を産官学で共有
⑫事業主体が一歩踏み出すには	創造型市場への理解と事業主体によるインセンティブの要望拡大
⑬事業主体形成の視点	単体モデル、共同出資モデルなど多様な事業主体形成の可能性を準備

会社は、昔の第三セクターの赤字体質のイメージではなく、共同出資者同士が事業計画を研ぎ澄ませ、健全な経営を目指しています。

単独方式より共同出資方式の方がリスクヘッジや安定性に優れるといえるでしょう。ただし私がこれまで多くの地域で関わって感じるのは、集まるのが3者程度だとお互いの強みを活かした相互補完関係になりますが、それより多くの関係者が参加すると、口だけ出してリスクは取らない、行動が伴わずに、なかなか進まないということです。

共同出資的な事業主体は有望ですが、できるだけ少数精鋭で進めるべきだというのが私の持論です。

コーヒーブレイクコラム

日本版CCRCを阻む不条理症候群

(7)スルーパス症候群

スルーパスとは、サッカーで相手のディフェンスラインを突破するために、ディフェンダーとゴールキーパーの間にできたスペースに出すパスのことです。また、「ボールをスルー」するというのは、自分に来たボールを受け止めると見せかけて、実際は受け止めずに、そのまま背後の味方に取らせるプレーです。ここから派生して「スルーする」という言葉は、「そのまま流す」ということです。一撃必殺のスルーパスはサッカーでは有効ですが、職場のスルーパスは有効ではありません。自分に来たボールを、受けるふりだけをしてそのまま丸投げして職場が疲弊する現象が「スルーパス症候群」です。

この解決には、パスをスルーせずに一度自分で受け止め、自分の考えや判断を付加して、新たなパスとなる提案を出すことです。また自らドリブルで敵陣に切り込むように主体的に動くことも必要です。そして「腹を括った少人数」で推進することです。「三人寄れば文殊の知恵」ですが、「四人に集まると無責任」となりがちです。組織プレーは重要ですが、肥大化は百害あって一利なしでしょう。

(8) 問題ES症候群

ESとはEmployee Satisfaction、従業員満足度のことですが、最近はExecutive Satisfactionというフ ES、つまりエグゼクティブ＝お偉方の満足度を上げるために、職場が右往左往する現象が増えているようです。お偉方向けの資料づくり、会議の準備、文章の言い回しに忙殺されているような状態です。もちろん組織として機能するためにはエグゼクティブ向けの仕事は大切ですが、そればかりに時間が取られることが問題です。

本来のES	問題ES
Employee Satisfaction	Executive Satisfaction
従業員満足	役員満足・お偉方の満足

問題ESの発展版で「お作法仕事症候群」もあります。例えば、「市長へのご説明資料は、A3用紙1枚で、文字は20ポイントで見出しは強調文字」とか、「委員会での挨拶はあの方で、懇親会の乾杯のご発声はあの方に」といったように、表面的なお作法に注力するあまりに、本来やるべきことが忘れられてしまう現象です。

問題ES症候群の解決法は、向けるべきエネルギーの方向性を、内向き、上向きだけでなく、外向き、現場向けにも気を配ることではないでしょうか。

第9章

日本版CCRCであなたが輝くための10の視点

日本版CCRCが実現するためには、政策もビジネスも重要ですが、何といっても主役は居住者です。ここでは、日本版CCRCで「あなたが輝く」、そして「私が輝く」ためのキーワードや知っておきたいポイントを紹介します。

①あなたのウィル（Ｗｉｌｌ）とキャン（Ｃａｎ）は何ですか？

セカンドライフで輝くためには、そもそも自分が一体これから何をしたいのか、そして自分が何ができるかを明確にすることだと思います。それは、英語でいうところのウィル（Ｗｉｌｌ）とキャン（Ｃａｎ）になります。

リタイア後に「今日用がある」ことの「きょうよう」と、「今日行くところがある」ことの「きょういく」の重要性を何度か触れてきましたが、そもそも自分が何をしたいのかのウィルと、自分は何ができるのかのキャンが明確になっていなければ、「きょうよう」も「きょういく」も生まれないでしょう。

例えばウィルでは、「私は地元の子供向けに英語教室をやりたい」ですとか、キャンは「私は海外駐在が長かったので、英語を教えることができます」ということです。また「私は移住した土地の特産品の販路開拓をしたい」というウィルに対して、それを支えるキャンは「私は営業一筋だったので人脈があり、セールストークも得意です」ということが考えられます。

しかし、シニアに聞くと、このウィルやキャンが自分でもよくわからない人が意外と多いのです。「自分は仕事一筋で生きてきたので、とりあえずのんびりしたい」という人は、結局1週間でそうした生活に飽きてしまい、何かをしたくなります。しかし、その時に本当は何をしたいのかわからない人もいるようです。

また例えば「自分は人事部に長くいたので人事分野がキャンです」といっても、大企業の細分化された研修だけの専門性という人もいるので、的確に自分のキャンがわかっていない人もいます。あなたは自分のウィルやキャンを明確に言えるでしょうか？

②第2のモラトリアム

しかし冷静に考えると、自分のウィルとキャンを明確にせよといっても簡単ではありません。仕事一筋の人は自分を振り返る余裕もなかったでしょうし、子育てに専念してきた女性は、子供が巣立ってからの生活をどうしようかと悩む人もいます。

大学や高校を卒業して選んだ道が人生の全てだったとは限りません。リタイアした後には、20年で約10万時間もの自由時間があるのですから、その時間を有意義に使うため、自分は一体これから何をどうして生きていくのか、モラトリアム（猶予）が必要だと思うのです。青春時代の第1のモラトリアムに続いて、第2のモラトリアムを持ってはいかがでしょう。

③脱・たそがれ研修

第2のモラトリアムはリタイアしてからではなく、現役時代からその機会を設けるべきです。多くの企業では50歳を超えたシニア社員向けに「セカンドキャリア研修」なるものがあります。それは、得てして「あなたの給料は今後このように減少します」「会社のポストはこれだけ減ります」といった元気の出なくなる研修が多く、一部では「たそがれ研修」とさえ呼ばれています。この「たそがれ研修」を変革することを提案します。50代になってからでは遅いので、40代でこれからの会社人生でやりたいこと、またリタイア後にやってみたいことを書き出したり、さらに自分の専門性の棚卸をしたり、地域に出向いて地域の課題を学び、自分が何ができるかを考えるような「脱・たそがれ研修」の機会を持つべきです。

④もう一度学校に行こう

第5章「こんな日本版ＣＣＲＣなら住んでみたい！」の事例で、大学連携型や地方名門高校連携型、私立女子中高同窓会型など学校連携モデルの有望性を示しましたが、今後学校は、若者だけが学ぶ場ではありません。

とある講演で「もし大学に再び行くとしたら何を学びたいか」と問いかけたところ、「天文学を学びたい」というシニアがいました。彼はずっと経理畑だったので、今度は理科系を志してみたいということでした。文系からの理系転換です。逆にエンジニアがリタイア後に歴史や文学に夢中になる理系からの文系転換もあるでしょう。

私は最近ある大学で講義をした後に、生徒として倫理学の授業に出たことがあります。大学時代に一般教養で受けた倫理学の授業は、とにかく退屈でしたが、その授業では、教授が、「なぜ人はコンプレックスを持つのか」「東洋と西洋とのコンプレックスの違いとは」といったことを名調子で語り、とても胸に染み入る内容でした。18歳や19歳の時に社会経験もなく受ける授業と、ある程度社会経験を積んでから受ける授業では吸収力が全く違うことがわかったのです。歴史、文学、美術などの一般教養は、年を重ねてから勉強をする方が面白く、身につくのではないでしょうか。

もう一度通うのは大学だけでなく、地元の名門高校という選択肢もあります。さらに全国に小学校は約2万校、中学校は約1万校あります。地域の拠点である学校にもう一度行こうではありませんか。そこで学び合い、教え合うようなライフスタイルを送ろうではありませんか。

⑤人生二期作・人生二毛作の視点

農業で二期作とは1年の間に同じ耕地に「米と米」のように同じ作物を2回栽培することで、二毛作とは1年間で「米と麦」のように2種類の異なった作物を栽培することです。人生でも二期作、二毛作があってもよいのではないでしょうか。人生二期作とは、例えばかつて営業一筋だった人がリタイアした後も地元の特産品の販路開拓など、これまでの経験を活かし営業分野で活躍することです。一方で人生二毛作とは、今まで経理一筋だった人が新たに農業を始める、あるいは未経験の分野に挑戦するような、現役時代とは違った分野で活躍することです。

伊能忠敬は江戸時代に正確な日本地図を作成した測量家として有名ですが、もともと彼は酒造家の商人でした。50歳で隠居してから、幼い頃から興味を持っていた天文学を江戸で学び、測量家として人生二毛作を始めました。また江戸時代の浮世絵師の歌川広重は、火消し同心つまり消防士から転じて世界に名を残す芸術家になりました。フランスの画家のアンリ・ルソーは、元は税関の職員でしたが、彼の代表作の多くはリタイア後の50代に描かれています。人生二期作か人生二毛作、あなたはどちらを選ぶでしょうか。

⑥綿密な準備期間

セカンドライフでは綿密な準備が必要です。何か新たなことを始める時や、日本版ＣＣＲＣへの住み替えも、いきなり始めるのはケガのもとです。例えば、東京には移住や住み替えの相談の拠点が設置され始め、情報収集が容易になっていますし、多くの地方自治体ではお試し移住を始めて、移住者の話を直接聞くこともできます。最近ではインターネットでシニア住宅や移住の口コミサイトも徐々に増えてきました。

お試し移住で気をつけたいのは、「観光ではない」ということです。観光は名所訪問やグルメ満喫という「非日常」体験ですが、住み替えや移住は「日常」です。名所訪問よりも、普段買い物をする商店街やスーパーはどこか、そこでの物価は今住んでいるところと比べてどうか、歩いて行けるのか、車が必要か、何かあった時のために病院は近くにあるか、町内会や地域の会合は頻繁にあるのかという「日常」に目を配るべきです。あるシニア女性が、シニア住宅の現地視察で気にしていたのは、居住者の女性たちの洋服がカジュアルなのかフォーマルなのかということでしたが、そうした視点も大切なことといえるでしょう。

⑦ほどよい距離感

日本版ＣＣＲＣでは、一緒に暮らす居住者の存在が重要です。行儀の悪い人ばかりでは困りますし、暗くて社交性のない人ばかりでも困ります。

シニアのコミュニティにはそれぞれ特徴がありま す。例えばあるところは、居住者同士で釣りに出掛けたり、一緒にバーベキューを楽しんだりと体育会系でウェットな人間関係を好みます。

一方別のところは、食事は一緒ですが、その後はそれぞれ自分の部屋に戻って読書を楽しみ、各自が一定の距離感を保ちながら「和して同ぜず」の雰囲気を持つコミュニティもあります。日本版CCRCでは「ほどよい距離感」が大切であり、自分はどんな距離感で生きたいのか、じっくり考えてみませんか。

⑧ハッピー別居という選択

「ほどよい距離感」は、日本版CCRCの居住者同士に必要ですが、実は夫婦にも必要です。60代女性のストレスとなる原因の1位が「夫」というアンケート結果があると第1章で申し上げましたが、これは夫がリタイア後に常に家にいることが大きな理由です。また移住への希望についての内閣官房の調査では、50代男性は約5割と関心が高いものの、50代女性は約3割しかありません。そのような状況で無理やり夫婦一緒に移住してもうまくいくとは限りません。それなら、男性だけが移住という「ハッピー別居」という選択肢を入れてはどうでしょうか。第5章で示した「卒婚・ハッピー別居型CCRC」です。

私の知り合いで、夫は東北に移住して妻は東京の自宅でひとり暮らしというシニア夫婦がいます。妻は草木が一斉に芽吹く春の一番良い時期に東北で数週間過ごし、夫は盆、暮れ、正月と年に数回東京に戻るそうです。夫はたまに自宅に戻ると妻の手料理や気づかいが有難いと感じるようで、別居して仲が悪くなるどころか、お互いを気づかい、仲が良くなったとのことです。

⑨過去を語らず今を語る

私は仕事を通じて多くのシニアにインタビューをする機会があります。公民館でも市民大学でもシニア住宅でも、嫌われてしまうシニアには、以下のような共通の特徴があります。

a 過去自慢

自分はナントカ商事の部長だった、ナントカ銀行の支店長だったと、過去の自慢話と武勇伝ばかりの人です。特に男性が問題です。シニア男性が数人集まると、「あなたは昔何をしていたんだ?」と聞く人が多いことに気がつきます。得てして「私は部長だった」とか「私は常務だった」と、過去の自慢大会になってしまいます。昔の肩書という裃《かみしも》を脱いでみませんか。

b 常に上から目線

私は仕事のなかで、シニアが高校生や大学生に対して自分の「働く論」を語ってもらう多世代交流の取り組みを何度か実施したことがあります。終了後に学生にアンケートを取ると、評価の低かった話と評価の高かった話が明確に分かれます。評価の低かった話に共通している題名は、「君たちに伝えたいこと」で、過去の自慢話、武勇伝を上から目線で話すので評価が低いようです。一方で評価の高かった話に共通している題名は、「君たちと一緒にやりたいこと」でした。

似たような題名ですが、両者は「主語」と「時制」が異なります。「君たちに伝えたいこと」は、主語が英語で言えば「I」、すなわち自分が主語で、時制は過去になります。一方で「一緒にやりたいこと」は、主語は「We」になり、「私たちみんなで一緒に」で、時制は未来形になるので共感されるようです。自分の発言を振り返って、主語と時制はどうなっているか時々確認してみませんか。

c 傾聴力ゼロ・話が長い

自分の話だけを延々として、人の話を聞かない「傾聴力ゼロ」のシニアも困ります。例えば「自己紹介を一言でお願いします」と言っているのに、平気で15分も話してしまうタイプです。まず傾聴の姿勢を持ち、話は簡潔にする努力をしてみたいものです。

では、嫌われシニアの一方で、「愛されシニア」にはどのような特徴があるでしょうか。それは「今何かに夢中になっている人」といえるでしょう。例えるなら、今フラダンスに夢中のシニア女性、子供への理科実験教室に夢中で、前回は実験で失敗したけれど、どこか憎めない男性といったような方々です。そういう人は、過去の成功体験だけをひけらかすようなことはしません。

ちなみに首都圏の、あるシニア男性向けの料理教室では、「過去のことは話さない」というルールがあるそうです。大切なのは今、料理を学ぶことであり、過去のことは関係ないからです。興味深いことにその料理教室の主催者は、銀行の元支店長だということです。得てして大企業勤務者は、「支店長だった」と言いがちだということを彼自身がよくわかっていたので、こうしたルールを作ったそうです。

大切なのは今であり、「アクティブシニアは過去を語らず今を語る」ということです。

⑩リビング・ウィル（生前意思）の視点

どんなに健康な人でもいつかはこの世を去る日がきます。日本版ＣＣＲＣを考える時に、「より良く生きる」ことと同じく「より良く死ぬ」ことも大切ではないでしょうか。

皆さんは胃ろうの現場を見たことがあるでしょうか。胃ろうとは、食べ物を噛んで飲み込むことができなくなった人に、お腹から直接胃にチューブを通して水分や食事の栄養や薬を入れる処置です。終末期になってからチューブで栄養を入れられて、生きているか死んでいるかわからない姿をみると、何とも言えない気持ちになります。

胃ろうなどによる終末期医療のあり方を元気なうちに自分で決める。それがリビング・ウィル（生前意思）です。回復不能の状態になった時に延命治療の措置を希望するかどうかを、自分と家族とで事前にしっかり決めておくことです。突然のケガや病気で、自分の意思が伝えられなくなってからでは遅いのです。

今、日本でも多くのシニア住宅で、本人と家族とでリビング・ウィルを毎年確認するところが増えてきました。日本版ＣＣＲＣでより良く生きることと併せて、より良く死ぬことを今から考えてみませんか。

日本版CCRCであなたが輝くための10の視点

① あなたのWillとCanは何ですか？	自分のやりたいこと：Will、できること：Canの明確化。
② 第2のモラトリアム	自分を見つめ直す猶予期間を持つこと。
③ 脱・たそがれ研修	元気の出ないセカンドキャリア研修の見直し。
④ もう一度学校に行こう	再び学校で学ぶことが自分を見つめ直す機会になる。
⑤ 人生二期作・人生二毛作の視点	現役時代と同じ分野の二期作か、全く新たな分野の二毛作の選択。
⑥ 綿密な準備期間	安易な住み替えはケガのもと。十分な準備と助走期間が必要。
⑦ ほどよい距離感	近すぎず、遠すぎず、自分にあった快適な人との距離。
⑧ ハッピー別居という選択	離れて暮らしても仲が良いハッピー別居を選択肢に。
⑨ 過去を語らず今を語る	過去の自慢話はほどほどに。今何かに夢中になることが重要。
⑩ リビング・ウィル（生前意思）の視点	胃ろうなどによる延命治療の必要性を元気なうちに考える。

まとめ　～一歩踏み出す勇気

「ＣＣＲＣって何だ？」と思っていた方は、本書で紹介した日本版ＣＣＲＣの本質、内外の先駆的な取り組み、そしてアクティブシニアや挑戦者のインタビュー、さらにワクワクするような日本版ＣＣＲＣのモデルを読んでみて、どのようにお感じになったでしょうか。

私は講演や各種のアドバイザー、委員などを通じて、日本版ＣＣＲＣへの期待を肌で感じていますが、本格的に実現するにはこの数年が勝負の年になると思います。この本の執筆を締めくくるにあたり、まとめとして、私の思いを述べたいと思います。

私たちの物語が始まる「プラチナ・コミュニティ」

まず、日本版ＣＣＲＣは、自分がこれからいったいどういう暮らしをしたいのか、という私たち自身の物語だということです。

今、巷では「老後破産」や「消滅都市」のような元気の出ない四字熟語ばかりを目にしますが、それを繰り返しても私たちの未来は明るくなりません。今求められているのは、ピンチをチャンスに変える逆転の発想であり、前向きな共通理念ではないでしょうか。

高齢社会はこれまでシルバー社会といわれてきました。しかしシルバーという言葉は電車のシルバーシートのように支えられる人のイメージです。シルバーは錆びますが、プラチナは錆びません。そして輝きを失わない上質なイメージです。それがプラチナ社会という前向きな共通理念です。さらにプラチナ社会はシニアのためだけの社会ではなく、多世代が輝く成熟した社会であるべきです。本書で紹介した大学連携型ＣＣＲＣやシングルマザー連携型ＣＣＲＣなどは、そうした多世代モデルのひとつです。プラチナ社会での日本版ＣＣＲＣは、多世代がプラチナのように輝く「プラチナ・コミュニティ」であり、このプラチナ・コミュニティで私たちが輝くワクワクするような物語を始めようではありませんか。

ビジョン・プロセス・プロジェクトの三位一体

日本版ＣＣＲＣを実現するには「ビジョン」「プロセス」「プロジェクト」を三位一体で進めることです。地方自治体や企業視点でのビジョンとは、全員が納得できる理念であり、途中で停滞した時にそこに戻ればやるべきことが再認識できる錦の御旗たる共通理念です。プロセスとは、ビジョンを実現させるための仕組みで、例えば産官学連携、減税、規制緩和、補助等の制度設計です。そしてプロジェクトとは、具体的にＣＣＲＣの事業を進めることです。

ビジョンだけでは夢物語で終わってしまいますし、プロセスの制度設計だけでも具体性がありません。一方、プロジェクトだけでは単なる不動産開発の話になってしまうので、ビジョン・プロセス・プロジェクトを三位一体で進めていくことが大切なのです。

ひるがえって私たち個人レベルでもこれは同じだと思います。ビジョンとは、自分がこれからこう生きたいという目標で、プロセスとはそれを実現させるための情報収集や人脈づくりのような準備です。プロジェクトとは、具体的に日本版ＣＣＲＣで新たなセカンドライフを始めることです。ただし、いきなりプロジェクトとしての住み替えはケガのもとです。ビジョンとしての自分のこれからの目標や生きがいを明確にすること、そしてプロセスとしての準備ができていることが必要なのです。

モチベーションの３大要素

人のモチベーションには多々ありますが、以下の3つに集約されるといわれます。1つ目は、「自分が成長している実感」です。それは例えば営業マンやエンジニアとして成長しているといった実感が得られることです。

2つ目は「誰かからの気づき」です。「あれは良かった」とか「もっと頑張れ」というフィードバックを誰かから受けている時です。

3つ目は「深い話し合い」です。深い話し合いとは、今年度の目標をどうするかということでなく、わが社やわが街は将来に向けてどうあるべきかをじっくり話し合うことで、言い換えると「青臭い議論」ができているかということです。

これは現役の組織人にいえることですが、個人の視点に置き換えても同じでしょう。今後のセカンドライフを考えると、「成長実感」「誰かからの気づき」「深い話し合い」は、同じようにモチベーションの3大要素といえます。例えば成長実感は、今でも英語が上達している、今でもマラソンのタイムが向上しているといったことです。誰かからの気づきは、何歳になっても「ありがとう」「おかげさまで」と言われて承認欲求や貢献欲求が満たされることであり、深い話し合いとは、日本版CCRCのなかで、もう一度青春が来たような青臭い議論ができていることです。これらがモチベーションを高めてくれるはずです。

一歩踏み出す勇気

日本版CCRCはハコモノを作ることが目的でなく、これからの自分の生き方、住まい方、街のあり方を考えるきっかけ、つまりは手段だと私は思うのです。

大切なことは「一歩踏み出す」ということではないでしょうか。日本版CCRCをいくら否定、批判しても、今私たちを取り巻くカラダの不安、オカネの不安、ココロの不安は解消されません。そして日本を覆う超高齢社会、人口減少、雇用不足、街の疲弊、コミュニティの崩壊といった課題も解決しません。だから前向きな解決のために一歩踏み出そうではありませんか。

しかし一歩踏み出すことは勇気のいることで、

そう簡単ではありません。

私自身も、「あの報告会で言うべき本質論があったのに、摩擦や軋轢を気にして言えなかった」「あのプロジェクトはもっと抜本的な解決までやり抜くべきだったのに、しがらみがあってできなかった」と、振り返ってみると一歩踏み出せなかったことが多々あります。多分それは読者の皆さんも同じような経験があるのではないでしょうか。

「あの時一歩踏み出していれば」というのは、10年前のあの時であったかもしれませんし、5年前のあの時だったかもしれません。その「あと一歩」とは、私たちが生きているこの日常の空間の至るところに存在していると思うのです。

だから一歩踏み出そうではありませんか。後で後悔するくらいであれば3年後や5年後に振り返って、「あの日が、一歩踏み出したターニングポイントだった」と言えるようにしようではありませんか。

その一歩は、ひとりの個人やひとつの組織だけでは小さな一歩にしか過ぎません。しかしこの本を読んでいる志のある人々が集い、一歩踏み出せば、それは大きな一歩になるはずです。

一歩踏み出す勇気が、私たちが将来輝く日本版CCRC、「プラチナ・コミュニティ」の実現につながるのだと私は信じています。

おわりに　～自分の人生を賭けるべき価値のある仕事が見つかるか

シンクタンクで働いていると様々な研究テーマに関わる機会がありますが、私にとってCCRCとは間違いなく自分の人生を賭けるべき価値のある仕事だといえます。

2010年に三菱総合研究所の新たな政策提言プロジェクトとして立ち上がったプラチナ社会構想は、シルバーのように錆びることがなく、プラチナのように上質に輝く社会を目指す取り組みであり、その主要研究テーマとして私はCCRCに注力してきました。それは研究や構想のレベルだけではなく、ビジネスとしての有望性もありますが、何よりも将来の生き方や自分が暮らしたいコミュニティのあり方を突き詰める「自分ごと」として捉えることができるので、いっそう夢中になれる存在なのだと思います。

そしてCCRCへ没頭するきっかけを作ってくれたのが、ケンダル・アット・ハノーバーのディレクター、デビッド・ウルソー氏でした。2010年に米国のCCRCをインターネットで調べて、いくつかのCCRCに対してホームページ上の問い合わせ欄から視察希望のメールを送りました。単なる視察希望だと、よくある日本人の集団視察として足元を見られそうな気がしたので、「私はプラチナ社会という活力ある高齢社会の研究をしている日本のシンクタンクの研究員です。一度そちらのCCRCに伺い、理想の高齢社会像について意見交換しませんか」というメールを送ったのですが、今から考えると随分背伸びをした生意気なメールだったと気恥ずかしくなります。

そして数週間後に返信してくれたのがウルソー氏だったのです。2010年の秋に訪問して、彼との雑談のなかで同じ1966年生まれということがわかり、一気に意気投合して話が弾みました。訪問前はプライバシー上の理由から不可とされていた居住者へのインタビューも彼の機転で実現され、私は多くの居住者と面談し、一緒に食事をして意見交換をしました。居住者の方々も極東からはるばるやってきた日本人に興味があったのか、皆親切に対応してくれました。

もしこの居住者との対話がなければ、私の米国出張は、単なる薄っぺらい施設視察で終わっていたでしょう。いくつかの偶然と人との縁が重なり、私にとってCCRCは人生を賭けるべき価値のある仕事になりました。それは、この2010年の訪問時に決定づけられたのでした。

2011年の東日本大震災の後に、ウルソー氏から「君がここで出会った全ての人々が、日本を心配している」とメールが届きました。また彼の紹介でインタビューをした居住者の女性が私のことを覚えていたらしく、彼女が日本を訪問する際に「トモオに会いたい」と連絡があったのは、2015年のことでした。東京で数年ぶりに再会し、渋谷や青山など東京見物をした後、別れ際に彼女が「トモオ、今日は楽しかったわ。日本で良いCCRCを必ず作ってね！」と熱い抱擁をしてくれました。

遠く離れた米国のCCRCのスタッフや居住者と心を通わせているという実感は、何ものにも代えがたい財産であり、将来、彼らに日本版CCRCの実現を報告できる日が来ることを楽しみにしています。

国内では日本版CCRCをきっかけに全国を訪問し、各地で日本版CCRCに対する強い思いを聞いたり、地域を元気にしたいという熱い志を持った方々と出会うことができました。時々否定語批評家に直面することもありますが、それは大した苦労ではありません。日本版ＣＣＲＣに関わる方々との縁や出会いに私は支えられているのだと最近改めて思うのです。本書で紹介させていただいた日本版ＣＣＲＣに挑戦する多様な分野の先駆者、充実したライフスタイルを楽しむアクティブシニア、そして三菱総合研究所のプロジェクトメンバーすべてが私にとってかけがえのない存在となっています。これから彼らと力を合わせて日本版ＣＣＲＣを実現したいと、思いを新たにしています。

今回の出版にあたっては株式会社法研の岡日出夫様、株式会社ウェルビの山下青史様、ライターの塩月由香様、カメラマンの土屋季之様に大きなサポートをいただきました。この場を借りてお礼申し上げます。

そして天国にいる母と今ひとりで暮らしている父、いつも支えてくれる妻に感謝の気持ちを伝えたく、さらに「松田さんが日本版ＣＣＲＣの本を書くべきだ」と私の背中を後押しして、本書の執筆に一歩踏み出す勇気をくれた方々に、心からの感謝の気持ちを伝えて、筆をおくことにします。

ありがとうございました。

２０１７年２月

松田智生

『日本版ＣＣＲＣがわかる本』第三刷にあたって

私が初めて米国のＣＣＲＣを訪問したのが２０１０年でした。そこで暮らす人々のアクティブなライフスタイル、そしてカラダの安心、オカネの安心、ココロの安心が満たされたコミュニティの有望性を唱え続けてきました。

また政府が地方創生の主要政策としてＣＣＲＣ構想を打ち出したのが２０１５年でした。実践的に誰もが充実したセカンドライフを送れるようになることを願い各地の動きなどを取りまとめ、２０１７年に、『日本版ＣＣＲＣがわかる本』として刊行することができました。

おかげさまで本書をきっかけに多くの方々から反響を得ることができ、このたび本書も第三刷を発行することとなりました。

しかしながら本書の初版刊行時より3年の歳月が経過し、常に人の流れは動き続けています。本書にご登場いただいた方で、その後退任された方（山下さん・最上さん［１５５頁］、高橋さん［１５８頁］、藤村さん［１６４頁］）もいらっしゃいます。しかし、彼らの考え方自体はＣＣＲＣの本質を見ていくうえにおいて何ら古びるものでなく、今後も参考に供していただけるものと考えます。

併せてこの２０１９年12月には、政府による第2期「まち・ひと・しごと創生総合戦略」が打ち出されるに至りました。そこで本書に関しても、最新の情報を保持していくために内容を精査しアップデートを図り、必要な加筆・修正を行ったことをここに申し添えさせていただきます。

２０２０年3月

著者

著者略歴

松田　智生（まつだ　ともお）

三菱総合研究所　プラチナ社会センター主席研究員　チーフプロデューサー
1966年東京生まれ　慶應義塾大学法学部政治学科卒業
専門は超高齢社会の地域活性化、アクティブシニア論
2015年より高知大学客員教授を兼務
2010年よりCCRCの有望性を提唱し、政府、地方自治体、企業での委員やアドバイザーを数多く務める。ミスターCCRCと言われる当該分野の第一人者。
＜委員＞
政府日本版CCRC構想有識者会議委員
内閣府高齢社会フォーラム企画委員
石垣市生涯活躍のまち（石垣版CCRC）政策アドバイザー
伊仙町生涯活躍のまち（離島版CCRC）構想検討会アドバイザー
伊豆半島生涯活躍のまちづくり検討会議委員
笠間版CCRC推進協議会アドバイザー
北九州市まち・ひと・しごと創生推進本部オブザーバー
高知版CCRC構想とりまとめ委員会委員
福祉先進都市・東京の実現に向けた地域包括ケアシステムの在り方検討会議委員
南魚沼版CCRC推進協議会アドバイザー
南伊豆生涯活躍のまち推進協議会委員
国際ホテル・レストランショー企画委員
＜共著＞
『フロネシス10　シニアが輝く日本の未来』丸善プラネット
『3万人調査で読み解く日本の生活者市場』日本経済新聞出版社

日本版CCRCがわかる本－ピンチをチャンスに変える生涯活躍のまち－

平成29年２月23日　第1刷発行
令和２年５月15日　第3刷発行

著　者　　松田智生
発行者　　東島俊一
発行所　　株式会社 法研
〒104－8104　東京都中央区銀座1-10-1
販売　03(3562)7671／編集　03(3562)7674
http://www.sociohealth.co.jp
印刷・製本　研友社印刷株式会社

0102

SOCIO HEALTH

小社は(株)法研を核に「SOCIO HEALTH GROUP」を構成し、相互のネットワークにより“社会保障及び健康に関する情報の社会的価値創造”を事業領域としています。その一環としての小社の出版事業にご注目ください。

ISBN978-4-86513-380-6　定価はカバーに表示してあります。